ESTE LIBRO PERTENECE A:

TU NOMBRE AQUÍ

SI SE ME PERDIERA ME DARÍA UN ATAQUE AL CORAZÓN.

SI TE LO ENCUENTRAS, PORFIS ME LO REGRESAS.

Quiubole
con...

GABY VARGAS

YORDI ROSADO

Quiúbole con...

INTERACTIVO

- TU CUERPO
- EL LIGUE
- TU IMAGEN
- LAS DROGAS
- EL INTERNET
- EL SEXO
- Y TODO LO DEMÁS...

AGUILAR

AGUILAR

D.R. © Gabriela Vargas y Yordi Rosado, 2009.
De esta edición:
D.R. © Santillana Ediciones Generales S.A. de C.V., 2009.
Av. Río Mixcoac 274, Col. Acacias
México, 03240, D.F. Teléfono (55) 54207530
www.editorialaguilar.com

Segunda edición: octubre de 2009
Decimosegunda reimpresión: agosto de 2013
ISBN: 978-607-11-0038-2

D.R. © Diseño de portada, diseño de interiores e ilustraciones:
Christian Michel, Infección Visual, www.infeccionvisual.com

Se utilizó la familia tipográfica "Chalet" para el cuerpo de texto y títulos, así como
la fuente "House Cut" creadas por House Industries, www.houseind.com

PRISA EDICIONES

Quiúbole con...   EL ÍNDICE

zZz

CApítulo 3
¿Quiúbole con... mi imagen

Capítulo 4
Quiúbole con... mi sexualidad

zZz

CApítulo 5
¿Quiúbole con... mi mente

¿Quiúbole con... la zona interactiva

zZz

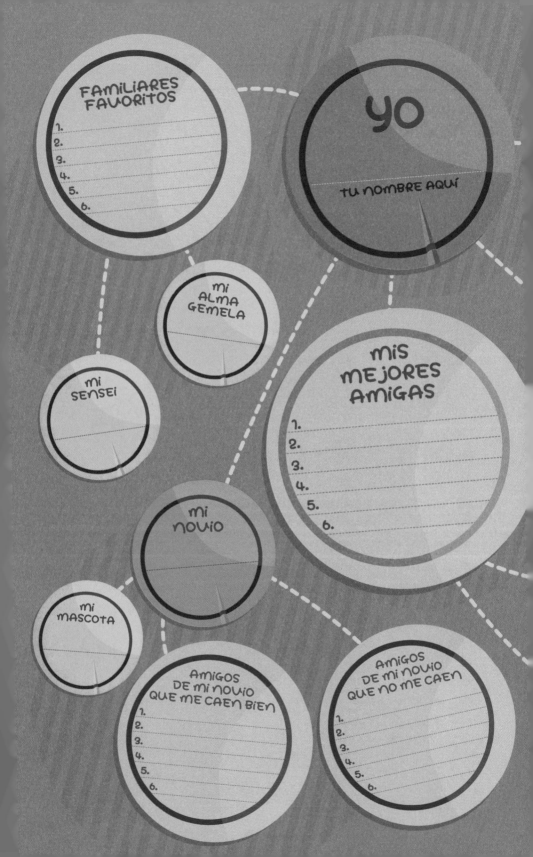

"CÍRCULO DE AMISTAD"

Como dicen que cada cabeza es un mundo (y si estás leyendo esto... es un hecho que tienes una cabeza)... Te dejamos este organigrama o lo que es lo mismo "dibujito para organizar", con el único objetivo de que apuntes quiénes son tus mejores amigas, tus galanes, tu confidente y bueno hasta tu mascota. Así que... ¡ARRÁNCATE!

NIÑOS QUE ME GUSTAN

1.
2.
3.
4.
5.
6.

MI CONFIDENTE

LOS POSIBLES

1.
2.
3.
4.
5.

MI AMIGO INVISIBLE

MI AMIGA No. 1

MIS NO TAN AMIGAS

51.
52.
53.
54.
55.

LOS IMPOSIBLES

1.
2.
3.
4.
5.

Advertencia: Te pedimos, te imploramos y te suplicamos que llenes los espacios con lápiz, porque en cualquier momento... puedes cambiar de OPINIÓN i...Mua...ja...ja...ja...ja! (perdón, intentamos que sonara como una risa macabra, pero escrito no está tan fácil).

El prólogo

Como posiblemente no te gusta leer los prólogos...

Quiúbole con... LA BIENVENIDA

Este nuevo *Quiúbole con...* interactivo, tiene todo lo del *Quiúbole* original y muchísimos temas nuevos y súper actualizados. El rollo de que sea interactivo te va a encantar, porque tiene muchísimas actividades padrísimas; como un cementerio de lápidas para que pongas los nombres de tus ex-novios y su fecha de vida, un anuario de las bolitas de la escuela, un laboratorio lleno de sapos para ponerles nombre y sepas a cuántos has tenido que besar para encontrar a tu príncipe, y un buen de cosas más.

También es un *Quiúbole* completamente personalizado, ya que sólo tú lo podrás ir llenando.

El objetivo del *Quiúbole con...* interactivo es que encuentres de una forma divertida, alivianada y al mismo tiempo profunda, toda la información de lo que te inquieta y te sucede, de lo que te va a pasar y de las cosas que de plano a veces sientes que por más que le echas ganas, no te pasan.

Sabemos que en ocasiones te puedes sentir súper sacada de onda porque crees que las cosas sólo te ocurren a ti: relájate; verás que lo que platicamos en este libro le pasa a muchas niñas como tú, y verás también que la diferencia es cómo lo toma y lo resuelve cada quién.

Puedes leer *Quiúbole con...* por secciones de acuerdo a lo que te late; o lo puedes leer de principio a fin.

El libro está dividido en cinco grandes temas que son: tu cuerpo, tus relaciones, tu imagen, tu sexualidad y tu mente.

Queremos decirte que cuando hicimos este libro, los dos aprendimos y nos divertimos mucho. Quizá la mezcla de Gaby y Yordi te parece medio loca y te preguntas: "¿Por qué dos personas tan distintas se juntaron para escribir este libro?" Bueno, porque creemos que justamente por la diferencia de edades, de sexo y a veces de manera de pensar, el libro se hace más interesante y se complementa.

La idea se nos ocurrió mientras corríamos en las caminadoras del gimnasio. Como nos dimos cuenta de que, por más que nos esforzáramos, jamás seríamos estrellas en los 100 metros planos, y ni siquiera de la mini olimpiada de Xochitepec, corrimos, pero a entrevistar niñas que nos platicaron y nos ayudaron a entender lo que te preocupa y lo que tienes ganas de saber.

También entrevistamos a muchos especialistas en diferentes temas, que nos asesoraron para asegurarnos que la información que vas a encontrar aquí, es totalmente confiable.

Como es lógico, a veces los dos discutimos sobre nuestros diferentes punto de vista, sobre si meter "x" chiste o no, sobre qué temas te interesarían más, y qué palabras utilizar para que le entendieras mejor, pero la finalidad del libro siempre estuvo súper clara: informarte de la manera más objetiva y neutral posible, para que tengas herramientas y tomes tus propias decisiones sobre todos los rollos que vas a enfrentar en este momento de tu vida.

También queremos que este libro sea como tu diario y lo guardes siempre; esperando que cuando seas grande, un día te lo encuentres en una caja y te haga volver a vivir esta etapa. Que recuerdes lo que te preocupaba, tus gustos, quiénes eran tus amigas y hasta tus ex novios.

En fin, ojalá lo disfrutes tanto como a nosotros nos gustó y nos divirtió hacerlo. Estamos seguros de que si este libro te sirve para algo, nuestro trabajo habrá valido la pena.

GABY Y YORDI

HOLA

Entre los nueve y los 13 años parece que diario es tu cumpleaños. Todos los días te levantas y tienes algo nuevo ¡pero en tu cuerpo! Y también, como en tu cumpleaños, te encuentras con cosas padrísimas y con otras que dices: "¿Qué es esto? No, gracias, no lo quiero." La bronca es que una vez que lo tienes no hay cambios ni devoluciones, no puedes regresar a la tiendita y decir, ¿sabe qué?, siempre no.

En tu cuerpo empieza una revolución tan cañona que de plano no te la crees. Cuando notas las primeras señales dices cosas como: "Qué raro, me están creciendo las bubis...", y hay de dos: o le das gracias a Dios porque escuchó tus plegarias y le dices a tus blusas con escote: "Ahora sí, van a chambear", o te niegas rotundamente a aceptarlo y te tapas lo mejor que puedes. Pero es muy chistoso porque primero te da pena, luego como orgullo, y si te crecen mucho, como si fueras modelo de revista con mucha, pero mucha "pechonalidad", pues como que otra vez te vuelve a dar penita. Entonces te pasa que sientes como si fueras en la carretera y de repente te encuentras un letrerito que dice:

ACAPULCO
20 KM

BIENVENIDA
A LA ADOLESCENCIA
POBLACIÓN: TODAS TUS AMIGAS

CUERNAVACA
YA TE PASASTE

JOJUTLA
PRÓXIMA SALIDA

La adolescencia es también conocida en las altas esferas de los adultos como:

¡La edad del "me vale", y si a mis papás no les late que me valga, "pues me vale"!

¡La edad de la punzada!

¡La aborrecencia!

¡La época de los pubertos!

Es una época muy padre, divertida, súper chida, pero a veces, medio complicada.

Además de los rollos en tu cuerpo, vas a notar que tu manera de relacionarte con los demás también empieza a cambiar; tú misma te sientes y piensas diferente. ¿Ya sabes?

En conclusión, los juegos que antes jugabas de niña ahora pueden ser súper densos, porque si empiezas a jugar con tu novio al doctor (con inyección y toda la cosa) ¡aguas! Puedes terminar jugando al papá y a la mamá, ¡pero de a de veras! Y de ahí en adelante, a jugar todos los días a la comidita... Bueno, pero eso es otra cosa.

El caso es que entras a una de las épocas más padres de tu vida. En este capítulo vamos a platicar de todas estas cosas nuevas que tu cuerpo experimenta; pero antes de continuar, te proponemos que hagas este test, para saber qué tan adolescente eres.

IMA
INSTITUTO MEXICANO DE LA ABORRECENCIA
POR UNA SOCIEDAD CON UNA ADOLESCENCIA FELÍZ

ÁREA PARA RESULTADOS

AUTO TEST No.1
ENTRADA A LA ABORRECENCIA

Nuestro test ha sido desarrollado por los más selectos especialistas en el ramo. Lea cuidadosamente cada punto antes de contestar, evite copiar o usar cualquier método que implique hacer trampa en la evaluación.

¡Mucha suerte!

SÍ NO Te sientes incomprendida y con más presiones.

SÍ NO Te vuelves enojona, tipo "Grinch" en intercambio navideño.

SÍ NO Si antes tu paciencia era de 10, ahora es como de 3.5 (y aquí el .5 no sube).

SÍ NO Ahora para ti, lo mejor de la vida es salir con tus amigas.

SÍ NO Te preocupa mucho verte bien.

SÍ NO Cuestionas todo lo que viene de tus papás: permisos, forma de vestirse, forma de hablar y demás.

SÍ NO Estás hipersensible.

SÍ NO Tu grupo de amigas es tu tesoro más valioso.

SÍ NO Hace más de dos años que no tocas tus barbies (casi casi ni para limpiarlas).

SÍ NO Un segundo estás feliz y al siguiente ¡estás llorando!

SÍ NO Les contestas mal a tus papás por todo (no importa si no te preguntaron nada).

SÍ NO No te entiendes ni tú misma.

• MEX • • QUIÚBOLE CON EL TEST •

HB 2

SÍ NO Tienes mil broncas con tus papás. Ya no quieres que se metan en tu vida y cuando te regañan sólo les das el avión.

SÍ NO El niño que antes sólo se te hacía mono, ahora te parece guapérrimo, es más, te mueres de ganas de comértelo a besos ¡hasta sus brackets te parecen sexys!

SÍ NO Ahora ves tus bubis más que tus cuadernos.

SÍ NO Ya no te diviertes con las mismas cosas de antes.

SÍ NO Tu autoestima está súper inestable.

SÍ NO Antes estabas de acuerdo con todo lo que tus papás te decían; ahora sus recomendaciones ya no te laten tanto.

SÍ NO Así como el planeta tiene sus elementos (agua, fuego, tierra y aire) tú tienes los tuyos (fiestas, ropa, amigas y música).

> Si tu forma de ser coincide con 1 a 3 afirmaciones eres adolescente.
> De 4 a 10 la adolescencia se te sale por las orejas.
> De 11 a 19 podría aparecer tu foto en la enciclopedia de la adolescencia.

Las bubis

Los pechos se conocen de muchas maneras: bubis, senos, bubs, chichis, en fin, como quieras decirles. El caso es que las bubis se han convertido en un icono de la sexualidad en la mujer (algunos hombres también las tienen: son luchadores de lucha libre y generalmente usan copa 38 B).

A ciertas niñas les da pena que les crezcan y caminan estilo Notre Dame, o sea medio jorobadas; tratan de usar sudaderas gigantescas con la cara de Winnie Pooh para que los nuevos bultos se confundan con los cachetes del osito (así el pobre Pooh se ve como con 8 kilos más de como es realmente). A otras, les urge que sus pequeños montecitos se conviertan en los Alpes Suizos.

Las bubis empiezan a aparecer gracias al estrógeno; seguramente dirás: "Estro... ¿qué?" No te preocupes. El estrógeno es una hormona que estimula el crecimiento de tus glándulas mamarias, y para protegerlas crea unos colchoncitos de grasa a su alrededor. También en tus bubis se construye una red de conductos para que, en un futuro, cuando seas mamá, la leche pueda salir por los pezones.

¿Qué tipo de bubis tienes?

Ya que les dices "Bienvenidas a mi vida", empiezas a voltear a ver todas las bubis que se te cruzan enfrente (este ejercicio también lo hacen los hombres, ¡pero durante toda la vida!): observas las grandes; las divorciadas, que son las que no se hablan porque cada una ve para un lado distinto; las amigas, porque están siempre pegaditas; las de brújula, porque una se dirige al norte y la otra al sur; las medianas; las soñadoras, porque ven siempre hacia el cielo como pidiendo un deseo; las deprimidas porque ven hacia el suelo; las copas, A, B, C, D y Copa Davis, en fin... descubres que hay de todo tipo.

¡Más chicas! ¡Más grandes! Aunque sea parejas, ¿no?

En el tamaño y forma de las bubis no hay reglas y es súper importante que sepas que todas son normales. Quizá sientas que las tienes más grandes, ya sabes, tipo naranjas o más chicas que tus amigas, tipo limones. No te obsesiones. La verdad es que no hay niña que esté totalmente contenta con ellas. Siempre quisiéramos que fueran más chicas o grandes, redondas o parejas. También es muy común que sean asimétricas; es decir, una más grande que la otra, o una ve para el frente y la otra para un lado. No es que estén bizcas, es normal. Con el tiempo se emparejan, así que tranquila, no te agobies.

Vas a notar también que su tamaño cambia de acuerdo con tu ciclo menstrual (más adelante platicaremos de esto). Cerca y durante tu periodo tienden a ser un poquito más llenitas y sensibles; o sea, como que se inflan, ¡pero no cantes victoria porque luego regresan a su tamaño normal!.

Cada mujer es diferente, hay bubis que se desarrollan casi completamente en tres meses, y otras que tardan hasta 10 años para desarrollarse por completo. Ahora que si ves a tu tía de 55 años y no tiene nada de nada pero aún conserva la esperanza, habla con ella y dile: "Tía, siéntate, tenemos que hablar…"

Güerita… ¿Cómo las tiene?

Gigantescas calabazas

Diminutos chícharos

Enormes sandías

Redondos melones

Perfectas manzanas

Exprimibles naranjas

Los pezones

También vienen en todos los tamaños y colores. Son especialmente sensibles a los cambios de temperatura. Puedes notar que si hace frío se ponen más chiquitos y duros; igual sucede cuando te excitas sexualmente. Si se te marcan en la camiseta y lo único que pasa es que tienes frío, puedes ponerte un brassiere más grueso, unos parches especiales del color de tu piel que venden para eso, voltearte hacia otro lado o ya de plano ponerte una chamarra de esquimal. Ahí sí olvídate de que se te vean los pezones: con trabajo se te verá la cara.

Si no encuentras los parches ponte unas curitas... son como la versión pirata de los parches, pero funcionan.

En este aspecto, los hombres se portan casi todos como niños. Si él nota que te diste cuenta de sus miradas y te sentiste incómoda se va a sentir terrible y apenado, así que no dudes en hacérselo notar.

IZQUIERDA   DERECHA

Algunos pezones son invertidos, o sea, como que les da miedito, porque se ven como metidos hacia adentro. Es normal y saldrán con el desarrollo más o menos a los 18 años. Otras veces puedes notar un pezón más grande y duro que el otro; también es normal. Si notas algún cambio raro en ellos ve con el ginecólogo para que te revise. Si te salen vellitos alrededor puedes dejarlos tal cual, depilarlos con pinzas, cortarlos con unas tijeritas o hacerte depilación láser, sobre todo si no quieres parecerte a la prima del hombre lobo.

Para proteger tus bubis, mantenerlas en su lugar por mucho tiempo (o sea, que no se cuelguen como calcetines con canicas) y evitar que reboten con el movimiento como gelatina de tiendita, es muy cómodo y necesario usar algo que las sostenga. Y es aquí donde viene nuestra famosa...

Crónica de un brassiere anunciado

La primera vez que tu mamá te va a comprar un brassiere, corpiño o camisetita enseña-ombligo, obvio, te mueres de la pena. Primero porque a ellas les encanta introducirte al famoso mundo de la mujer. ¡Pero que no se claven!, no enfrente de todas sus amigas. La típica frase en la reunión es: "A Paulina ya le compré sus brassiercitos... ¡Aaayyy, están muy monos porque están chiquititos!" ¿Qué necesidad tienen tu tía Licha y tu tía Nena de saber que tus bubis se te están desarrollando? ¡Ah, no! Tu mamá es feliz divulgándolo.

Cuando llegas con ella a comprarlo típico que le pregunta en voz alta veinte veces a la que atiende: "¿Cuál le podrá quedar a mi hija?" ¡Por si alguien no se había enterado de que estás comprando tu primer brassiere! Para colmo, no falta que esté por ahí un niño que se te hace guapo... y te quieres morir. Por si fuera poco, tu mamá te acompaña al vestidor para ayudarte a abrocharlo. ¡No, por favor! Ya después tú verás si te consigues un segurito o si te lo amarras de plano con estambre del ocho, pero ese rollo nada más te da pena y te incomoda.

Ruégale a "San Corpiño de los Tirantes" que a tu mamá no se le ocurra acomodarte los tirantes del brassiere frente a sus amigas, porque eso sí es nefasto.

Por otro lado, también está la niña que se muere de ganas de usar brassiere porque todas sus amigas ya lo usan, y el día que se lo compran lo presume a todo mundo. Casi casi le toma una foto y se lo manda por correo electrónico a todas sus amigas, con el título de "la primera hamaca de mis bubis"

Cualquiera que sea tu caso, ubica que tu mamá sólo te quiere ayudar y no se da cuenta de que estos detalles dan pena o te hacen sentir mal. Dilo. Seguro te va a entender muy bien.

Me quiero cambiar de ropa, de escuela... ¡y de bubis!

Existen un buen de remedios para cambiar un poco tus bubis, como los brassieres con relleno, ponerte las hombreras de las blusas ochenteras de tu mamá, las famosas bolitas de kleenex, calcetines y hasta maquillarte en medio de las bubis tipo artista de televisión.

Lo más importante es que ninguna mujer necesita cambiar de pechos para ser mejor o peor. Unas bubis más grandes no pueden definir tu seguridad como persona ni tu forma de sentirte frente a la vida. Tú eres mucho, pero mucho más que un par de bubis.

Cuando alguien tiene bubis muy grandes pueden darse algunas broncas como: dolores de espalda, problemas crónicos del cuello, hombros lastimados por el peso que recae en los tirantes del brassiere y hasta tu novio las puede agarrar de almohadas. En fin, puede ser muy molesto. En estos casos se puede recurrir a una reducción de senos, que no deja de ser una cirugía pero te puede ayudar a sentirte mucho mejor.

Hoy en día es muy normal escuchar acerca de implantes y cirujanos; sin embargo, la decisión de operarte es algo súper serio y personal. Por más avances científicos que existan, ciertas mujeres tienen complicaciones muy delicadas después de implantarse unas prótesis, y a otras les quedan muy bien, sin problema alguno.

Lo que sí es muy importante es que sepas que no te debes operar si no has cumplido 18 años y que, a pesar de que a algunas mujeres les dan seguridad personal, ningún par de prótesis te hace mejor o peor persona. Sin embargo, si ya lo platicaste en tu casa, si puedes y quieres sólo toma todas las medidas de seguridad posibles.

Los famosos genitales

Las hormonas me atacan

por unas caderas más redonditas

urge cambio de cuerpo

mucho tráfico

Si de repente sientes que en tu cuerpo hay una revolución no te preocupes, es normal, simplemente se trata de un gigantesco ejército de hormonas que están haciendo marchas y plantones adentro de tí. Primero tus caderas empiezan a redondearse y la cintura se nota más. En tus genitales externos vas a notar el crecimiento de un vellito de color más oscuro que en el resto del cuerpo. Tus genitales internos también están cambiando mucho. Ahora que, si te quedaste dormida en las pláticas de la escuela y tus órganos sexuales te parecen más extraños que un 10 en matemáticas, échale un ojo a lo siguiente.

Es importante que te familiarices bien con lo que sucede allá abajo. Parte de tus genitales se localizan dentro de tu cuerpo y los que están por fuera no se ven mucho que digamos.

Los de afuerita

1. El pubis
2. La vulva
3. Los labios
4. El clítoris
5. La uretra

El pubis

Digamos que es el comienzo de la zona genital; es la parte que se eleva un poco sobre el hueso púbico y donde aparece el vello durante la pubertad.

La vulva

Incluye los labios exteriores y el clítoris. Es bueno que conozcas esta parte de tu cuerpo, pero como eso está cañón (a menos de que seas contorsionista de circo), la puedes conocer en persona si tomas un espejo y lo colocas entre tus piernas.

Los labios

Igual podrás ver que hay unos labios más grandes y externos que son los que protegen a los demás genitales, por eso se cubren de vello. Más adentro, están otros labios más chiquitos que sirven como puerta hacia la vagina; éstos no tienen vello, son mega sensibles y, por supuesto, por más puerta que parezcan... no tienen timbre.

El clítoris

En la parte superior vas a ver algo como un pequeño botón, formado por miles de terminaciones nerviosas súper sensibles que se estimulan cuando lo tocan. Durante la excitación sexual y el orgasmo, que es la culminación de la excitación, su tejido se hincha. Su única función es la de generar placer sexual, o sea que este órgano ¡pura diversión y nada de chamba! Una vez que pasa la excitación y el orgasmo el clítoris se relaja y regresa a su tamaño natural y a descansar.

La uretra

Es un tubito por donde viaja la orina (léase también "pipí, piz, del uno", etc.) desde la vejiga hacia el exterior; se localiza entre el clítoris y la vagina. No es un órgano sexual.

Los más escondiditos

1. Vagina
2. Himen
3. Cuello uterino
4. matriz o útero
5. Trompas de Falopio
6. Ovarios

La vagina

Es el canal que comienza en el útero o matriz y termina en la vulva, tiene paredes súper elásticas y llenas de pliegues. Le da salida a la menstruación, recibe al pene y sirve como conducto para que el bebé nazca. Sus paredes casi nunca están secas y el grado de humedad varía de acuerdo con tu periodo de menstruación. Puedes ver que entre más cerca estás de que te baje, más seca está la vagina, y cuando se acerca la ovulación (aproximadamente de 10 a 15 días después de que te baje) es cuando más húmeda está.

Cuando se produce la excitación porque viste algo que te gustó en una revista o en la tele, el cerebro se pone las pilas y da órdenes a ciertas glándulas para que hagan un liquidito que lubrique la vagina y se prepare para la penetración. La maravilla es que ésta tiene su propio sistema de defensas para las infecciones; a esta defensa se le conoce como flora vaginal y tiene gérmenes que mantienen ácidas sus paredes.

Cada vez que te baja las células del útero y de la vagina se destruyen o se cambian. Ésta es la mejor limpieza fisiológica, así que por la limpieza de adentro no te preocupes; por fuera sí date tus buenas bañaditas.

El himen

Es famosísimo por el rollo de la virginidad. En realidad es una membrana híper delgada permeable (o sea, perforada), que se encuentra a la entrada de la vagina y la cubre en parte. A veces esta telita de tejido se puede desgarrar o romper por hacer ejercicios bruscos y deja salir unas gotitas de sangre en algunas mujeres, así como durante las relaciones sexuales. Así que el rollo de que una mujer virgen debe de tener el himen intacto, no es cierto. Además para un hombre es imposible sentir si la mujer tiene himen o no.

El cuello uterino

Es como la puerta de entrada al canal que conduce a la matriz. Cuando una mujer embarazada está a punto de dar a luz, el cuello uterino se hace grande hasta que prácticamente desaparece para permitir el paso del bebé al nacer (¡ouch!).

Matriz o útero

Normalmente es del tamaño de una pera volteada hacia abajo, excepto cuando te embarazas. Sus paredes son gruesas, musculosas y súper elásticas para guardar a uno o más bebés. Por dentro están como forradas de una mucosa llamada endometrio que fija e inicia la alimentación del bebé. Cuando no hay bebé en la matriz el recubrimiento se desprende con las capas vaginales cada mes, y esto es lo que provoca la famosa y nada sencillita menstruación.

Las trompas de falopio

Son un par de tubitos flexibles que salen de la parte superior del útero y se acercan muchísimo a cada uno de los ovarios. Cada mes se encargan de transportar el óvulo liberado hacia la matriz después de la ovulación. Si en el camino se unen el óvulo y el espermatozoide, las trompas se encargan de trasladar al huevo recién formado hasta la matriz para que se fije en el endometrio.

Los ovarios

Son del mismo tamaño y forma de las almendras. Si no sabes de qué tamaño son las almendras no te preocupes, son más o menos del tamaño de… de… un ovario. Bueno ya, en serio, éstos se encargan de guardar en unas pequeñas bolsas, llamadas folículos, todos los óvulos (alrededor de unos 300 mil) que a lo largo de los años liberarás cada mes, desde la pubertad hasta la menopausia.

La glándula pituitaria (se oye rarito, pero así se llama) produce hormonas que viajan por la sangre y le echan un grito a los folículos para que liberen un óvulo maduro.

Lo grueso es que en cada uno de los miles de óvulos se encuentra toda tu información genética o ADN: color de ojos, pelo, forma de tu cuerpo, etcétera. A este proceso se le llama ovulación, y es por eso que algunas mujeres, a la mitad de su ciclo, sienten una especie de cólico pequeño o dolor en la parte baja del abdomen. En estos días puedes estar fértil. Pero en especial estás de mírame y no me toques...

No manches con la mancha misteriosa

A veces, en tus "chones" te puedes encontrar con una especie de mucosa amarilla o blanca y no sabes bien por qué aparece. Bueno, pues es normal y se llama flujo.

Este flujo es un sistema de limpieza natural de tu vagina. Por lo general notas que aparece uno o dos días antes de tu periodo. Hay dos variaciones de flujo: normal y anormal.

NORMAL

Es húmedo, transparente o medio blanco y no provoca comezón. Una vez que está en tus calzones y le da el aire se puede volver amarillento.

La cantidad de flujo puede variar de acuerdo con la fluctuación de hormonas. La excitación sexual también provoca que éste aumente.

ANORMAL

Si el flujo se hace espeso, huele feo y tienes comezón en los genitales debes ir al ginecólogo porque es probable que tengas una infección y es súper importante atacarla de volada.

Espacio para tel. del Ginecólogo

Andrés... El que viene cada mes

O "Ya me bajó"

"Quiero felicitar a Margarita que abre sus pétalos para convertirse en una bella flor"

¡Ah, y si ven al mesero me lo mandan de volada!

¿Anda borracho?

Qué importa, de todas maneras habla bien bonito.

Hay muchas formas de decirle: la menstruación, el ciclo, la regla, Andrés Rojas, el periodo, etcétera. Tus tías generalmente te dicen: "Bienvenida al club".

Cuando te baja es uno de los cambios internos más importantes y más significativos en tu cuerpo. De entrada, es la señal que indica que pasas a otra etapa de tu vida en la que ya puedes embarazarte (nada más ¡aguas! no te adelantes). Es el cambio que algunas personas llaman cursimente "de niña a mujer"; es lo típico que dice un padrino borracho en unos xv años, pero es cierto.

Como decíamos anteriormente, cada mes, a causa de la producción de hormonas de una glándula llamada hipófisis, un óvulo tuyo crece, madura y se lanza a las trompas de Falopio (Falopio no es ningún elefante). Allí puede ser fecundado por un espermatozoide durante las siguientes 12 a 24 horas.

El rollo es que, al mismo tiempo que ocurre esto, en el útero, como ya vimos, se hace un revestimiento (el endometrio) para recibir al óvulo que ya fecundado se llama huevo. Es un tipo de cuna para que el huevo caiga "en blandito". Si el óvulo no fue fecundado este revestimiento, cuna o como le quieras llamar, se empieza a desprender y produce un sangrado que se llama... ita-tán!: ¡menstruación!, o sea, ¡ya te bajó! Sí, la temida y escalofriante regla (de hecho, debería existir una regla que prohibiera las reglas).

NUEVE

datos interesantes que toda mujer a la que le baja debe saber, o lo que es lo mismo: nueve puntos que a cualquier hombre le valen.

Los nueve básicos

9

1. La menstruación se regula en dos o tres años.

2. La duración de tu periodo puede ser diferente al de tus amigas; es normal. Éste puede ser de entre dos y ocho días (de cuatro a seis promedio); lo importante es que sea regular.

3. El ciclo normalmente dura entre 21 y 35 días (28 promedio), más o menos un mes.

4. Los ciclos pueden cambiar de acuerdo con el clima, la alimentación, el estrés (como cuando estás en época de exámenes), la edad, los viajes, el subir o bajar de peso, el que estés enamorada o bien embarazada (esto último no sólo hace que la cambies, sino que hasta pierdas la menstruación). En fin, mil cosas afectan.

5. Te va a bajar por unos 40 años, con excepción de los periodos de embarazo y lactancia. Es decir, unas 400 o 500 veces en tu vida: son un buen, ¿no? Así que tómalo con "filosofía", calma y aprende a "disfrutarlo" (bueno, sabemos que tampoco vas a llegar a una fiesta a interrumpir la música y a decir por el micrófono: "Perdón, perdón... un momentito por favor... ¡quiero decirles que estoy súper feliz porque... porque ¡me está bajando! ...y quiero que todo mundo lo celebre. Hoy es mi noche. ¡Arránquese mariachi!") También puede ser que no te moleste mucho, además, se vale hacer berrinche, es completamente normal.

6. Tu primer sangrado puede ser café y no rojo, es normal.

7. A veces puedes notar que ya empieza o termina tu menstruación al dejar pequeñas manchas de color café en tu calzón. Si te empiezas a pelear con todo el mundo en tu casa, también puede ser un buen indicativo de que está llegando Andrés.

8. La mejor forma de saber a qué edad te puede bajar es preguntándole a tu mamá, hermanas o a tu abuelita cuándo les bajó a ellas, ya que mucho de esto es hereditario.

9. Si ya tienes 17 años y no te ha bajado, mejor ve con tu ginecólogo a ver qué pex.

¡Ouch! Me está bajando

AAyyy mi pancita

El rollo es que cuando te baja por primera vez te puedes sentir incómoda, porque finalmente lo que ves es una mancha de sangre. También porque aunque calculas las fechas en que te va a bajar es como examen sorpresa: nunca sabes exactamente cuándo va a llegar.

De entrada, queremos decirte que con la regla demuestras (la primera de muchas veces en la vida) que eres más valiente que los hombres, ¡imagínate a uno de tus amigos el primer día en que le baja!, entraría muy macho al salón, con paso firme y la mirada amenazadora, como escaneando la situación, y de repente: "Ay, ay... mi panza, ay güey, me duele... ay, mi panza, mi panzita... ...aaghhh. No se rían, les juro que nunca han sentido algo así. Aaaaay... imami!, imamita!"

En muchas familias, la primera vez que le baja a la niña parece fiesta nacional. Si la tuya es una de esas, prepárate para que 15 minutos después de haberle dado la noticia a tu mamá ya lo sepa toda la casa y algunas de sus 35 amigas íntimas. Lo peor es que tu papá se acerque a felicitarte, con el típico: "¡Felicidades mi hijita, ya eres toda una señorita!", o que te regale flores: ¡No, por favor!, te va a caer de la fregada, vas a querer decir: "Papi... si en serio me quieres, te pido de la manera más atenta que... ¡Te calleeeeeeesss, ...ah, por favor!"

La neta es que cuando tu papá te lo dice lo único que quiere es que sientas su apoyo y lo más probable es que él mismo no sepa ni cómo decírtelo, así que no te claves.

También es pésimo que el primer día que te baja sientes que todo mundo en la calle te ve y piensa: "Mira, a esa niña hoy le bajó". ¡Tranquila! Tómalo con calma. Nadie lo piensa, nadie lo nota.

Dime qué tipo de menstruación tienes y te diré quién eres

La regla tipo suegra:

Es la que amas cuando se va y odias cuando regresa.

La regla hermano:

todo el día te está molestando.

La regla pizza:

Es la que te urge que llegue.

La regla Dormimundo:

te tumba en la cama todo el día.

La regla cometa Halley:

Nunca sabes cuándo va a llegar.

La regla espinilla:

Es la que molesta desde antes de llegar.

La re...

La regla de fin de semana:

Ni se siente.

La regla chon de hilo dental:

Todo el día te recuerda que está ahí.

Síndrome premenstrual, o lo que es lo mismo síndrome "CH"

Cuando tu ciclo menstrual llega a la tercera semana el cuerpo se prepara hormonalmente para desprender el endometrio y desecharlo a través de la menstruación. Esto provoca que tengas una serie de cambios en tu cuerpo que pueden variar, desde dolor de cabeza, depresión y mal humor, hasta irritación, ganas de chillar por todo, granitos en la cara, cólicos, dolor de bubis, cansancio, pancita chelera, retención de agua, etcétera.

El coco de los síntomas premenstruales es el síndrome "CH" (léase "ché") por chípil, chillona y chocante. Este síndrome te hace caer en irritabilidad, depresión y mal humor. De hecho, en esos días a veces ni tú misma te aguantas; pero tranquila, porque si tú misma te odias o te chocas al rato tú misma, ite perdonas! Ahora, no te preocupes, puedes llorar porque tu perro no te movió la cola, porque no prende el foco del refrigerador o porque te acordaste de tu lonchera del kinder de Hello Kitty. ¡Tal cual! Tú no te preocupes.

Hay quien afirma que es precisamente en "esos días" cuando, por estar más sensible, desarrollas mejor tu creatividad, por lo que si sientes el síndrome "CH" aprovecha para escribir, pintar, oír música, meditar o ya de perdis hacerle una cartita a tu galán.

Aunque tus amigas y tu novio puedan comprenderte, es un poco difícil porque no saben qué día te toca (como tampoco andas con un anuncio en la cabeza de "ya me bajó"), entonces, de repente se preguntan: "¿Qué le pasa hoy?" Platícales que traes el síndrome "CH" y lo entenderán mejor.

Si tienes novio, díselo de alguna manera y ubica que él jamás ha sentido esto. Si los dos ponen de su parte evitarán muchos enojos y resentimientos.

El cólico

El cólico es un dolor en la parte baja del abdomen y algunas veces da la vuelta hasta la parte baja de la espalda. ¡Generalmente es perrísimo! Esto se debe a que los músculos del útero se contraen para eliminar el flujo menstrual. Duele, pero cada vez es más fácil de controlar. También puedes sentir cólico en el momento de la ovulación, entre 10 y 15 días después de que te bajó.

A algunas mujeres súper rayadas cada mes les pasa desapercibida esa etapa y no tienen ningún síntoma; para otras, el síntoma puede ser desde un dolor light antes y durante los dos primeros días en que les baja hasta ser insoportable y mandarlas knock-out a la cama.

Hola... mi nombre es CÓLICO

Y me apellido todo el día

¿Cómo aliviar el cólico?

Existen algunas pastillas buenísimas para alivianarlo. Algunas que te pueden servir son Sincol, Analgen o Advil, pero si está muy grueso el dolor puedes usar Buscapina. Siempre debes preguntarle a tu mamá o a tu doctor antes de tomar cualquier medicamento porque puedes ser alérgica.

Puedes descansar con una bolsa de agua caliente sobre el abdomen, o frotar las manos para calentarlas y ponerlas en el vientre. También hay parches que se pegan, los pones en el chonino y se conservan calientes por doce horas, inclusive ya hay un calzón llamado Termo Panti que tiene una compresa de gel que se calienta automáticamente cuando la activas, para que te aliviane cada vez que estés en tus días.

Checa

Estas cosas evitan los cólicos:

- No levantes cosas pesadas ni te quedes parada mucho tiempo.

- Bájale a las grasas, los condimentos y las carnes rojas.

- Haz ejercicio para mejorar tu circulación.

- Bájale a la sal, al azúcar, a la cafeína y al alcohol.

- Come más verduras y carbohidratos.

- No te claves en la cama, trata de seguir tu vida normal.

- Tómate dos gotas de "aguantitis"; o sea, "aguántate". Éste es el método más barato pero menos recomendado.

Con amarillo te puse lo más importante

Come frutas y verduras

En estos días también es normal sentir las bubis mucho más sensibles e hinchadas. Para evitar mayor dolor en este caso aléjate de cualquier amigo torpe que tengas, porque es la Ley de Murphy y en esos días se tropiezan con tus bubis cada dos segundos y creen que el dolor se quita con un chistosito "¡ay, perdón!"

Otro síntoma premenstrual puede ser un dolor de cabeza que te quieres morir, además del cansancio y a veces dolor de espalda. Con todos estos síntomas te puedes sentir fatal, pero no te preocupes; conforme más veces te baje aprenderás lo que puedes hacer para controlar el dolor y sentirte mejor.

Cuando te baja por primera vez debes ir al ginecólogo para que te revise. Anota en un calendario las fechas de cada menstruación, los días que dura y cuándo tuviste cólicos para que lleves un control. Estos datos son muy importantes para el ginecólogo (ojo con perder el calendario, porque es típico) ya que hay mujeres cuyo ciclo menstrual es de 24, 28 o 30 días, y otras son completamente irregulares.

Protección: toallas contra tampones

La mayoría de las niñas usan toallas protectoras; a otras les laten los tampones, mientras que algunas usan una combinación de los dos. En realidad, es cuestión de gustos y de lo que a ti te acomode.

Existen muchos diseños de ambos. Sin embargo, algunos doctores sugieren no usar tampones o toallas con desodorante pues aunque huelen muy bonito pueden provocarte alergia. ¡Aguas!

Si te decides por las toallas es importante que te la cambies cada tres o cuatro horas. Cuando lo hagas, envuelve muy bien la usada en el plástico de envoltura de la nueva toalla que vas a usar, o si no con papel de baño; después tírala al bote de basura y no al escusado.

Al principio, por la falta de costumbre puedes sentirte un poco incómoda, como si trajeras puesto un pañal. No te preocupes, de volada te acostumbras.

¡Qué oso! ¿Me puede dar unas... toallas?

La primera vez que compras toallas, ¡te da la peor pena del mundo! Las pides quedito para que nadie te oiga y como el señor no te oye te dice: "¿Que le dé queeé?" ¡Ash! Ya que por fin te entiende te las puede dar envueltas o en una bolsa de plástico transparente: si es así, ¡te quieres morir! Sientes que en la mano traes una bomba atómica y que el señorcito de la farmacia está pensando: "Mira, hoy le bajó a esta niña". Para nada, a él le vale.

También, cuando vas al súper tomas las toallas para meterlas al carrito y parece que están hirviendo y que te queman; las avientas y volteas a ver si alguien te vio. Casi casi parece que en lugar de comprarlas te las estás robando. Relájate, al principio es normal, después hasta las vas a pedir "con alitas, sin alitas, nocturnas, diurnas, con manzanilla, con áloe", en fin (al rato va a haber de vainilla con chispas de chocolate). Pero si tu mamá te las compra te ahorras todo este relajo.

¿Cuántos necesito?

Al principio vas a querer usar todo un paquete de toallas en un día. Con el tiempo vas a encontrar la medida aproximada de cuántas necesitas según tu flujo. Como dijimos, hay que cambiarlas cada tres o cuatro horas para que te sientas limpia, no huelas mal o manches la ropa. Aquí sí aplica la frase: "No manches".

Los tampones me dan terror

Los tampones son unos tubitos de algodón comprimido que se insertan dentro de la vagina para darte protección interna; además tienen un cordón para que los puedas sacar sin bronca. Por lo tanto, no les tengas miedo. Al imaginarte cómo se ponen te puede parecer una película de terror, pero la verdad no es tan tétrico como parece.

Lo bueno, lo malo y lo feo de los tampones

Aunque son muy prácticos e inofensivos, a algunos ginecólogos no les laten mucho los tampones. Esto es por los químicos que pueden destruir las defensas vaginales e irritar las paredes de la vagina. También por el riesgo de contraer una enfermedad llamada síndrome de shock tóxico que le da de 5 a 10 mujeres entre 100 mil que los usan. Es importante que sepas que lo provoca una bacteria maligna que puede desarrollarse cuando no te cambias con frecuencia el tampón.

Los síntomas son calentura repentina, náuseas, vómito, diarrea, dolor de cabeza, mareo, dolor de garganta y dolor muscular; la piel de las manos y los pies se descama y se pone roja, como si te hubieras quemado con el sol.

La mayoría de las mujeres que los usan no tienen ninguna molestia, pero si llegaras a tener alguno de estos síntomas quítate el tampón y ve al doctor de inmediato.

La primera vez que te pones un tampón sientes rarísimo y te tardas mil años: es normal. Sigue las instrucciones de la cajita y ahora sí que "flojita y cooperando". Una vez colocado el tampón ni se siente.

Hay de varios tamaños y tipos, son seguros y no se caen ni se pierden en el cuerpo. Busca lo que te acomoda; por ejemplo, hay algunas niñas que usan toallas para actividades normales y tampones para nadar. (Advertencia: esto no significa que si no sabes nadar y usas tampones ya la hiciste.)

¡Qué nervios! Mi primera visita al ginecólogo

Como cualquier otra parte de tu cuerpo, tu aparato sexual necesita estar súper sano. Un ginecólogo es un doctor que ha dedicado todos sus estudios para mantener muy bien esta zona del cuerpo de las mujeres.

A veces, pensar que un hombre va a entrar a un terreno tan íntimo te puede parecer terrible, pero acuérdate que la mayoría de los ginecólogos son muy profesionales y serios. Saben que sin importar la edad que tengas es una situación delicada. Cuando te tocan lo hacen con todo el cuidado del mundo. Aunque la mayoría son muy profesionales puedes encontrarte con alguno que no lo sea y que no te sientas a gusto con él. Si te pasa este rollo coméntalo con tu mamá o alguien de confianza y no vuelvas a ir. Ahora, si de plano no te late la idea de que sea un hombre, también existen ginecólogos mujeres.

¿Cada cuánto tengo que ir?

Las visitas al ginecólogo son por lo general como las vacaciones de verano, o sea, una vez al año. Para conseguir uno pregúntale a tu mamá o a una tía de confianza, o busca uno en el sector salud o en un hospital privado.

¿Qué me van a hacer?

Cuéntame tu historia... pero tu historia clínica: cuando el doctor te va a hacer la historia clínica no significa precisamente que te va a contar un cuento; más bien, tú eres la protagonista de la historia y va a escribir en tu expediente si tienes alguna enfermedad, alergia, operación y si tomas medicamentos. Te va a preguntar la fecha del inicio de tu menstruación, su frecuencia, duración y la pregunta del millón: ¡¡¡prrrrrrrrrrrrrr!!! (esto es un redoble de tambor, aunque no parezca) si tienes o no tienes relaciones sexuales.

Es muy importante que le contestes la verdad para que sepa qué onda contigo. Si tienes algo que decirle y no quieres que escuche tu mamá, tranquila, muchos doctores te piden que pases sola a la exploración para que puedas hablar sin broncas. Si no, márcale después por teléfono al doctor porque puede ser que no lo sepa tu mamá, ¡pero ni de broma se lo escondas al doctor! Ahora que si tu papá es ginecólogo y él te va a atender pues tienes de dos: o le platicas lo que haces con tu novio en el cuarto de la tele o cambias de médico.

La exploración

Te van a hacer pasar a un cuarto privado donde te van a dar una bata desechable para que te quites toda la ropa o bien de la cintura para abajo, dependiendo de lo que el doctor quiera auscultar. Procura que tu cita sea a la mitad del ciclo menstrual para facilitar la revisión. Por lo general, a todas las mujeres les incomoda el rollo de la exploración, pero pasa rápido y después te acostumbras o te resignas.

La revisión de las bubis

BUBi izquierda

BUBi derecha

El doctor tocará en forma circular tus bubis para verificar que no exista alguna bolita anormal. También examinará tus axilas y pezones y te enseñará una técnica para que apliques el "hágalo usted mismo", y tú sola te des una revisadita una vez al mes.

El momento incómodo ¿Hace Cuac?

Después, es probable que te pida que coloques tus pies en los estribos. El doctor se pone unos guantes de látex y observa de cerca tus genitales externos para comprobar que no haya alguna anormalidad; en este momento quisieras oler al último perfume Armani, así que mejor ve lo más limpia que puedas.

Después viene la fabulosa experiencia del "espéculo". Éste es un aparato de plástico o metal (también le dicen "pato", aunque lamentablemente no tiene nada que ver con el Pato Donald o el Pato Lucas). Es mucho menos amigable y sirve para separar las paredes de la vagina y observar que en el interior que no haya "rojeces", inflamación o flujo anormal. No te asustes, aunque es incómodo no duele y, como dice el dicho: "A todo se acostumbra uno"... hasta al pato.

El papanicolau... el papa ¿qué?

Aunque esto parece el nombre de una danza maya, en realidad es un estudio muy importante. El doctor va a introducir una especie de Q-tip largo y lo tallará en el cuello del útero para tener una muestra de tejido que mandará a analizar. Suena más molesto de lo que realmente es. El papanicolau sirve para comprobar que no haya células precancerosas o cancerosas. El cáncer cervical es curable si se detecta en sus inicios, por eso es importante que tengas una revisión médica cada año.

El tacto

Una vez que retira el pato, el doctor se pone un guante estéril y lubricado e introduce uno o dos dedos por la vagina, mientras que con la otra mano toca tu abdomen bajo para revisar tus órganos. Por medio del tacto y con presión, el doctor puede sentir el tamaño, forma y posición de tu útero, ovarios y trompas de falopio y asegurarse de que todo esté bien. Esto se puede sentir medio raro pero no molesta. Si te duele dile al doctor.

Debes saber que en tu primera cita no necesariamente te harán el servicio completo; va a depender de lo que necesites.

Una vez que te vistas y regreses a sentarte al consultorio, puedes hacerle todas las preguntas que quieras al doctor. Acuérdate que no hay pregunta tonta.

Tips para antes de tu cita

⭐ Anota en tu agenda los días de tu menstruación para que le puedas contestar al doctor cuando te lo pregunte y no pongas cara de *what?*

⭐ El día de la consulta lávate bien los genitales; si es por la tarde cámbiate de ropa interior para que estés lo más limpia posible. No te hagas lavados vaginales porque pueden afectar la flora bacteriana y alterar los resultados de los análisis.

⭐ Depílate las piernas y las axilas para que te sientas más cómoda y no vayas a espinar al doctor.

⭐ No olvides ponerte desodorante.

✪ Si ya tuviste relaciones sexuales y te da miedo preguntarle a tu mamá, con toda confianza pregúntale al doctor tus dudas; quédate tranquila, él no se lo va a decir a nadie.

✪ Como ya dijimos, si en algún momento sientes que el doctor no te trata con respeto cambia de inmediato de médico; no tienes ninguna obligación de quedarte con él.

Y sobre todo, relájate, relájate, y relájate; es más simple de lo que te imaginas.

Las señales que manda tu cuerpo

Tu cuerpo te manda señales de inmediato para avisar cuando algo no anda bien. Si notas cualquiera de los siguientes síntomas es momento de ir a ver al doctor:

- Comezón, enrojecimiento, picazón, llagas o verrugas en los genitales.
- Olor vaginal fuerte o flujo diferente de lo normal en color y textura.
- Dolor, ardor o comezón al hacer pipí.
- Orinar con sangre.
- Algún problema con la menstruación como cólicos exagerados, ciclos súper irregulares o mucho sangrado.
- Si sientes alguna bolita en el pecho que no habías notado antes.
- Si no te baja por más de 40 días.

Mi piel

¿Por qué me salen estas cosas?

La piel es tu órgano más grande. Durante la adolescencia, las hormonas provocan cambios en todo tu cuerpo y especialmente en tu piel. Los odiados granitos pueden aparecer en la cara, en la espalda o en el pecho y lo peor de todo es que les encanta aparecer el día que vas a salir con el niño que te gusta.

Más que "granitos" son "GRANOTES"

Los poros contienen glándulas sebáceas que fabrican un aceite llamado sebo para lubricar tu cabello y tu piel. Cuando produce la cantidad necesaria no hay ningún problema, pero si produce más de lo normal y se combina con las células muertas entonces sí está cañón porque los poros se tapan, se inflaman y itarán!, aparecen los puntos negros, los blancos y los granitos. Si los granitos se infectan con una bacteria se ponen súper rojos y tienen la cabeza blanca y pus, ¡y pus no te va a gustar!

En la cara, esta producción de grano indeseable generalmente se concentra en la zona "T" que cubre la frente, la nariz y el mentón. Ahora cuida que la letra "T" no se convierta en la letra "O", porque entonces vas a tener granos en toda la cara.

Vas a ver que algunos días de tu periodo te salen más granitos. Esto es por el aumento de la hormona progesterona que tu cuerpo produce después de la ovulación y antes de la menstruación (como si no fuera suficiente estar de malas cuando te baja).

Otra cosa que estimula la secreción de hormonas es el estrés y la ansiedad. Por eso en época de exámenes tu piel no está en su mejor momento, al igual que cuando estás muy nerviosa porque vas a salir con algún galán.

Los cuidados básicos

- 👾 Primero: aquí sí aplica la regla típica de los museos, o sea: "No tocar". ¡No te los toques ni por error! Si te los tratas de exprimir porque en la noche tienes una fiesta y se te ven horribles, lo único que vas a lograr es que se pongan más rojos, se noten más y que cuando llegues a la fiesta en lugar de fiesta de xv años, parezca que llegaste disfrazada al Halloween de tus vecinos. Cuando fuerzas la grasita a salir sin que esté madura puedes dejarte cicatrices permanentes en la piel.
- 👾 Todas las noches antes de acostarte limpia súper bien tu cara con un jabón o crema especial para tu tipo de piel. No uses cosas abrasivas que pueden irritarla pues pueden causar más acné, ni uses toallitas que estén más duras que la fibra con la que tu mamá lava la estufa. Para secarlos ni la secadora del pelo sirve por más caliente que eches el aire; tampoco funciona meterte a la secadora de ropa: saldrías medio seca, pero eso sí, muy mareada. Para secarlos puedes aplicar ingredientes tipo peróxido benzoico que mata las bacterias y aminora la producción de sebo. Ése sí es un agente secante.

- También puedes aplicar productos hechos con base de ácidos alpha hidroxy (aha), que encuentras en un buen de productos y son buenos para tratar acnés sencillos. Éstos son ácidos que se derivan de las frutas y de la leche; pero que la leche ayude no significa que los granitos se te quitan si te inyectas tu Choco Milk en la pompa izquierda, de hecho ni aunque te lo pongas en la derecha.
- Evita comer alimentos muy grasosos como chocolates, cacahuates, etcétera, y procura tomar mucha agua para eliminar las impurezas y limpiar la piel.
- Sustancias hechas con base de Retin-A contienen derivados de vitamina A, pueden ser muy efectivas y dejarte la piel súper suave y tersa. Te sugerimos usarlas sólo si te las receta el doctor, ya que pueden tener contraindicaciones.
- Las mascarillas naturales como la de toronja con clara de huevo, la de yoghurt con miel, la de barro natural o de marca pueden ayudarte. Otro tipo de mascarillas con las que podrás eliminar el problema son las de luchador tipo la del Santo: no te quitan los granos, pero nadie te los va a ver.
- Usa siempre un filtro solar por lo menos con protección 15, aunque te quedes en la ciudad y no necesariamente estés tomando el sol... pero si manejas el Acapulco en la azotea usa uno del 30 o más.

Las únicas, las originales

Las mascarillas del Santo

Aquí hay algunos productos que sin necesidad de prescripción médica te pueden alivianar un poco:

MEJORE SU CARA

MEJOR QUE LOS REMEDIOS DE LA DOÑA LUPIS

 SÚPER JABONES

PRODUCTOS WOW

PRUEBE SIN COMPROMISO

- ACUNOL
- CETAPHIL
- NEUTROGENA (según tu tipo de piel)
- CLEANANCE (AVÉNE), gel purificante
- EFFACLAR (LA ROCHE-POSAY), gel purificante

RETIN-A:

- RETINOL DE NEUTROGENA

  NOTA: Pueden ser irritantes, especialmente si te pones al sol.

AHA'S:

- PIEL GRASA: GLICOLIC loción
- PIEL SECA: GLICOLIC crema, EFFACLAR K, crema
- OTROS: CLEANANCE K, crema, KERACNYL, crema

  NOTA: Escoge uno de estos últimos tres y aplica una capa delgada por las noches.

PERÓXIDO DE BENZOILO:

- Benzac 2.5% gel
  Benoxyl 5% gel

Nota: No uses concentraciones mayores porque te puedes quemar. Aplica una capa delgada, de preferencia en las noches. Si tienes muchos granitos puedes usarlo máximo 2 o 3 veces al día.
OJO: En algunos casos puede causar irritación. Es básico leer el instructivo antes de aplicarlo. También puede haber personas alérgicas.

HIDRATANTES:

- NORMADERM: (VICHY), crema (dos veces al día)

En caso de que estos productos no mejoren tu piel y literalmente la cara se te caiga de vergüenza ve con un dermatólogo, iya!

Capítulo 2

Quiúbole con...

mis RELACIONES

LAS TÉCNICAS CUPIDO

EL ROLLO DE LOS HOMBRES

EL TRUENE

EL FREE

mi novio FORMAL

mis GALANES

mis AMIGAS

EL LIGUE

mi CEREBRO y su CEREBRO

Los Hombres

El ligue

"Hoy es noche de pesca," le digo a Ale y a Regina; hoy nos vamos a reventar. Después de cambiarnos de ropa mil veces hasta sentirnos guapísimas, nos despedimos de mis jefes y salimos rayadas rumbo al antro, con la esperanza de que nos dejen pasar.

La entrada, como siempre, está llena. A la mayoría de los güeyes que van solos no los dejan pasar, pero el monito de la cadena nos ubica y yo creo que le caemos bien, porque sin bronca nos deja entrar.

En la ciudad ya sabes cómo está la onda, pero ahora estamos en la playa y para eso son las vacaciones, para ligar, ya sabes.

Entramos y vemos a mil güeyes súper bien. "¡Hay buffet!", dice Pao, "hoy es noche guerrera." "¡Yesss! Ja ja ja", reímos de forma exagerada para llamar la atención.

Nos sentamos en la barra y pedimos un chupe. "Una volteadita. No… no, tampoco… éste se ve muy teto… No, no… de flojera. ¡Sí, ése, está guapísimo!" Se lo enseño a otra amiga "¿Cómo lo ves?" En eso, una chava se le acerca y lo abraza súper intensa; creo que viene con ella. Mmm, es un bombón.

Un amigo de la escuela se acerca para saludarnos. Siempre le he gustado. Es buena gente pero a mí no me late, se pone a platicar y resulta de flojera.

Volteo a ver al galán y la chava sigue abrazándolo pero él la pone de espaldas a mí. Mientras se abrazan, se me queda viendo y me sonríe. El cuate de la escuela, ¡pobrecito!, jura que le estoy poniendo atención y yo… ni siquiera lo escucho. Lo bueno es que estamos las tres amigas y así nos lo repartimos.

Volteo de nuevo y la niña lo deja de abrazar, parece que va al baño. Con los puros ojos veo que el galán me dice algo así como: "¿Qué pedo con el cuate con el que estás?" Y le hago cara de: "¿Qué onda con la que vienes tú?" Me río y el tetazo de mi amigo sigue hable y hable.

Con los ojos me dice: "Ven." También con los ojos le contesto: "No, ven tú." Con la mirada señala un lugar, así como "si quieres, ahí en medio." Y bajo la cabeza como diciendo: "¡Va!"

Al cuate de la escuela le digo: "Aguántame un segundo." Camino hacia el galán, nos topamos y pienso: "¡Estoy rayada, está súper bien!" Luego pienso: "No, el rayado es él, hoy me veo buenísima." Me río sola.

"¿Cómo te llamas?" Me doy cuenta de que es de Monterrey. "Laura," y me río de su acento. Luego él empieza a burlarse del mío. Tiene unos ojos iguau! Empezamos a platicar de cosas "x" y yo espero a que se aplique antes de que regrese su galana. Voltea como al baño y ve que ya viene, saca de volada su celular y me pide mi teléfono, igüey, ya se estaba tardando! Se lo doy rapidísimo y nos despedimos como con abracito. ¡Ay, qué rico!… seguro me llama mañana.

¿Qué es el ligue?

El ligue, como Laura nos platica, es un cambio de señales juguetón e interminable que una pareja comparte; o lo que es lo mismo, es cuando a dos personas se les salen las hormonas casi casi por las orejas.

El ligue es súper divertido; de hecho, deberían convertirlo en deporte nacional: ¡ahí sí, los mexicanos ganaríamos muchas medallas!

El asunto es que a veces lanzas una señal y te la rechazan. Después vuelves a mandar otra con más fuerza, esperando que esta vez San Antonio y el Santo Niño de Atocha te hagan el milagrito. Pero si ese milagrito hace un rato que no se te cumple, no te mal viajes y checa las cinco etapas del ligue. Pon un buen de atención en este capítulo porque con inteligencia, si te aplicas, te puedes volver una experta y ligarás hasta con los puros ojos, sin que los hombres se den cuenta.

Fases del ligue

Estas fases son súper importantes ya que con ellas puedes darte cuenta de cómo avanza tu proceso de ligue. Incluso, puedes ver cómo algunas de tus amigas que parecen mosquitas muertas se convierten rápidamente en arañas ligadoras.

Ahora que, si mandas y recibes millones de señales, y cuando el chavo se pone frente a ti y te dice con voz profunda: "Hola, ¿cómo te llamas?", tú te apanicas y te sales casi casi por la puerta de emergencia, no te preocupes, no es miedo... es ¡pavor! Pero entre más sepas del ligue más rápido lo dominarás.

Fase 1. Captar la atención

Primero, los hombres y las mujeres marcan su territorio, como perritos frente a un árbol; ya sea en una fiesta o en un antro, pueden marcar su territorio mediante una mesa, una silla o una esquinita de la pared para recargarse (por alguna razón que la ciencia aún no ha podido explicar, a los hombres les encanta hacer ésto). Una vez con el territorio marcado, fíjate muy bien cómo, si están en el ligue, empiezan a hacer este tipo de cosas...

Se estiran, se paran derechos con los hombros para atrás, meten la panza, se ríen a todo volumen, exageran los movimientos del cuerpo.

LOS HOMBRES

Enfatizan más el movimiento de la cadera, se empiezan a hacer churritos en el pelo con sus dedos, se ponen rojas, levantan la ceja y sonríen.

LAS MUJERES

Fase 2. Reconocimiento

El contacto visual es básico pues define el futuro del ligue: La persona observada, como vimos en el caso de Laura, puede responder de tres maneras:

● Sonreír o hacer evidente que cruzan miradas (casi todas las mujeres usan la técnica "cachorrito", o sea, sonríen sin abrir la boca y mueven la cabeza hacia un hombro, tiernamente). En este caso, si el galán está muy cerca, dirá para sí el típico "¡mi vidaaa!" y después tratará de platicar contigo. Si está lejos, girará su cuerpo hacia donde tú estás para acortar corporalmente la distancia y el juego de miradas podrá seguir un rato, hasta el momento de platicar (si él giró el cuerpo, significa que ¡el ligue va bien!). Existen algunos miedosos que después de verte toda la noche se van como si no hubiera pasado nada. En estos casos, no te preocupes, lo que pasa es que ese chavo es muy inseguro o tímido, así que él se lo pierde y tú te lo ahorras.

○ Desviar la mirada: En este punto, si te intimida la mirada del tipo, automáticamente harás lo que se llama "gesto de desplazo", lo que significa que estás en el juego pero quieres desviar su mirada a otra cosa; entonces, puedes peinarte, jugar con tu bolsa, mandar un mensajito en tu celular (aunque ya no tenga pila), sacar tu cartera para dizque buscar algo, ajustarte la blusa, tocarte la oreja o lo que sea, en este caso lo que tu cuerpo dice es: "Sí me gustas, pero como no puedo aguantarte la mirada, hago algo para que no me dejes de ver." Ahora que, si no te gusta el monito, le das la espalda y bye, bye. Esto se conoce como el "gesto de ya me fui..."

○ Planea tu estrategia. Cuando tienes claro que a la que está viendo es a ti (y no a la modelo de junto), entonces debes pensar qué vas a hacer para que él se acerque; o sea, busca la forma de tener un encuentro casual. (Para más detalles, consulta el plan B en la página 87).

Fase 3. Hablar

Generalmente, la plática empieza con frases poco significativas o halagos: "Se pone bien aquí, ¿no?" "¿No conoces a...?" (esa frase es la más típica y tonta de los hombres, sin embargo funciona), "¡Qué bonitos ojos tienes!" (a veces están tan embobados que te lo dicen aunque traigas puestos lentes obscuros), "¿Con quién vienes?" "¿Tienes un cigarro?", en fin.

El hecho es que te dicen algo que necesita una respuesta para abrir el canal de comunicación. Esta plática se diferencia porque hacen la voz más suave, en tono más alto y como cantadita. Es muy importante el tono con el que se dicen las cosas. Un ejemplo básico es la típica amiga que habla con una chava por celular y al ver que tiene una llamada en espera de su galán, le dice a su amiga: "No güey... cómo crees güey, a ese lugar va pura wila de cuarta," e inmediatamente le contesta al galán, y cambia el tono de voz : "Hola bebeeeeee, ¿cuánto me quieres cachorritoooo?"

Aunque te parezca increíble, tu voz revela tu intención, tus emociones, tus antecedentes, tu educación, y si te tomas unas cubas extra, hasta tu estado etílico.

Gaaaallo advertencia

La voz puede atraer o repeler de inmediato al sujeto ligable. ¡Cuida que no se te salga un gallo!

Fase 4. Tocar

Después de esto, llega un momento súper interesante: el contacto físico. Comienza con lo que se llama "claves de intención". Como que no quiere la cosa nos inclinamos hacia la persona con la que estamos ligando. Pon atención y fíjate cómo acercamos el pie o el brazo al pie o al brazo de la otra persona.

Por insignificante que este contacto sea, lo sientes hasta... el intestino delgado. Es como si la piel de los dos tuviera sensores láser, y en ese momento grabas cada contacto en el disco duro de tu cerebro. Lo que es muy típico, es que cuando te sientes con un poco más de confianza, hasta le dices: "¡Ay, qué chistoso!", y le pegas en el brazo, y ya un poquito más aventurera le tocas varias veces la rodilla como recargándote. Por otro lado, a los hombres les cuesta mucho trabajo tocar (aunque su cuerpo se los suplica-implora), lo típico que hacen es tomarte de los hombros y como que te dirigen hacia donde vas. No importa si la puerta del lugar esté en frente de ustedes, su cuerpo, con tal de tener contacto físico con el tuyo, te dirige como perro lazarillo (bueno unos no tienen nada de lazarillos y sí mucho de perros). En fín, aunque estos contactos son casi imperceptibles a la vista por su rapidez, son súper importantes porque el otro, aunque se haga el que no se da cuenta, ¡claro que lo nota!

Como te decíamos, si la otra persona corresponde con una sonrisa, se inclina hacia delante, te empieza a tocar (de forma casual) más de lo normal, o te toma de los hombros, ¡estás lista para la quinta etapa del ligue! Pero si él, para corresponder, se avienta sobre ti ¡aguas! porque está muy prendido o te estás ligando un experto en lucha libre.

Si, por el contrario, de plano no hay respuesta de su lado, no te preocupes, a veces algunos chavos son muy poco aventados, o está en otro canal y no quiere ligar.

Fase 5. Sincronía del cuerpo

O lo que es lo mismo
"me gusta copiar ¿y qué?"

Esta fase es chistosísima porque conforme los dos se sienten con más confianza, empiezan a hacer los mismos movimientos. Primero, se alinean de manera que los hombros de los dos quedan frente a frente. Si no, checa y verás.

Este movimiento puede darse antes o durante la plática. Después, si él toma un vaso, tú lo haces al mismo tiempo, si uno cruza la pierna, el otro hace lo mismo, si uno se mueve a un lado, el otro se mueve de la misma forma. Haz de cuenta que están bailando una coreografía, ¡y todavía no ponen ni la música!

Aunque el verdadero amor es mucho más complejo y profundo, este rollo del ligue es el paso inicial, y si no se maneja de manera inteligente, puedes perder a tu próximo novio en sólo... cinco etapas.

TOMA NOTA:

- Cuando un hombre quiere llamar tu atención, empieza a hablar más alto de lo normal para que notes su presencia.
- Una táctica básica de una mujer cuando liga es empezar a mirar tímidamente y a esconder la cara con sonrisitas.
- Cuando se cruzan las miradas el momento es definitivo; si te corresponden, el ligue comenzó, pero si no te vuelven a ver... ¡muchas gracias por participar!
- La voz en el ligue es importantísima. Es más importante el cómo se dice, que el qué se dice.

HB 2

- Enfermedad
  "Nomepelan aguda"

también conocida como síndrome de no ligo nada.

> SÍNTOMAS <

UNO
Crees que cada vez que sales con alguien la riegas en algo.

DOS
Consideras que el novio de tu amiga está mal proporcionado (o sea, te lo deberían de propocionar a tí).

TRES
Has llegado a pensar que eres una súper heroína, nada más que te tocó ser "la mujer invisible".

CUATRO
Lejos de sentirte bonita, te sientes fea.

CINCO
¡Tienes mucho éxito! Pero con los chavos más feos que conoces.

SEIS
Entre más te maquillas y peinas, sientes que pareces más a un payasito dominguero.

Si no tienes suerte en tus primeros intentos de ligar...

No te preocupes, sólo tienes "nomepelan aguda" y nosotros te vamos a recetar la medicina adecuada.

El rollo de sentir que no te pelan es muy común, y aunque crees que estás sola en ese mar de lágrimas, no te preocupes; hay muchísimas niñas que tienen el mismo problema pero no te das cuenta, porque tampoco se la pasan gritando: "!Tengo 'nomepelan aguda'! ¡Me recetaron 2 cucharadas de besos de Ben Affleck, un apapacho y medio de Tom Cruise y 5 gotitas cada 12 horas de Brad Pitt! ¡Una ambulancia por favor!"

Cuando tienes un buen rato sin que ningún chavo se interesa por ti, quisieras que en las tiendas donde rentan smokings también rentaran novios, y te encantaría llevarte uno solamente para sentirte mejor y demostrarte que no estás tan mal, o ya de perdis para que tus amigas te vean.

Ojo, cuando pasas por esto puedes sentirte como una tonta si llegas a hablar con un chavo, o empiezas a cooperar más en el rollo sexual con tal de que te haga caso. Incluso, algunas veces hasta analizas palabra por palabra la última conversación (que sólo duró un minuto y medio) para ver en qué la regaste o qué dijiste mal.

En fin, todo esto te lleva a sentirte triste y confundida, te preguntas qué es lo que los chavos no encuentran en ti, y cuando piensas así sientes un hoyo horrible en el estómago; de hecho, cuando ves al chavo platicando con otra, puedes llegar a sentir odio. En fin, es una mezcla de coraje, tristeza, desesperación y vacío. ¿Ya sabes?

Ninguna persona vale únicamente por su apariencia física. Es verdad que existen chavas que parece que físicamente les tocó todo y no tienen este problema. Eso es real, pero recuerda que aunque ellas no tienen ese problema, tienen otros.

Lo importante es que estar gordita, no ser tan guapa, tener muchos granitos o tener una nariz muy grande, no es la razón por la que los hombres no se acercan.

Lo que realmente hace que un chavo no se acerque es la falta de seguridad de una persona, la falta de amor por uno mismo; en otras palabras, la poca confianza que tengas en ti.

Los hombres se dan cuenta de eso inconscientemente y no se acercan. Seguro has escuchado el típico caso de alguien que no tenía novio o novia y nadie se le acercaba, pero cuando empezó a andar con alguien le llovieron pretendientes. Bueno, esto es completamente real y sucede precisamente porque cuando alguien tiene novio/a se siente más seguro pues ya no tiene que buscar a nadie, y los demás notan esa seguridad y se acercan a ligar.

Lo que debes hacer cuando te sientas así, es simplemente buscar esa seguridad en ti. La gente vale por lo que es como persona, no por cómo se ve. Por eso, muchas veces encuentras a niñas cero guapas que andan con unos súper galanes: esto es porque ellas saben quiénes son, las virtudes que tienen y lo que valen.

Hicimos una encuesta donde preguntamos a muchos hombres que es lo que más los conquistaba de una chava, y las respuestas fueron:

UNO	DOS	TRES
Que sea segura.	Que no quiera ser como todas las demás.	Que no sea fácil, pero tampoco imposible.

Así que es momento de que te relajes, te valores y no te preocupes: esa persona que esperas va a llegar. Y aquí te vamos a dar el mejor consejo para encontrar galán: el secreto es que tengas amigos sin ningún interés romántico, que salgas con ellos, te hagas su amiga y, especialmente, que te diviertas mucho en tu vida. Una vez que dejes de preocuparte todo el tiempo por tener novio y empieces a disfrutar la vida, te darás cuenta de cuántos hombres darían todo por estar con una mujer de tu nivel.

Las Tácticas Cupido o ¿cómo saber si le gustas a un chavo?

Algunas señales son muy obvias, a veces te topas con el niño al que casi casi se le escurre la baba cuando te ve en la escuela; la verdad es muy fácil identificarlo porque maneja la "Hansel y Gretel líquida" o sea que deja un caminito de baba por donde pasas. Se convierte en tu amigo secreto y te deja chocolates de la tiendita o flores. Pero hablemos de los que no son tan obvios (de hecho casi todos). Los hombres son muy predecibles en este aspecto y es fácil detectar cuando quieren aplicar sus "*tc*" (Tácticas Cupido).

Después de platicar con muchos chavos, te damos información sobre sus "*tc*" más comunes.

"tc en la escuela"

molón – Fregón

En la escuela, es típico que cuando le gustas a alguien automáticamente te empieza a molestar. Te jala el pelo con pequeños tirones por atrás y luego se hace el tonto como para que no te des cuenta de que fue él, pero por supuesto, le interesa que lo sepas porque ese jaloncito significa: "Aquí estoy, ¡mírame!"

También te mete el pie como muy maldoso, te empuja, te arremeda (esto es, si el niño no está en la universidad, porque si hace esto y está en la maestría, entonces sí ni cómo ayudarlo). En fin, hará todo lo posible por molestarte y que tú creas que realmente lo hace por patán: en realidad se muere por ti sólo que no tiene el valor de decírtelo.

Guarura

Cuando el tipo no va en tu salón, te sigue durante todo el recreo, así como que no quiere la cosa, pero el monito casualmente siempre está donde tú estás: en la tiendita, afuera de los baños, en la sección del patio donde te gusta estar; en fin, te sigue como guarura (algunos vienen armados con una rosa adentro de su chamarra de deportes). Todo eso lo hace porque le encanta verte y a veces, aunque no lo creas, cuenta los minutos para salir al recreo y encontrarte. Ahora que si cuando pasa cerca sus amigos lo empujan hacia a ti, pues está más que obvio.

Cooperador

Otro truco es que te llama por teléfono como para checar cosas de la tarea. Los trabajos de equipo son su mejor oportunidad; después de que la maestra dice la frase mágica, "hagan sus equipos", el monito voltea para todos lados rogándole a Dios que nadie te escoja. Se hace tonto y actúa desinteresado, como si no le quedara de otra y te pregunta: "Pues, ¿tú y yo, no?"

"TC en las fiestas"

A veces el niño se quiere acercar a ti en una fiesta, si tú y él son un poco más grandes, pues él se acerca para hacerte plática y punto; pero si están más chavos es muy cómico, porque él planea todo nervioso durante un buen rato en qué momento se va a acercar a ti.

Indeciso

Cuando te quedas sola cinco segundos, dice: "Ahorita, ahorita...", y al momento en que se decide y camina hacia ti, llega otra amiga y ya valió todo. Otra vez a esperar. El caso es que así se la pasa toda la fiesta y al final, jamás se te acercó. ¡Ah!, pero ahí no acaba el asunto. El chavo pide tu teléfono con alguien y te llama un mes después... ¡Sí! Un mes después, y aunque por teléfono se hace el muy cool, en realidad está sudando del otro lado mientras dice: "Hola, ¿te acuerdas de mí? Estaba vestido de amarillo pollo". ¡Imagínate!, si con trabajos te acuerdas de cómo ibas vestida tú.

Distraído

A veces se acerca a todo un grupo de niñas y hace preguntas abiertas: "¿Cómo se llaman?, ¿cuántos años tienen?, ¿no les late ir a "x" lugar?" En realidad lo único que le interesa es saber tus datos; de esto te puedes dar cuenta muy fácilmente porque al ratito sólo a ti te llama por tu nombre. Es el único dato que espera su cerebro.

Autodirigible

También existe el autodirigible, es el que empieza a bailar en un extremo del reventón como muy en su rollo y termina "casualmente" bailando a tu lado y luego empieza a bailar contigo, así como: "¡Ay!, qué chistoso, el aire me empujo hasta aquí."

Así que si identificas una "tc" y el niño te gusta, analízalo y dale una ayudadita, porque luego los hombres son tan miedosos que son capaces de estar así todo el ciclo escolar y después, cuando los encuentres seis años después con tu novio "peor es nada", ellos te van a decir: "No me lo vas a creer, pero tú siempre me gustaste."

¿Cómo sé si le gusto?

- En resumen, en la escuela te molesta, te jala el pelo, te empuja, te arremeda.
- Te sigue por todos lados cuando no va en tu salón.
- Baila con las amigas y poco a poco termina bailando contigo.
- Pregunta edades y hace invitaciones generales. Pero sólo se acuerda de tus datos.
- Se te queda viendo.

¿Cómo reacciona tu cuerpo cuando ligas?

Después de aprender las cinco etapas del ligue, es básico que conozcas cuáles son las reacciones que tu cuerpo tiene cuando estás frente a un galán que te mueve el tapete y viceversa.

Aquí es cuando podemos decir que empiezas a practicar el ejercicio del ligue. ¡Ah!, cómo nos gusta ejercitarnos diariamente.

Cuando ligamos, nuestro cuerpo empieza a tener una serie de reacciones muy chistosas que dependen básicamente de nuestro inconsciente; o sea, son automáticas.

También, de repente tenemos reacciones súper tontas y torpes pero dependen más de los nervios que tenemos al ver al ser amado, o más bien, al ser ligado.

Te vuelves más atractiva

Vamos a hablar de estas reacciones automáticas que hacen que te vuelvas más atractiva pues todos tus sistemas se ponen alerta y secretas un buen de adrenalina que hace que en tu cuerpo pasen cosas de las que ni siquiera te das cuenta.

LA CARA

La cara tiene muchos cambios, la mirada cobra un brillo muy especial y las pupilas se contraen, así como cuando te pones una lamparita en el ojo. Pero si el niño de plano te encanta te vas a poner como conejito lampareado: quieta, quieta, nada más procura cerrar la boquita, para que no te cache.

LA PIEL

La piel se colorea o se pone pálida y el labio inferior se hace más pronunciado, como si te hubiera picado una avispa.

O sea que, si sientes la carita con chapitas tipo caricatura japonesa y labio bien inflado, entonces tu cuerpo está ligando.

La postura también cambia. Cuando los hombres están solos o con sus amigos generalmente están como encorvados, así como de flojera, pero si enfrente de ellos pasa una niña que les gusta, más rápido que inmediatamente se enderezan y meten la panza. (Algunos la tienen tan grande que, por más que estén ligando, nunca se nota cuando la meten.)

Nos acomodamos un buen de veces la ropa. Los hombres se empiezan a jalar la camisa, a acomodar el reloj o lo que traigan colgando en el cuello, como una medalla; en fin, cualquier cosa. Y las mujeres empiezan acomodarse la blusa mil veces.

Las mujeres que fuman, lo cual además de ser pésimo para tu salud, está súper pasado de moda, normalmente toman el cigarro con la palma hacia adentro pero, ¿sabías que si están con alguien que les gusta, ponen la palma de la mano hacia fuera? (así como más coquetas). En realidad es una invitación que hacen de manera inconsciente para que el otro se acerque.

Cuando una pareja está ligando, los dos se ponen frente a frente, con el cuerpo abierto. Es muy raro que crucen los brazos o que giren el cuerpo hacia otro lugar. Generalmente uno de los dos se inclina hacia el otro (como que se le avienta, pero todavía no completamente), y a veces extienden el brazo sobre la mesa o la pierna (esto último nunca se hace sobre la mesa). Psicológicamente, significa que no quieren dejar pasar a ningún intruso (o lo que es lo mismo: "Este hombre es mío").

FAVOR DE TOCAR

LOS SENTIDOS

Como comentamos en las cinco etapas del ligue, los sentidos se agudizan. Si por casualidad el chavo te roza el brazo, haz de cuenta que sientes amplificado el contacto y ese momento lo vives en cámara lenta; sientes hasta el más mínimo roce desde el pelo hasta el dedo gordo del pie.

Te sientes feliz, llena de vida, pero lo chistoso es que no te das cuenta.

EL OLOR

El olor del cuerpo también cambia porque empezamos a secretar más feromonas, lo cual ocurre cuando queremos atraer pareja. Esto se da tanto en los seres humanos como en los animales.

AVISO

Si un amigo se la pasa generando feromonas para donde voltea, entonces él sí es un completo animal.

OTROS ROCES

Otros roces que son chistosísimos son los que se llaman roces sustitutos: esto es cuando alguno de los dos empieza a acariciar la orilla del vaso en que está tomando agua o cuando empezamos a hacer dibujitos imaginarios en el mantel. Lo que estamos diciendo no verbalmente es "me gustaría acariciarte, pero como no puedo, acaricio este vaso".

Así que ya sabes: basta con que te fijes un poquito en las reacciones del cuerpo para saber si alguien te está ligando, o más bien si alguien quiere bajarte al novio. ¡Aguas!

LOS 10 MEJORES LUGARES PARA LIGAR

Hombres, hombres, hombres… ¿Dónde hay hombres?, seguro te has hecho esta pregunta. El rollo es saber dónde se encuentran. Bueno, pues no te preocupes, porque aquí te damos una lista efectiva de los mejores lugares para ver y que te vean. Aunque acuérdate de que el amor es como cuando estás en tus días… nunca sabes en dónde te va a sorprender.

Los mejores lugares para ligar son los que tienen algo en común contigo y con los demás. Eso es básico, porque en esos sitios te sientes a gusto y los galanes (algunos más y otros mucho, mucho menos) se sienten igual; lo padre del rollo es que al estar todos en un lugar que les late, hay mucho qué hacer y qué platicar. Y ahora si...

EL TOP TEN

UNO

Lugares de moda: tipo plazas comerciales, cines, calles, malecones, etcétera. Esos lugares son el hit para ligar; todo mundo va a eso, a ligar. De hecho, el que ya tiene novia, va a ver quien será la "prox", para cuando la actual se convierta en su "ex".

Aquí tienes pretexto para ir súper guapa/cool; puedes escanear a todos y conocer a mucha gente. No le hagas el feo a ninguno; nunca sabes cuando uno de esos monitos será el pasaporte para conocer a un mono, muy pero muy mono.

DOS

La escuela: aunque ya te los sabes de memoria y conoces hasta de qué lado están rotos sus tenis, es un lugar excelente. Primero, porque hay mucho material. Segundo, hay mil pretextos para acercarte a ellos, tipo la tarea, los apuntes...

Además aquí te ven porque te ven (sobre todo si se sienta atrás de ti), así que vete guapa, pásate mucho la mano por el pelo, y te notarán poco a poco. Otra cosa padre es que te los puedes ligar despacito. Es decir, al principio te sientas junto a él, luego le pides un lápiz, luego una goma, y luego... un anillo de compromiso.

TRES

La casa de los primos: este lugar es buenísimo. Fíjate como siempre hay un amigo de ellos (o dos o tres o cuatro) que pasan la verificación cañón. Puede ser amigo de su escuela o que viva por ahí. Esto es muy bueno porque inventas pretextos para ir y cruzas los dedos, para que el susodicho vaya también. Lo que es nefasto, es ir con toda la ilusión y luego al llegar, enterarte de que su amigo se fue de vacaciones todo el verano a un pueblo incomunicado cerca de Wichita, Kansas. ¡Upps!

CUATRO

Vacaciones: "la vacación" es lo mejor para ligar. Sales de la rutina y la mayoría de las cosas que haces son muy divertidas. Conoces gente y todo mundo trae "actitud" y ganas de divertirse. Tú te ves guapísima: bikini, bronceado, pelo dizque despeinado, y ellos: bronceados, lentes, abdomen marcado —bueno algunos lo tiene marcado pero de lonjas; en fin el rollo es que todos se ven muy galanes. Algo importantísimo es que si ves a un chavo que le gustas y todos los días te busca la mirada, pero no se anima, obvio ahí hay ondita; así que dale una ayudada para que pueda platicar contigo, porque si no, van a terminar por conocerse cuando cada quien esté a punto de regresarse pa'su pueblo.

CINCO

Restaurantes y cafeterías: se oye súper retro pero funciona. Las cafeterías —tipo Starbucks, Sanborns, Vips, o la típica cafetería a lado de la papelería que sólo tiene 3 pasteles—, se prestan perfecto para ligar y platicar. Los restaurantes siguen siendo súper buena opción; los galanes pueden mandarte a ti y a tus amigas un papelito con el mesero o de plano pueden mandárselo ustedes así como medio de broma. Lo chido es que más rápido que inmediatamente te das cuenta si tu chicle pegó o nada más dejó babeados a los de la otra mesa. (cuando no pega, las ardidas dicen: "Qué bueno, porque ya viéndolos bien, se ven bien tetos")... Obvio no es cierto, pero como que te hace sentir mejor.

SEIS

Eventos: tipo competencias deportivas, exhibiciones, viajes de la escuela, campamentos, eventos con otras escuelas, etcétera. Aquí, no sabes qué te importa más, si el evento en sí, o los bombones que verás. Sólo tienes que estar pendiente de quién se te queda viendo... y si el chavo no da el primer paso, como que no quiere la cosa, acércate tú para que sus corazones puedan palpitar al unísono, o bueno, por lo menos para que el menso despierte y te pida tu teléfono, antes de que desaparezca y te pases todo el evento buscándolo.

SIETE

Clases en la tarde: aunque pueda parecer de flojera, son una súper opción; pues ves seguido al galancito, les gusta lo mismo y tienes muchas oportunidades de acercarte y platicar. Si toman clases de reggaeton y lambada, el acercamiento se va a dar más rápido de lo que te imaginas.

OCHO

Gimnasio: ahí, por lo general, hay chavos guapos, así que ya vas de gane. Ojo, casi siempre van a la misma hora —información valiosa— y tienes el tema del ejercicio y las rutinas como pretexto para platicar. Además, al hacer ejercicio, la gente está de mejor humor, o sea que están chistositos. Así que si haces 20 minutos de "caminadora", escoge una junto a él y dedícate a hacer ahora 40 minutos... pero de "platicadora".

NUEVE Y DIEZ

El antro y las fiestas: Estos son como la universidad del ligue. Tú no te vas guapa, sino lo que le sigue, ellos aunque quieren parecer que no, también se preocupan por ir galancísimos —y si no, digamos que la oscuridad ayuda mucho. El asunto es que aquí todo se junta: la música, el chupe, los amigos de tus amigas y las ganas de reventar. En fin, si no hay ningún exceso, tienes el mejor terreno para el ligue. ¡Ojo! Cuando hay mucho alcohol o drogas, todo deja de funcionar. Te metes a la irrealidad, a la oscuridad total, y si a eso agregas la música a todo lo que da, sólo verás cosas que no existen y después te sentirás fatal. Ten cuidado, puedes convertir un gran fin de semana en el peor de tu vida. ¡Aguas!

Los sociólogos dicen que entre más ves a una persona y convives con ella, hay mayor posibilidad de que surja atracción entre ustedes. Este fenómeno se llama "atracción por familiaridad". Así que si un chavo te gusta pero no te pela, tres consejos :

1 Que te vea

2 Que te vea

3 y que te vuelva a ver

ARCHIVOS EXCLUSIVOS PARA USO INTERNO DE NUESTRAS AGENTES ESPECIALES

CONTENIDO: 1. Siéntete "Laaa niña" 2. Ponlo a chambear

3. Juega a "la difícil" 4. Di bye, antes que él 5. Sé la más linda

6. Contrólale las salidas 7. Date tu lugar ▓▓▓▓▓▓▓▓▓▓▓

NOTA: En caso extremo aplica el "Plan B"

Secretos para que los hombres se claven

¿Por qué algunas mujeres tienen cinco tipos muriendo por ellas, mientras que otras creen que no hay niños disponibles sobre la tierra? O, ¿por qué a algunas las tratan como reinas y a otras los chavos se la pasan bateándolas? ¿Por qué, con el tiempo, un hombre pierde interés por una mujer?

Hay niñas que, sin ser la última chela del estadio, tienen una manera de comportarse con los hombres que las vuelve irresistibles. A veces te dan ganas de preguntarles: "¿Cuál les aplicas? ¿Qué les haces?" Pues aquí te vamos a dar algunos secretos.

Empecemos porque, aunque los hombres no siempre lo reconozcan, a ellos les encanta el reto, la conquista y lo difícil de alcanzar. Es por eso que les gustan los deportes, lo extremo y todo este tipo de cosas donde se proyectan.

Cuando una niña es bien rogona, le habla a cada rato al niño con pretextos que nadie le cree, siempre le inventa salidas o dice que "sí" a cualquier insinuación de tipo sexual, ¡eso es pésimo!; además de que te delatas, estás destruyendo el instinto natural de conquista que el sexo masculino tiene, y les das súuuper flojera.

Al contrario, si juegas el papel de la "inalcanzable", la difícil de obtener, de volada despiertas en ellos el deseo de logro y conquista. Al mismo tiempo logras que el niño te valore y se sienta muy suertudo contigo. Esto puede sonarte anticuado y parece no ir de acuerdo con la moda. Créenos, los consejos que te vamos a dar suenan como de la abuelita de tu abuelita, ¡pero funcionan! Si no nos crees, manéjalos para que te convenzas.

1.- Siéntete "Laaa niña"

Ubícate como la mujer que a todos los hombres les latería tener a su lado. Lejos de ser un asunto relacionado con el físico, como te habíamos dicho, es una actitud, un estado de ánimo, siéntete orgullosa de ti misma, siéntete súper iguauu! O sea, piensa, actúa y camina como si fueras top model.

2.- Ponlo a chambear

Salir con alguien es como bailar las tranquilitas, deja que él tome la iniciativa. No seas la primera en empezar a platicar o invitarle un chupe. Tampoco te quedes viendo al tipo como si estuvieras planeando la luna de miel y los nombres de sus hijos. Evita hablar hasta por los codos, contarle cosas muy íntimas o entrar en conversaciones densas y filosóficas en las primeras citas (es de flojera). Hay que ser inteligentes, interesantes y misteriosas. No le digas cosas como: "Con nadie me la paso tan chido como contigo," o "de tanto que les he platicado a mis amigas y a mis papás de ti, ise mueren por conocerte!" Vete leve.

3.- Juega a "la difícil"

Si te habla el jueves para invitarte a salir un viernes, contéstale buena onda, pero segura y dile: "Qué mala onda pero tengo plan." Aunque te quedes súper loser en pijama viendo en la tele un programa que es la repetición de la repetición. Él tiene que captar la idea de que tú eres una mujer con tantos planes y actividades que eres como salón de fiestas para graduación, o sea, que te debe apartar con anticipación. Si la invitación es el viernes en la tarde es obvio que ya alguien más le dijo que no. Y ser plato de segunda mesa... ipara nada!

4.- Di bye, antes que él

Aunque te encante platicar horas y comentar con pelos y señales todo lo que te pasó, no te quedes más de 10 minutos en el teléfono. Si es necesario cómprate un cronómetro, ¡pero ubícalo! Le puedes decir: "Oye, te tengo que dejar...", o bien, "Oye, perdón, tengo mil cosas que hacer," eso lo deja con ganas de platicar más y seguro se preguntará: "¿Estará saliendo con alguien? ¿Por qué me habrá colgado tan rápido? ¿La habré aburrido?"

5.- Sé la más linda

Sé buena onda y ríete de sus chistes, pero sin exagerar (no te veas muy emocionada). No te sientas con la obligación de llenar los silencios en la conversación. En general, deja que él haga toda la chamba como abrir la puerta del coche, retirarte la silla, etcétera. Es básico decir "por favor" y "gracias" a todos estos detalles, así como nunca, pero nunca, criticar el lugar, la comida o el servicio aunque estén nefastos. Trata de ver lo positivo en todo.

6.- Contrólale las salidas

Los hombres se enamoran más rápido que las mujeres. Igual, se desenamoran más rápido también. Por eso es importante que dosifiques las veces que se vean aunque el instinto y las ganas de verlo te estén matando. En el beso de la despedida, cuando el niño pregunte: "¿Qué vas hacer mañana?" muérdete la lengua y contesta: "Voy a andar como loca." Si no resistes la tentación y a todo le dices que "sí", notarás como poco a poco su interés se aleja.

7.- Es muy importante

Es muy importante que te des tu lugar y de repente no lo peles, porque la neta eso les encanta a los hombres y se pican gruesísimo. Si por otro lado no te das tu lugar y estás como loquita atrás de ellos todo el tiempo, los vas a aburrir y se van a sentir tan seguros que no te van a tomar en serio, lo único que vas a conseguir es que se aprovechen de ti sacándote un free, se lo platiquen a todos sus cuates y luego no regresen.

¿Qué hacer cuando no ligas ni un resfriado?

Si ya aplicaste todo lo anterior y el susodicho no te pela, o de plano tienes muy poquito tiempo para ligártelo y él ni se inmuta, o simplemente sientes que no te ve y presentas el síndrome de "cuerpitis ausentis". No te preocupes, esto le pasa a 11 de cada 10 mujeres encuestadas.

no puedes hacer mucho porque el cuate puede considerarte una wila.

y no puedes hacer poco porque tus amigas te lo pueden bajar.

Plan "B"

- Ríete mucho, debes verte como la niña más buena onda sobre la Tierra (nada más no te pases, no te vaya a salir contraproducente).
- Si estás en el bar o en un antro, puedes empezar a bailar y a cantar la rola que tocan en ese momento mientras volteas a ver al niño que te gusta y discretamente, con

ritmo, como que lo señalas con el dedo así de: "¡Tú!, sí, tú".
Nada más no lo hagas si la canción es un narcocorrido.

- Puedes usar la típica de que te acercas a la barra donde esta él, y como que no quiere la cosa, con tono de
"ay, que casualidad", ¿ya sabes?, le pides la hora o un
encendedor.

- Levanta un poco la voz (sólo un poco, no te vayas a convertir en vendedora de La Merced).

- Arréglate lo necesario para que te veas bien y llámale
la atención (no exageres con los mega escotes, las mi-
nifaldas y el maquillaje panquecito, que es cuando son
kilos de maquillaje, que le puedes meter un dedo y se
queda el hoyito) porque pueden hacer que en vez de
verte como una niña atractiva te vean como wila cero
atractiva).

- Dale unas dos vueltas al antro para que te vean y tú a
ellos. Ahí vas a notar quién te ve y a quién le gustaste.
Generalmente, el o los niños tratarán de tropezarse o
chocar contigo y decirte "perdón..." La próxima vez que
sus miradas se encuentren, sonríe y ahí ya empezó el
ligue. No des más de dos o tres vueltas en el antro porque va a parecer que estás de promoción (si en tu vuelta
de reconocimiento nadie te voltea a ver, no te preocupes; el ligue llega cuando menos te lo imaginas).

- Busca sentarte junto a él como de casualidad, pero no
llegues al grado de balconearte feo.

- Utiliza el arma secreta de todas las mujeres: la mirada.
Voltea para verlo, no lo veas, vuelve otra vez a verlo, no lo
peles, y si no entiende esa señal es que es un bruto.

- Si ya se dio lo de las miraditas, puedes ir al baño del
lugar sola o con una amiga. Si le interesas, seguramente
él se va a parar y tratará de encontrarte en el camino
para platicar.

- Advertencia: no vayas con más de una amiga. Los hombres generalmente son muy inseguros y muchas veces les preocupa si llevas a más amigas porque piensan que los puedes batear y quedarán en ridículo frente a más personas.

- Si te empieza a ligar el más feo de su bolita, tú déjate, piensa que ese chavo puede ser el pasaporte hacia el que te gusta. Recuerda que el fin justifica los medios... aunque ese medio esté muy piñata.

- A los hombres les late saber que le gustan a alguien, pero que no sea muy obvio. Por ejemplo, el chavo nunca se ha fijado en "x" niña, pero en el momento en que alguien le dice que a esa chava le gusta, empieza a pensar en la posibilidad, y empiezan las frases como: "No está nada mal", "hasta eso, me cae bastante bien", "ella también me gusta un poco" o "siempre me ha gustado, pero perdí las esperanzas hace como un año".

Ahora recuerda que también existe la posibilidad de que cuando le digan: "Le gustas a tal", él diga: "Ah, órale... ¡A mí no!"

Qué no hacer
ni por equivocación

- Nunca te pongas jarrísima para llamar su atención. Es lo peor que puedes hacer. Lo único que vas a lograr es perder el estilo y verte cero atractiva.

- No te acerques y le preguntes: "¿Qué haces?", porque te puede contestar: "Aquí, agarrando un vaso, ¿y tú?"

- No importa cómo te vistas; puedes ser fresa, rockera, fashion, emo, pandrosa, dark, punketa, recatada, o de plano muy sexy, el asunto es que los hombres no soportan a las chavas sucias o a las que les huele mal la boca, que estén mal peinadas, traigan la ropa manchada o que tengan las uñas mordidas y demás.

(Esta información es directita de una encuesta con ellos... pon atención).

- Di las menos groserías posibles porque a los hombres no les gustan las mujeres que hablan con muchas groserías. Un "güey" o una que otra grosería no tiene bronca, pero no más.
- Nunca, nunca y nunca jamás le pidas el teléfono a un niño. Si por dentro estás que te mueres porque te lo pida y casi se despiden, tranquila, cuenta hasta 10 y respira porque si se lo pides se va a sentir súper seguro y si no te lo pide, no pasa nada, ya habrá otra oportunidad para que se aviente, pero si tú se lo pides ten por seguro que ahí sí no va a pasar de un free o algo así.
- Si están en la etapa del ligue donde se hablan por teléfono diario, por favor no te la pases hablándole cada cinco minutos para preguntarle: "¿Qué haces?", pues le vas a dar chance de que te conteste: "Nada, aquí pensando en lo insoportable que podría ser un noviazgo contigo."
- Y si de plano el chavo que te late no voltea a verte, en fin, no reacciona, ¡aléjate corriendo y tira tu zapato rogándole a Dios que el chavo se sepa la historia de la Cenicienta!

Las relaciones son así, de estira y afloja, así que en estos casos échale muchas ganas, pero por favor no te la pases estirando poco y aflojando mucho porque eso se llama de otra manera.

Tipos de Hombres

Aunque es difícil encasillar o etiquetar a los hombres, algunos de plano hacen todo lo posible para que los ubiques en cierto tipo.

Así que nos juntamos con un grupo (muy amplio) de chavas para conocer qué piensan sobre los tipos de hombres, sus características, dónde los puedes encontrar, qué poderes y armas tienen para conquistarte, qué contras tienen y su sex appeal, o sea, qué tan peligrosos son a la hora de los besos (nivel de 1 a 5). Y aquí está lo que nos dijeron:

TIPO DE HOMBRE:

INTENSO CURSI

CARACTERÍSTICAS:

Clavado, muy amoroso y más tierno que el último elote que le sobra a la marchanta. Se olvida de su vida para "ayudarte" a vivir la tuya. Es tan detallista que podría poner una papelería completa, con el material que le sobra en su casa.

LO ENCUENTRAS EN:

En la zona de tarjetas y moños de tiendas tipo Sanborns.

DISFRAZ:

Se viste como tú quieras, no tiene estilo propio.

FRASE:

"¿A dónde quieres ir?" "…no, tú dime."

PODERES:

Conoce más de 70 formas de cómo doblar cartitas.

PROS:

Siempre tomarás la última decisión en todo y llorará contigo en las películas.

SOSPECHOSOS CON DICHAS CARACTERÍSTICAS:

CONTRAS:

No te deja ni respirar y puede ser muy peligroso cuando descubre que existen gomitas de dulce con forma de corazón.

ARMAS:

La cara de cachorrito que pone cada vez que le dices NO a algo.

NOTAS DE LA AGENTE:

ENEMIGO:

Los chavos que te tratan mal, pero que aún así tú los pelas.

NIVEL DE CALENTURA:

1 2 **3** 4 5

Le bajamos pero les bajamos .5 porque son de los que preguntan "¿Te puedo dar un beso?", y al final quedan en 2.5.

AMIGOS QUE ENTREN EN ESTA CATEGORÍA:

TIPO DE HOMBRE:

CHISTOSITO

CARACTERÍSTICAS:

Simpático, seguro, sangre ligera, cuando te lo van a presentar y preguntas ¿es guapo?, te contestan: es súper chistoso. Son el alma de la fiesta, a tal grado de que si cobrara por ir, muchos le pagarían.

LO ENCUENTRAS EN:

En medio de la bolita, contando un chiste.

DISFRAZ:

Boxers con todo tipo de payasadas y playeras con personajes o chistes. Si está medio gordito, se pone la playera, aunque parezca chorizo a punto de explotar.

FRASE:

¡Ah, verdad!

PODERES:

Todo mundo lo quiere (esto no incluye a maestros, directores y emos).

PROS:

No le teme al ridículo (lamentablemente tú sí).

CONTRAS:

Es difícil hablar en serio con él.

ARMAS:

Te hace reir y te empieza a gustar.

ENEMIGO:

Lugares donde no puede hablar (misa, velorios, buceo).

NIVEL DE CALENTURA:

SOSPECHOSOS CON DICHAS CARACTERÍSTICAS:

NOTAS DE LA AGENTE:

AMIGOS QUE ENTREN EN ESTA CATEGORÍA:

TIPO DE HOMBRE:

ALTERNATIVO PANDROSO

CARACTERÍSTICAS:

Se lleva la vida leve, es culto, inteligente y puede hablar profundo hasta de un vaso con agua, ama las bandas de garage o rock, pero odia a la banda Timbiriche. No soporta a la gente superficial y presume a sus amigos hippies (entre más sucios estén, más los presume). Nunca ha bailado Caballo dorado o La macarena.

LO ENCUENTRAS EN:

Librerías, festivales de música "propositiva", exposiciones, muestras de cine, bares con música en vivo, hoyos funkies, partidos de los Pumas y detrás de cualquier disc jockey o nube de humo que huela medio rara.

DISFRAZ:

Jeans rotos y muy, pero muy por debajo de la cintura, playeritas deslavadas con letras o figuritas con "onda", Converse, Vans o cualquier tipo de tenis, colgije con hojita de marihuana en plateado, pulseritas con más de 2 años de permanencia (muchas veces ya olvidaron de qué eran o por qué se las pusieron).

FRASE:

¿Qué t-r-a-n-z-a ? Te invito a una t-o-c-a-d-a (hablan súper lento).

PODERES:

Siempre está relajado y cae bien.

PROS:

Nunca se pelea por tonterías y es cero inseguro.

CONTRAS:

No es romántico, ni detallista y le da flojera socializar.

ARMAS:

Su backpack (traen hasta cables para conectar aparatos).

ENEMIGO:

Los fresas que se combinan hasta el reloj.

NIVEL DE CALENTURA:

1 **2** 3 4 5

SOSPECHOSOS CON DICHAS CARACTERÍSTICAS:

NOTAS DE LA AGENTE:

AMIGOS QUE ENTREN EN ESTA CATEGORÍA:

TIPO DE HOMBRE:

WILO - ZORRO

CARACTERÍSTICAS:

Le da alas a todas, tiene muy buen verbo, su control de calidad es bajo, o sea, le tira a lo que se mueve. Todas mueren por él, pero saben que andar con él es un suicidio estúpido (o aceptar a 15 socias). Busca diversión, no quiere nada en serio.

LO ENCUENTRAS EN:

El antro de moda o, como acostumbra decir este espécimen, "donde haya más".

DISFRAZ:

Como nunca le falla la cara de seductor, se puede colgar cualquier trapo y se le ve bien.

FRASE:

"Eres la más guapa del antro… te lo juro." Y "¿Me prestas 200 para la cuenta?"

PODERES:

Tú sabes que te está choreando, pero lo dice tan bonito que le crees (o por lo menos le quieres creer).

PROS:

Sirve para darle celos a tu novio y, de que te la pasas bien, te la pasas súper bien.

CONTRAS:

Si te pide tu teléfono, ve sacando tu rosario.

ARMAS:

Tiene maestría en ligue y cursos de faje en el extranjero.

ENEMIGO:

Un Wilo master (cualquier wilo que le haya bajado una chava a otro wilo).

NIVEL DE CALENTURA:

Con más de tres cervezas el .5 sube a 5.

SOSPECHOSOS CON DICHAS CARACTERÍSTICAS:

NOTAS DE LA AGENTE:

AMIGOS QUE ENTREN EN ESTA CATEGORÍA:

TIPO DE HOMBRE:

TETAZO

CARACTERÍSTICAS:

La piensa 10 mil veces antes de acercarse y cuando llega no sabe qué decir. Su plática es de flojera. Es buenísimo en la escuela. Sólo se enoja cuando todos le quieren copiar o cuando le salió una nota mal en sus clases de violín.

LO ENCUENTRAS EN:

El laboratorio, analizando un mechero de Bunsen.

DISFRAZ:

Pantalón arriba del ombligo, siempre se faja y cuando llega a usar jeans, son nuevos y están planchados.

FRASE:

"¿Qué onda mi NIÑA, cómo TAS?" (literal).

PODERES:

Es fiel… (sí leíste bien ¡es fiel!).

PROS:

Podrás identificar a la perfección plantas fanerógamas y criptógamas.

CONTRAS:

Cuando te esté platicando, no vas a saber cómo cortarlo.

ARMAS:

Sus conocimientos impresionarán hasta a tus papás.

ENEMIGO:

Las horas libres en la escuela.

NIVEL DE CALENTURA:

 1 2 3 4 **5**

Han esperado tanto, que cuando tocan a una mujer por primera vez, pueden causarle quemaduras de segundo grado.

SOSPECHOSOS CON DICHAS CARACTERÍSTICAS:

NOTAS DE LA AGENTE:

AMIGOS QUE ENTREN EN ESTA CATEGORÍA:

TIPO DE HOMBRE:

BUENA ONDA

CARACTERÍSTICAS:

Es agradable, te cuida, cero perro, y siempre te da tu lugar.

LO ENCUENTRAS EN:

Como ex novio de chavas luciditas que según ellas les "dio flojera".

DISFRAZ:

No notas mucho cómo se viste, pero siempre se ve bien.

FRASE:

"No te preocupes, yo te ayudo."

PODERES:

Sabe escuchar (aunque parezca imposible, algunos hombres lo logran).

PROS:

Te vas a sentir respetada, querida, y tus amigas lo van a adorar.

CONTRAS:

Algunas chavas se sienten tan seguras, que se les sube.

ARMAS:

Les da súper buena vibra a tus papás.

ENEMIGO:

Las chavas que sólo ven el físico.

NIVEL DE CALENTURA:

[1] [2] [3] [4] [5] Ninguno

Viene en diferentes presentaciones.

SOSPECHOSOS CON DICHAS CARACTERÍSTICAS:

NOTAS DE LA AGENTE:

AMIGOS QUE ENTREN EN ESTA CATEGORÍA:

PATÁN

CARACTERÍSTICAS:

Nunca cumple lo que promete. Maneja muy buen verbo y si no le crees, por lo menos te marea. Su raza es Galán spaniel cruza Mamilón de las praderas, y por más que parezca NO tiene pedigree.

LO ENCUENTRAS EN:

Viendo tu escote y el de cualquier mujer a 150 metros a la redonda.

DISFRAZ:

Camisa garigoleada, abierta hasta el ombligo, o playera en cuello "v", tres tallas más chica.

FRASE:

"¿Ya pediste tu taxi?"

PODERES:

Te baja el sol, la luna y las estrellas (y si te descuidadas, hasta la blusa).

PROS:

Te volverás muuuuuy popular (pero por ser una de las cinco novias).

CONTRAS:

Vas al baño y cuando regresas, ¡ya está con otra!

ARMAS:

Baila bien y siempre te dice lo que quieres escuchar.

ENEMIGO:

Las chavas que no toman.

NIVEL DE CALENTURA:

1 2 3 4 **5**

SOSPECHOSOS CON DICHAS CARACTERÍSTICAS:

NOTAS DE LA AGENTE:

AMIGOS QUE ENTREN EN ESTA CATEGORÍA:

TIPO DE HOMBRE:

AMIGOVIO

CARACTERÍSTICAS:

Es, pero no es. Odia la palabra novia y la frase "te quieren conocer mis papás". Cero compromisos, pero 1000% química.

LO ENCUENTRAS EN:

Tu agenda con 5 tachones, pero siempre vuelves a poner su teléfono (tal vez tú nunca lo borraste).

DISFRAZ:

Le vale; como sabe que se gustan cañón, es lo último que le preocupa.

FRASE:

"Para qué echamos a perder nuestra amistad."

PODERES:

Es mago… hoy lo ves, la próxima semana no lo ves.

PROS:

Te la pasas bien con él y como no tienen obligaciones casi no se pelean (ésta es la teoría, porque en la práctica es como los experimentos de química… nunca salen como te dicen).

CONTRAS:

Te puedes súper enamorar y, obvio, él no va a querer nada.

ARMAS:

Sabe lo que te gusta y lo que odias de los hombres.

ENEMIGO:

El chavo que quiere en serio contigo.

NIVEL DE CALENTURA:

1 2 3 4 **5**

SOSPECHOSOS CON DICHAS CARACTERÍSTICAS:

NOTAS DE LA AGENTE:

AMIGOS QUE ENTREN EN ESTA CATEGORÍA:

TIPO DE HOMBRE:

CELOSO- POSESIVO

CARACTERÍSTICAS:

Jura que le gustas hasta a los meseros que te atienden. Si un día no lo puedes ver, te hace drama; es fiel defensor de la teoría "una mujer con novio, no puede tener un amigo hombre".

LO ENCUENTRAS EN:

Una distancia no mayor a 50 centímetros de ti… siempre.

DISFRAZ:

Se cambia de look a tu antojo. Si le dices que te gusta una camisa, prepárate para vérsela puesta un día sí y el otro también.

FRASE:

"¿Con quién hablabas?"

PODERES:

Es chantajista y domina tus contraseñas de email, Facebook, celular, etcétera. Con tal de conseguir información tuya, puede hackear hasta tu horno de microondas.

PROS:

Jamás estarás desprotegida y te consiente muchísimo.

CONTRAS:

Debes tener cuidado, porque son tan obsesivos que pueden impedirte salir de sus redes.

ARMAS:

Se gana a tus hermanos, muchachas y vecinos para obtener información sobre lo que hiciste en el día.

ENEMIGO:

Tu ex es su criptonita.

NIVEL DE CALENTURA:

1 2 3 **4** 5

SOSPECHOSOS CON DICHAS CARACTERÍSTICAS:

NOTAS DE LA AGENTE:

AMIGOS QUE ENTREN EN ESTA CATEGORÍA:

TIPO DE HOMBRE:

PERFECTO

CARACTERÍSTICAS:

LO ENCUENTRAS EN:

DISFRAZ:

NI LE BUSQUES NO EXISTE

~~FIGURA~~

PROS:

~~CONTRA~~

ARMAS:

SOSPECHOSOS CON MICAS CARACTERÍSTICAS:

NOTAS DE LA AGENTE:

ENEMIGO:

NIVEL DE CALENTURA:

1   2   3   4   5

AMIGOS QUE ENTREN EN
ESTA CATEGORÍA:

TIPO DE HOMBRE:

FAROL

CARACTERÍSTICAS:

Lucido (primo-hermano de mamila), galán pero región 4, entra a los mejores lugares rapidísimo. Tiene 2 objetivos principales: impresionarte y compartir la música de su coche con cualquier persona a cuatro cuadras a la redonda.

LO ENCUENTRAS EN:

Platicando con los gerentes de los antros y siempre lo ves a la salida de cualquier lugar presumiendo coche (parece casual pero se sale 20 minutos antes para esperar a que salgas y lo veas).

DISFRAZ:

Siempre está a la moda. Maneja camisa abierta y se abrocha los menos botones posibles. Pantalones pegados, hebillotas y se arremanga la camisa al grado de cortarse la circulación.

FRASE:

"En serio, pide lo que quieras, eeeehhhhh."

SOSPECHOSOS CON DICHAS CARACTERÍSTICAS:

PODERES:

Tiene buen verbo.

PROS:

Se esmera por cumplirte cualquier capricho.

CONTRAS:

Es capaz de no quitarse los lentes obscuros, ni para conocer a tus papás.

NOTAS DE LA AGENTE:

ARMAS:

Su bronceado.

ENEMIGO:

Que su tarjeta de débito no pase.

NIVEL DE CALENTURA:

1 2 3 **4** 5

AMIGOS QUE ENTREN EN ESTA CATEGORÍA:

TIPO DE HOMBRE:
MEJOR AMIGO

CARACTERÍSTICAS:

Hay de dos, o está secretamente enamorado de ti, o está secretamente enamorado de ti.

LO ENCUENTRAS EN:

La comida en casa de tu abuelita, la kermesse de tu escuela, el veterinario cuando tu hamster está enfermo, etcétera.

DISFRAZ:

Hace como que le vale, pero se pone lo que le chuleas a los demás.

FRASE:

"Tú te mereces algo mejor."

PODERES:

Siempre te consuela.

PROS:

Realmente lo quieres.

CONTRAS:

Realmente te quiere (pero dar unos besotes).

ARMAS:

Usa la información de lo que te choca de tu ex, para hacer todo lo contrario.

ENEMIGO:

Cualquier hombre que te guste (aunque dizque le hecha porras).

NIVEL DE CALENTURA:

1 2 3 4 5 [6]

SOSPECHOSOS CON DICHAS CARACTERÍSTICAS:

NOTAS DE LA AGENTE:

AMIGOS QUE ENTREN EN ESTA CATEGORÍA:

TIPO DE HOMBRE:

INALCANZABLE

CARACTERÍSTICAS:

Galán, sonrisa colgate, no hay una sola chava que no lo conozca, de hecho hasta alguna parte de su cuerpo es famosa (pompas, brazos, etcétera). Si te lo encuentras, hay un 110% de posibilidades de que no te voltee a ver.

LO ENCUENTRAS EN:

Las fotos grandes de las revistas de sociales.

DISFRAZ:

Si le pones uno de príncipe, está igualito al de la Cenicienta (si no es tan galán se parece al de Pocahontas).

FRASE:

" ,"(sólo habla con sus amigos).

PODERES:

Todas quieren con él (nota: pero él no quiere casi con ninguna).

PROS:

Si anduviste con él, tendrás algo que contarle a tus nietos.

CONTRAS:

No importa cuántas veces te lo presenten, siempre te dice "mucho gusto". Y si andas con él, olvídate de tu nombre, serás la novia del súper galán…

ARMAS:

Sabe que todas quieren con él.

ENEMIGO:

El maestro acomplejado que siempre lo quiere tronar por galán.

NIVEL DE CALENTURA:

1 **2** 3 4 5

SOSPECHOSOS CON DICHAS CARACTERÍSTICAS:

NOTAS DE LA AGENTE:

AMIGOS QUE ENTREN EN ESTA CATEGORÍA:

TIPO DE HOMBRE:

METROSEXUAL

CARACTERÍSTICAS:

Se arregla más que tú, odia los pelos en el cuerpo, se depila todo (todo, es todo), va al gym hasta en Navidad, aprovecha cualquier cosa que refleje para verse (papel aluminio o el sartén de acero inoxidable).

LO ENCUENTRAS EN:

Camas de bronceado, salones "uniseps", y fiestas bonitas (como ellos).

DISFRAZ:

Son los más fashion, tienen más bufandas y sombreros que los zapatos que tú puedas tener. Aman los jeans pegados y acomodan su clóset por colores.

FRASE:

"Amo las claras de huevo y el queso panela."

PODERES:

Siempre se ve bien.

PROS:

Se ve mejor que tú, y si no le gusta lo que traes puesto, se la pasa diciéndote con qué combina mejor.

CONTRAS:

Le puede dar baje a tus cremas carísimas.

ARMAS:

Maneja a la perfección términos como "exfoliación" y "auto bronceado".

ENEMIGO:

Cualquier ser humano con rastas.

NIVEL DE CALENTURA:

1 **2** **3** 4 5

Aquí el .5 no sube.

SOSPECHOSOS CON DICHAS CARACTERÍSTICAS:

NOTAS DE LA AGENTE:

AMIGOS QUE ENTREN EN ESTA CATEGORÍA:

TIPO DE HOMBRE:

EMO

CARACTERÍSTICAS:

Medio tristón, melancólico y súper sensible. Suele taparse media cara con el pelo, como que en algún momento tenía ganas de ser punk pero se quedó a la mitad. Usa pantalones bien chiquitos y bien pegaditos.

LO ENCUENTRAS EN:

Comprando playeras de Kitty.

DISFRAZ:

Parece que todo les quedó chiquito o que se lo pidieron a su hermanito prestado, usan colores rosas o morados combinados con el negro de temporada. Les encanta perforarse por todos lados y el barniz de uñas negro es su hit.

FRASE:

"Love-Hate", a veces se lo escribe en los dedos.

PODERES:

Su sensibilidad puede llegar a lo más profundo de tu ser.

PROS:

Siempre tendrás a alguien con quien llorar.

CONTRAS:

En todas las películas de dibujos animados siempre termina llorando, desde cuando la Bella Durmiente se pica el dedo hasta cuando se muere la mamá de Bambi.

ARMAS:

Un morralito donde carga sus pensamientos.

ENEMIGO:

El maltrato a los muñecos de peluche.

NIVEL DE CALENTURA:

 [1] [2] [3] [4] [5] *Menos uno*

SOSPECHOSOS CON DICHAS CARACTERÍSTICAS:

NOTAS DE LA AGENTE:

AMIGOS QUE ENTREN EN ESTA CATEGORÍA:

TIPO DE HOMBRE:

GAY

CARACTERÍSTICAS:

Delicados, de cuerpo atlético, siempre con lo último de la moda, humor negro, les raya todo lo que pueda brillar. Al morir su cuerpo se convierte en diamantina.

LO ENCUENTRAS EN:

El antro de moda, salones de belleza y cursos de superación personal.

DISFRAZ:

Accesorios de marca, ropa del color de la temporada súper bien combinadita con sus calzones y calcetines, lentes de formas y colores nunca antes vistos. Suelen usar pantalones de cadera extrema.

FRASE:

"Te recomiendo que el próximo mes te vistas de azul, es lo que viene mucho."

PODERES:

Saben perfectamente cómo funciona un hombre y te lo pueden traducir en términos sencillos de comprender.

PROS:

Puede ser tu mejor amigo y siempre te apoyará.

CONTRAS:

Súper criticones, honestos y directos. Si te ves horrible seguro te lo dicen. Se puede pensar que no tienen corazón.

ARMAS:

Su página de Facebook actualizada.

ENEMIGO:

Los zapatos sin bolear.

NIVEL DE CALENTURA:

 1 2 3 **4** 5

SOSPECHOSOS CON DICHAS CARACTERÍSTICAS:

NOTAS DE LA AGENTE:

AMIGOS QUE ENTREN EN ESTA CATEGORÍA:

– ADVERTENCIA –

Si te preguntas si un tipo de hombre puede cambiar, la respuesta es Sí... se puede poner peor. No, ya en serio, algunos toda la vida son así y para otros es sólo una etapa.

También cada tipo puede tener sus combinaciones. O sea, puedes encontrarte un intenso-wilo o un alterno-patán. Si te encuentras una de estas mutaciones, no te asustes, sólo cuídalo, aliméntalo y sácalo a pasear.

A ver Roberto hazme 4 veces como pollito.

Pío, pío, pi pi.

Palabras y frases que nunca le debes decir a un hombre

Imagínate a un cuate que mida más de 1.75 metros, súper rudo, con cara de pocos amigos y que sea como un monstruo de 110 kilos; en fin, el típico al que todo mundo le tiene miedo, pero al que de repente su novia le pide que le haga como pollito chicken, y este gigantón acepta y con todo y sus 110 kilos!, esto no quiere decir que sea medio teto, sino que más bien los hombres, al igual que las mujeres, tienen fibras muy sensibles y bajo ciertas circunstancias salen a la luz pública.

Por lo tanto, debes pensar que, así como un hombre se preocupa por tratar de no herirte con ninguno de sus comentarios (o por lo menos eso intenta), tú debes procurar lo mismo con él, recuerda: un hombre sentido vale por dos... pero dos mujeres.

Y aunque así como entre hombres y mujeres existe gente muy segura de sí misma que no tiene ningún problema con estas cosas, no está por demás darte algunos tips.

Cuando tu galán todavía tiene algunas inseguridades le molesta hasta que le digas que otro cuate está guapo. (Evita decirlo, pero ni de loca dejes de voltear a verlos.)

No lo hagas sentir menos con cosas materiales que otro niño tenga y él no te pueda dar.

No le presumas el trabajo de otro cuate o lo compares en el nivel laboral o de la escuela, a menos de que el objetivo sea su superación y realmente tengas bases.

No critiques a su familia (una cosa es dar un consejo y otra criticar). Además, si él le llega a contar a su familia, no te la vas a acabar, porque a él se le olvida... pero a la familia nunca.

Cuando se peleen nunca se digan groserías, nunca se agredan. Una vez que cruzas esa línea es muy difícil regresar.

No le digas que las cosas que le gustan son tonterías.

No lo presiones para ir al nuevo antro de moda o algo así (si no ha accedido, lo más seguro es que no tenga dinero o no lo dejen entrar y le da pena decirte).

No le cuentes los súper detalles que tenían contigo tus ex novios.

No le platiques de cómo tu familia adoraba y trataba al ex, porque va a empezar a alucinar a tu familia desde ese momento. Mejor dale tiempo a que se los gane.

No queremos decir que con este tipo de comentarios se acabará la relación, pero por lo menos sí te vas a ahorrar dos o tres broncas innecesarias y lo harás sentir mucho mejor.

CHECA ESTO

¿Cómo saber cuando tu novio te engaña?

No importa cómo le digan: poner el cuerno, dobletear, tener una socia, doble frente, o como sea, se siente CAÑON-CÍSIMO. Si creías que cuando tus papás te ponían alcohol en una herida ibas a gritar, espérate a este grito.

La neta es que a algunos hombres (si es que se pueden llamar así), les encanta el 2 x 1, y cuando menos te lo imaginas, ya pasaron de coqueteo 1 y cerrada de ojos 2, a ser licenciados en infidelogía con todo y maestría.

El especimen Infidelius estupiduz, ataca con la tranquilidad de que su pareja se encuentra distraída con el resto de la manada; es por eso que aquí te damos algunos argumentos que él usa para buscar onda en otro lado; así que si cachas al especimen cortejando a otras niñas, conviértelo más que de inmediato en Infidelius estupiduz ABANDONADUZ, Pero a la de iya!

💜 Su celular tiene clave, pues según él, tiene números muy importantes o dice que se le marca solito a cada rato (siempre que quieres hacer una llamada de su celular, él marca la clave).

💔 Tiene una mejor amiga, a la que jamás puede ver contigo.

💔 Cada vez que están juntos por mucho tiempo, busca la forma de separarse de ti con cualquier pretexto, para marcar algún teléfono.

💔 En su celular tiene casi siempre mensajes de texto borrados.

💔 Normalmente insiste en buscar besos o algún tipo de faje y de un día a otro, como que ya no le importa.

💔 Supuestamente está en un lugar en el que puede contestar su celular y por más que lo intentas, obvio no contesta.

💔 De repente te cambia el apodito cariñoso; por ejemplo, siempre te ha dicho "cosita" y de la nada te comienza a decir "bebus" (lo más seguro es que así se dice con la otra "bebus").

💔 Cuando se le olvida su celular en TU casa, regresa más que inmediatamente a buscarlo.

💔 Van al cine y se le sale que ya vio la película (aquí de volada vas a verlo tartamudear y ponerse nerviosito para explicarte con quién la vio o te pondrá el pretexto de que lo leyó en un artículo muy, muy amplio sobre la película). ¡Aaaja!

💔 De la nada se niega rotundamente a ir a una fiesta o a "x" antro (tal vez ese día, también vaya a ir tu socia).

💔 A veces frente a ti contesta el teléfono y se pone súper nervioso y cortante, se aprieta muchísimo el teléfono contra la oreja para que no escuches que es otra mujer (generalmente tiene registrado el teléfono con nombre de hombre; esto lo aprendió en alguna película de James Bond).

💔 En la navidad te da regalos muy chafas o de plano no te dá (… ya se gastó el presupuesto).

💔 Generalmente se te pierde una tarde o un día completo y casualmente en esos momentos "olvidó" su celular en casa o se le acabó la pila.

💔 Al llegar a tu casa, está hablando por teléfono y siempre cuelga antes de estar contigo.

💔 Regresa de un viaje o un fin de semana que no lo viste y se empieza a portar muchísimo más lindo de lo normal. (La famosa situación francesa... La colé entre le paté).

💔 Estás en su casa y al contestar tu suegra el teléfono, dice "no está", cuando en realidad está toda la familia (aquí la suegra está metida hasta las manitas).

💔 Cuando escucha el tema de infidelidad en la tele, radio o alguna conversación, le saca la vuelta, le cambia al canal o se le ocurre ir al baño.

💔 A ti te late que algo pasó y tratas de verlo a los ojos, pero él escapa la mirada. Esa ya es señal ROJA de alerta.

Bueno, aunque estas son algunas de las señales que puedes tener cuando alguien aplica la infidelidad, tampoco queremos que te conviertas en espía profesional. Si tu novio encaja en uno o dos de estos puntos, relájate, lo más seguro es que no pase nada y que sea otra cosa (esa bolita que te está saliendo en la frente es granito, no cuerno).

Pero si tu galancito cae constantemente en más de 5 puntos, es muy posible que te esté engañando.

Ahora, si es tu caso, seguro te preguntarás si debes tronarlo. Nosotros, ini lo dudaríamos! Sin embargo, eso sólo depende de ti. Lo que te podemos asegurar es que si lo hace una vez, es muy probable que lo vuelva a hacer. No te engañes.

Aunque a veces nos cuesta mucho trabajo reconocerlo, y no lo queremos hacer, es mejor afrontar la situación. ¡Qué caso tiene estar con alguien que NO quiere estar contigo!

Si ese es el rollo, es mejor no aferrarse y tomar esta relación para aprender, para darte la oportunidad de conocer después a un hombre fiel que te de el lugar que te mereces. (Sólo como dato: los hombres fieles, Sí existen.)

Por otro lado, también es un hecho que cualquiera puede equivocarse y mega regarla. Si ese es el caso, y en verdad estás muy enamorada y lo perdonas de corazón, te sugerimos que le armes un súper pancho, lo cortes, luego dejas que te ruegue un buen rato, que le cueste trabajo y, si decides perdonarlo porque en verdad lo notas arrepentido, le des otra oportunidad y tal vez pueda servir la experiencia para que te valore y te aprecie más. Date siempre tu lugar, si no lo haces tú, ¿quién lo hará?

Ahora que si lo vuelves a cachar en lo más mínimo, no pierdas tu tiempo. No vale la pena.

Por más dolor que sientas, date la oportunidad de amar a alguien que verdaderamente te ame.

Cómo tronar a un galancín al instante

Si lo que quieres es una frase para tronar con tu súper galancín al instante, aquí tenemos varias opciones que nunca fallan.

>> CUIDADO <<

Si te atreves a decir algunas de estas frases más vale que tengas puesto un casco de futbol americano o te acompañen mínimo de un par de guardaespaldas.

FRASES CÉLEBRES

- No es que no me gustes, en realidad salgo contigo por lástima.
- Mi vida, no es que me caigan mejor mis amigas, lo que pasa es que Laura me gusta. ¿Te molesta si voy con ella al cine?
- Independientemente de que te huele la boca, estás horrible, tienes hongos en las patas y eres tonto, me pareces un poco simpático. No es que no me guste besarte, mi amor, lo que pasa es que me da un poquito de asco.
- Estoy saliendo contigo mientras me consigo algo mejor, pero por favor, no lo tomes personal.

ESPACIO RESERVADO PARA TUS FRASES

¿Por qué las mujeres somos diferentes de los hombres?

Las mujeres y los hombres somos totalmente distintos, por eso vemos el mundo diferente, nos complementamos, discutimos y, de vez en cuando, nos enojamos.

El cuerpo y el cerebro de los hombres

EL CUERPO

No hace falta ser un genio para darnos cuenta de lo diferentes que somos; simplemente agarra un libro de anatomía y verás que desde afuerita somos distintos. Fíjate cómo unas partes están más bonitas y otras de plano, mas feítas.

EL CEREBRO

El rollo es que si por fuera somos distintos, ¡imagínate por dentro! De entrada, el cerebro de los hombres y de las mujeres es distinto (el de los hombres tiene su disco duro lleno de escenas XXX y el de las mujeres lleno de catálogos de ropa y zapatos). No, ya en serio, aunque nuestros cerebros tienen muchas similitudes también hay muchas diferencias.

La principal diferencia es que el cerebro femenino produce más serotonina que el de los hombres. Es una sustancia que tranquiliza el comportamiento agresivo. En el cerebro de los hombres hay menos serotonina, por eso son más pesaditos y agresivos. Les gustan más los riesgos físicos y se la pasan compitiendo por todo.

Ahora, si una niña se la pasa comiendo todo el día, lo que va a pasar es que ¡será-tonina o será-ballena! Pero bueno, eso es otra cosa.

GOT BRAINS?

¿Por qué son tan hombres los hombres?

La expresión de emociones: a los hombres, como ya sabes, generalmente se les dificulta hablar de los sentimientos. Para las mujeres es casi casi como respirar. Esto se debe a que, además de las diferentes sustancias que predominan en el cerebro de cada sexo, la sociedad ha marcado muchos patrones que se utilizan desde el principio de las eras. Por ejemplo, durante millones de años, los hombres fueron cazadores y proveedores de la casa (cueva), mientras que las mujeres tenían hijos, socializaban y eran las recolectoras de alimentos.

Es por eso que actualmente el hombre no está acostumbrado a llegar a su Baticueva (llámese la casa de la novia) y hablar mucho. Ni tampoco está muy acostumbrado a llorar con frecuencia; generalmente se aguanta esos sentimientos y después los convierte en agresividad (enojándose contigo, molestando, echándole ganas a un deporte o algo).

En cambio, las mujeres tenían a los bebés, se dedicaban a recolectar frutas o semillas y tuvieron que relacionarse más afectivamente con sus hijos y con otras mamás. Por eso, hoy en día las mujeres hablan hasta por los codos. Entonces, como ahora ya no salen a recolectar frutas pues recolectan chismes (anécdotas, para que se oiga más bonito), y por supuesto cuando una mujer le pregunta a su novio: "¿Y de qué platicaban tú y tus amigos?", y el novio contesta: "...de nada", ella dice: "¿Cómo que de nada?, yo recolecté hoy todos estos chismes (anécdotas) y tú ¡nada!, ¡no recolectaste nada!"

El enfoque: cuando un hombre cazaba, iba sobre una sola presa hasta que la atrapaba, es por eso que hoy los hombres no pueden hacer dos cosas al mismo tiempo, ¿ya sabes?; están viendo la tele y les pides que te contesten algo y haz de cuenta que se les traba el cerebro, no porque sean tontos; simplemente, están preparados para hacer una sola cosa a la vez. Mientras que la mujer hacía mil cosas a la vez, recolectando frutas, cuidando a los niños, cocinando, socializando, volteando a ver por todas partes al árbol para ver cuál era la mejor fruta, situación que hoy no ha cambiado mucho, las mujeres actuales pueden manejar mientras se pintan, hablan por celular, se van tomando un yogur "light" y van criticando el vestido de la chava de a lado. O sea, nos queda claro que pueden hacer varias cosas al mismo tiempo sin broncas.

A los hombres les encanta buscar cosas en el espacio. Así como nuestros ancestros buscaban la presa en el espacio de la selva, hoy el hombre hace lo mismo, fíjate: ya no son mamuts, ahora se llaman balones.

GOL PARA

Los hombres cazan... balones

Imagínate un partido de futbol. Se juntan en dos manadas (nada más que ahora se ponen una camiseta amarilla con azul y otros roja con blanco), luego sueltan a la presa, el balón, y ahí van todos a romperse la cara por la pelota para ver quién la domina.

En realidad los hombres de hoy son los de la prehistoria, nada más se rasuraron y se cortaron el pelo, porque no han cambiado mucho que digamos.

También es un hecho que hoy en día hay muchas mujeres que son las capitanas de su equipo de fut y son súper extremas; es normal, todos aprendemos de todos.

Cómo resolver los problemitas que ves en los hombres

Los hombres tienen una gran carga de testosterona, que es la hormona de la agresividad; es por eso que cuando algo les sale mal, para liberar ese enojo le pegan a la pared o dicen malas palabras. Mientras que las mujeres, frente a un problema tratan de alivianarse y crean cercanía emocional platicando. La mujer necesita sentirse apapachada, querida y escuchada. Mientras que el hombre en ese momento necesita aislarse y estar solo para tranquilizarse.

Como ves, la forma de ser de cada uno se da por influencia de muchas situaciones. La mejor manera de llevar una buena relación es comprender y aprender cómo es la otra persona para entenderla y aceptarla.

Está de la #*!"∅°^& decir tantas *∅©°◯#^ groserías

Güey, no sabes, conocí a un güey que, ¡Güeeeeeey! Estaba guapísimo, pero el güey venía con otro güey, ¡imagínate, amigo de mi ex güey! Y es un cuate bien güey. ¿Cómo ves güey? Me traté de hacer güey, pero como que me vieron, y de güey voy y que me acerco...

GROSERÍAS LIGHT

La palabra güey y sus primas como: m'ta madre, qué poca, i...uuta!, sí ca..., no manches o perra; digamos que son groserías light, que chance y se oyen chistosas, están de moda, todo mundo las dice y hasta las escuchas en el radio y la tele, pero en realidad son abreviaturas de groserías más densas. Decirlas una que otra vez no tiene bronca, te puede funcionar y hasta sonar cool.

Pero si eres de las personas que maneja 85 "güeyes" por hora en una plática, es demasiado. Llega a ser aburrido, molesto y te puede hacer ver, lo menos, como lucidita.

GROSERÍAS MÁS HEAVYS

Aunque se sabe que los hombres son más groseros, especialmente cuando están solos, las mujeres hoy en día se aplican durísimo. No es lo mismo grosería que insulto. La grosería no tiene la intención de ofender. El insulto es más denso. La diferencia depende en el tono y la forma en que la digas.

La verdad, todos decimos groserías en algún momento. Cuando estás joven es muy normal que las uses por sentirte libre, rebelde, te sientes cool, grande o las usas simplemente para que te acepten tus amigas.

Hay personas a quienes una grosería se les oye súper forzada y hasta caen gordas. Hay otras que dicen la misma grosería y a ellas se les oye súper chistoso porque la dicen en el momento exacto y de vez en cuando. También todos las usamos para alivianar un dolor o un coraje. ¿Qué tal cuando te pegas en el dedo chiquito del pie? Dices todo tu playlist de groserías.

Cómo, cuándo y dónde decirlas

Es importante que te fijes cuándo, dónde y con quién las dices, por más chistosas que se oigan. Si estás con tu grupito de amigas y están solas está bien; cuando crezcas es probable que cada vez las digas menos. Si las dices con tus galanes, y ya no se diga con los adultos, aunque no lo creas, te ves muy mal.

Además, te puede pasar que si te acostumbras a decirlas con tus amigas, se te pueden salir cuando menos lo esperas, lo imaginas o lo necesitas. ¿Qué tal si se te sale decirle a tu suegra: "Oye, perra, pásame la sal" O si tu papá llega tarde por ti: "M'ta madre, ahí cuando quieras, ¿eh?" ¿Te imaginas?

Ahora que si estás con tus amigas en un restaurante o lugar público, cuídate de no gritar las groserías; además de que se oye horrible, nunca sabes si la abuelita de tu novio está en la mesa de atrás.

Por otro lado, a los hombres se les hacen cero cool las niñas que entre palabra y palabra intercalan una grosería de las densas. Da la impresión de que lo hacen por alguna de estas razones:

- Es una niña insegura y necesita llamar la atención de alguna forma (o sea, medio lucida).
- Es súper mal educada.
- Es una niña corriente, lo que cualquiera piensa que va de la mano con otro tipo de rollos.
- Se quiere hacer la muy grande.

Y de plano, a la mayoría de los niños les das flojera. Para evitarte problemas es mejor que no las digas delante de:

- Profesores, el director de la escuela, monjas, policías gandallas, suegras, etcétera.
- Por supuesto, no las digas frente a tus papás o abuelitos.
- Con niños chiquitos, porque las van a repetir de volada y cuando los regañen te van a echar de cabeza.
- El galán que te acaban de presentar.
- Tu novio, porque si rompes la barrera del respeto, ni cómo ayudarte.
- Cuando estás enojada con alguien, especialmente con tu novio, ¡aguas!, porque luego dices cosas de las que puedes arrepentirte.

Por último, piensa muy bien cómo hablas porque esto es un factor muy importante en la imagen que la gente se hace de ti. Si te apodan la "vulgarcita" y no es precisamente porque estás chaparrita, ¡aguas!, porque luego tú cambias y todo mundo cree que sigues siendo igual. Además, piensa que con tu forma de hablar también marcas cómo quieres que te traten. Si respetas, los demás te respetan.

La declaración

Aunque ya casi no se usa la declaración, la verdad sigue siendo algo muy padre y significativo y te ubica dónde está tu relación, ahora si que más bien es "la aclaración".

Cuando empiezas a salir con alguien casi siempre presientes cuando el tipo ya se te va a declarar, ¿ya sabes? La verdad te encanta porque en ese momento tu autoestima se va a mil, nada más que cuidado, porque este mismo príncipe azul, ya de novios, puede bajarte la autoestima hasta menos 1500 y volverse a convertir en rana.

Aunque no lo creas, los hombres se ponen muy nerviosos para llegarle a una niña. Es muy cómico. El día que se le van a declarar se la pasan pensando todo el tiempo en cómo y dónde lo van a hacer. Desde que la ven están con el estómago sumido, hasta que llega el gran momento.

Es típico de los hombres que cuando dicen: "Ahorita, ahorita le llego", alguien se acerca y se espantan. Luego piensan: "Ahorita que salgamos al patio", pero también algo pasa y se echan para atrás. Finalmente, siempre le llegan al despedirse (mejor se deberían ahorrar todo el sufrimiento de la cita, ya que las estadísticas dicen que los hombres generalmente son muy miedosos y sólo se atreven hasta el final).

Lo que no falla es lo siguiente: ya que no saben cómo sacar el tema, casi siempre dicen: "Oye tengo que decirte algo...", y cuando contestas: "¿Qué?", siempre te dicen: "No, nada", (no juegues, siempre dicen lo mismo, ¿no podrían tener una neurona extra que inventara una frase nueva? ¡Siempre es la misma!). Y tú, por supuesto, te haces la distraída y dices: "Ya, ¿qué me querías decir?"

Si el galán es medio extrovertido se va a poner muy nervioso y te va a echar un rollo kilométrico que, además de repetirlo 15 veces, llega el momento en que ni él mismo se entiende.

Si el niño más bien es calladón se va a quedar en silencio como nueve segundos y luego te lo va a soltar así de golpe: "¿Quieres ser mi novia?" (así, o menos romántico).

El asunto es que si quieres andar con él no importa cómo te lo diga; vas a ser la mujer más feliz del mundo.

Por otro lado, ten cuidado porque también existen los típicos wilos que nada más te llegan para darse de besos contigo y al otro día ni se acuerdan. A esos los identificarás rápidamente, porque te llegan el mismo día que los conoces. ¡Omítelos!

También pasa que cuando te das un beso con el niño con el que sales, pues ya es como una declaración sobreentendida y empiezan a andar, nada más así. Aplícate pronto, porque aquí puedes entrar a la dimensión desconocida de la...

Cuasi relación

Cuando sientes química con un niño, así como aleación de zinc con hierro (nada más iaguas!, cuida que en tu relación no vaya a haber plutonio), se gustan y se empiezan a ligar, es entonces cuando se da la "cuasi relación"; o sea, ni son, ni no son. Aquí empiezan los problemas porque la relación amorosa y física cada vez avanza más y tú aún no sabes si tienes novio, amigo cariñoso o mascota.

Es muy importante que saques la antena y definas tu situación lo más pronto posible. Después, los tipos se hacen tontos mucho tiempo y como no tienen nada formal al rato se van de cacería y te los cachas con otra amiguita en el reventón, para decirte la típica frase: "Es que, pues no somos novios, ¿no?, ¿o sí?"

Los hombres se hacen los autistas y usan esta famosa táctica conocida como "Tengo pero no quiero", y así tienen siempre un buen pretexto para ligar con todas.

Si estás más cómoda con esta situación, pues entonces no te quejes porque tú también estás aplicando el "tengo pero no quiero", o sea, que los dos están viviendo en Disneyfreelandia.

Si lo que quieres es andar en serio con él, te recomendamos que más rápido que inmediatamente lo hablen.

Los tips básicos para hacer formal una relación

- ♥ Cancela el suministro de besos (desde este momento, él va a pensar: "Creo que ya se dio cuenta y seguro quiere hablar conmigo.") Verás que cada vez que no le quieras dar un beso quizá se enoje, pero ten seguro que se va a clavar más. Así que aguántate.
- ♥ Pórtate más payasa con las salidas, dile por lo menos dos veces seguidas que no puedes ir a "x" lugar.
- ♥ No dejes que te agarre la mano.
- ♥ Habla con él. Dile cómo te sientes de forma clara, directa y viéndolo a los ojos. Ahora que, al hablar con él, te puedes llevar la sorpresa de que te diga que no quiere andar en serio o que por lo pronto no quiere ningún compromiso. Será muy difícil para ti, pero piensa que es mejor esto a que te sigas haciendo ilusiones o te traiga de free mientras estás súper clavada. Acuérdate: más vale sola, que mal apapachada.

Noviazgo

¡PAPIS!
Les presento
a mi novio Lennon,
nos casamos en un mes

Tener novio es padrísimo y, por supuesto, es más que un ligue: es una relación amorosa, digamos que es oficial. En el noviazgo se pueden dar todo tipo de emociones: amor, emoción, diversión, entrega e ilusión. Pero también tiene su lado difícil; quizá exista confusión, enojos, truenes, celos y muchas cosas más, pero todo es parte del mismo paquete.

Así que no te preocupes si un día te sientes entre mil estrellas, y al otro sientes como que te estrellaron mil veces: ¡felicidades! Tienes un noviazgo en toda la extensión de la palabra.

TIPOS DE NOVIAZGO

Noviazgo recreo:
porque no dura nada.

Noviazgo siamés:
se la pasan tan embarrados que parecen uno, en lugar de dos.

Noviazgo paparazzi:
porque se andan escondiendo de todos.

Noviazgo de bajo aprovechamiento:
porque se la pasan tronando.

Noviazgo Greenpeace:
preserva la especie, o lo que es lo mismo, es cuando te haces novia del hermano de tu mejor amiga.

Noviazgo titanic:
se aman hasta la muerte.

Noviazgo karate:
son novios pero se la pasan de la patada.

Noviazgo panadería:
uno es un pan y el otro puros cuernos.

Adentrándonos más en este rollo de la manita sudada, ¿te ha pasado que de repente sientes que tu novio y tú piensan muy diferente?, ¿estás súper clavada y te preocupa que no sienta lo mismo por ti?, ¿un día lo amas y otro lo odias? Bueno, pues es completamente normal.

En esta edad, los sentimientos cambian todo el tiempo sin avisarte. Además, si hay mucha diferencia en edad, cultura, educación, valores o costumbres el asunto se complica un poco.

Lo mejor es que también esas diferencias hacen que tú y él se complementen. Y cuando el amor es grande, dice "quítate, que ahí te voy".

Tips para el rollo de los novios

> Las relaciones tienen altas y bajas, disfruta las dos.
> Respeten su espacio; cuando todo el día andan de pegotes es agobiante.
> No seas absorbente ni controladora: ¡lo alucinan! Tampoco permitas que él lo sea contigo.
> Olvídate de preguntarle todo el tiempo: "¿Me quieres?" o, "nunca me dices si te gusto, si estoy guapa..." ¡de flojera! A veces los hombres son tímidos, o simplemente no se les ocurre decirte estas cosas.
> Platica con él sobre lo que les late y lo que no.
> Las peleas constantes apagan el amor. Si te peleas de vez en cuando es normal, pero nunca con agresión verbal y mucho menos física.
> Los celos son aceptables cuando son normales; cuando son enfermizos hablan de una persona súper insegura.
> Nunca dejes que él te obligue a hacer algo que no quieras.
> Si hay engaños es mejor terminar.
> Cuando truenas sientes que te vas a morir. Tranquila, no te mueres, sientes horrible pero siempre pasa y te vuelves a enamorar, escucha bien: ¡siempre!

Las relaciones maduran cuando encuentras a la persona correcta. Olvídate de sólo pasarla bien, vas a querer estar con esa persona no sólo un rato, sino toda la vida.

¿Qué es un free?

¿mínimo es de opción múltiple?

Les hicimos varias preguntas a unos chavos de entre 18 y 25 años. Ahí te van sus respuestas:

¿Qué es para ti un free?

"Un free, es como ser amigos con derechos o novios sin compromiso. Se da casi siempre con niñas más abierto-nas, ya sabes, que salen contigo y que te prestan."

"Un free es tener sexo sin tener que andar. Aunque a veces no sales con nadie más, no le das la importancia de un noviazgo."

¿Qué tan frecuente es?

"Mira, depende de la niña. A veces es fácil, conoces a una niña en el antro y te echas un free. Con otras necesitas dos o tres salidas. Las niñas más inteligentes no se dejan, saben cómo manejarla y me caen bien."

"Cada vez es más común, en especial de vacaciones. Hay niñas fresas que en su ciudad o con los niños que conocen no andan de free, pero en las playas es más fácil. No te conocen ni saben nada de ti ni tú de ellas. A estas niñas les decimos las 'Yolis', como el refresco, porque sólo te las echas en Acapulco."

¿A qué edad empiezan con los frees?

"Como en tercero de secundaria y en la prepa, ya en la universidad es diferente, hay más compromiso o andas más en serio."

"Es más fácil que se dé en las grandes ciudades que en las pequeñas, porque ahí el chisme es gruesísimo y se acaban a las niñas. Se cuidan más."

¿Qué porcentaje de los cuates de tu edad crees que tengan o hayan tenido uno o varios frees?

La respuesta osciló entre 40 y 50 por ciento.

¿Por qué te laten los frees?

"Porque es mejor andar con niñas que son 'compartidas', con las que haces todo, si quieres les hablas, si no quieres no, que con una novia que te exige; es muy cómodo."

"Porque el rollo del noviazgo me da flojera: ir a ver a sus papás, tener que hablarle todos los días, salir siempre con la misma."

"Ahora las niñas se dejan más fácil que antes. Antes veías mal a la niña que sabías que se ha acostado con alguien, ahora es más normal, incluso le pasas el dato a tus cuates."

"A veces lo hago para apantallar a mis amigos y poder contarles al día siguiente."

Tú, como hombre, ¿qué piensas de la niña con la que andas de free?

"Pues al principio dices qué buena onda, sabes que es para eso, luego te aburre, te deja de interesar."

"Siempre respetas más a las niñas que no se dejan, te pican más."

"Le pierdes el respeto."

"Si quieres andar con alguien en serio y te enteras que ya tuvo varios frees, te da pa´bajo."

"Yo por ejemplo, llevo dos años con mi novia y te puedo decir que no hemos llegado al final, y eso me pica durísimo."

¿Estás consciente de las ETS (enfermedades de transmisión sexual)?

"La verdad no."

"Las niñas son más conscientes y te exigen que te cuides. A los niños, si te dan chance, no desaprovechas y ni la piensas; a las niñas sólo les preocupa no embarazarse."

"A veces te preocupa el sida, depende con quién estés..."

¿Te informan sobre esto tus papás o en el colegio?

"¡Para nada! En el colegio, a veces. Pero con mis papás el tema nunca se toca. Como que les da pena."

"En la tele, en el cine, en internet, en revistas y con mis compañeros (que a su vez se informan en los medios)."

Esta fue la respuesta general.

¡AGUAS!

El que tengas un free o un "amigovio" puede ser muy cool, pero la neta ten mucho cuidado, porque así como puedes no tener rollos, puede causarte muchas broncas.

De entrada, ya te diste cuenta lo que para un hombre significa andar con una niña de free. Si te late pues entonces aplícala, y si no pues decide qué pex con tu relación.

Principales causas por las que se da un free

💜 Falta de compromiso por alguno de los dos lados (o de ambos).

💜 Me gusta pero no creo que sea el mejor partido como para algo en serio (o sea, ando con éste mientras encuentro algo mejor).

💜 Me da flojera todo el rollo del noviazgo (detallitos, ir a ver sus papás, siempre estar con él).

💜 Nunca hemos hablado con la verdad, pero me parece cómodo así.

💜 Como él no quiere nada en serio y yo sí, empiezo de esta forma para ver si después nos hacemos novios.

💜 Ahorita prefiero divertirme y no atarme a algo tan formal (esto está plasmado en la famosa frase: "El respeto a conocer a uno nuevo, es la paz").

💜 A veces duran sólo una noche y las razones son: el niño está guapo, te urge un beso, un fajecín, por presión de las amigas o para apantallarlas y contarles al día siguiente. Esto pasa especialmente en vacaciones en la playa ya que dicen por ahí que "lo que sucedió en la playa… se queda en la playa".

Nada de responsabilidades

Algunos niños son muy gruesos y no quieren nada en serio, pero aquí también aplica a la inversa. El chavo muere por andar en serio contigo y para ti es simplemente un bonito artículo de decoración, así que: "Mi free es un bonito lujo, pero creo que lo valgo".

También es real: hoy en día para algunas personas y para algunos momentos de la vida, el "amigovio" es una opción.

Riesgos

♥ Si algún día lo ves o te platican que estuvo ligando con alguien más en un antro, te vas a súper arder pero no vas a poder reclamarle, porque finalmente él no es tu novio. Ésa es una desventaja, a menos que tú también hayas estado ligando con otro cuate en otro antro.

♥ Corres el riesgo de que al principio lo tomes como algo súper "x" y no quieras tener nada en serio. Luego te clavas y ¡tómala!, o resultas embarazada, o resulta que él ya no quiere nada en serio y además consigue novia formal. Te vas a sentir usada y terrible porque además de estar clavadísima vas a sentir que te cambiaron como estampita por un mejor partido.

♥ Algo importantísimo es el rollo del sexo. Si cuando te preguntan qué responsabilidad tienes en cuidarte, dices: "Pues, dos tres," ¡ojo! porque no vaya a ser dos, tres... ¡pero embarazos! Los riesgos del sexo no seguro son muy densos, y si a veces en una relación seria se les van, ¡imagínate algo que de entrada, cero responsabilidad!

♥ Si buscas el free sólo para ver si más adelante él quiere en serio, ¡cuidado!, porque generalmente no pasa así.

Vas a quedar muy lastimada y perderás ese respeto que los demás y tú misma te tienen. Mejor no te metas en eso.

♥ Tarde o temprano te van a tachar de "zorra" y lamentablemente es un letrero que perdura mucho. Cuando busques seriedad te va a costar demasiado trabajo conseguirla.

Hoy en día muchos jóvenes han tenido un free y lo toman como una opción intermedia para empezar a ver qué onda con una relación o para divertirse. Sin embargo, el riesgo es muy alto. Recuerda que el hombre siempre busca tener sexo. Así que depende de ti. Para que una relación dure, es mucho más importante la comunicación, los sentimientos, el respeto y los valores; así que no bases tu relación únicamente en el sexo. Tener un novio formal es lo ideal; tienes alguien que te responda, que está pendiente de ti y tú significas algo más para él que simplemente un free. Además, puedes experimentar un tipo de amor más profundo, gratificante y sobre todo, más responsable.

Ahora que si sabiendo esto, tu rollo es el free, va, sólo cuídate y protégete sentimental y sexualmente.

¡IMPORTANTíSIMO!

- Si no te late el free, después del primer beso aclara las cosas con él y contigo misma.
- Si a un hombre se la pones muy fácil pierde interés; va a tomar confianza y es muuuy probable que te respete menos.
- No lastimes a un niño en un free si ves que él se está clavando cañón. Mejor antes de que sea doloroso acaba con la situación.

Mis amigas

Tener una buena amiga

¡Qué importante es tener una buena amiga! Ella puede comprender mejor que nadie lo que te pasa, lo que sientes, lo que te preocupa, simplemente porque, por lo general, está viviendo lo mismo que tú. Con ella puedes llorar con confianza, contarle tus depresiones, saber con un intercambio de miradas lo que tú y ella piensan y reírte a carcajadas hasta que el estómago te duela.

No hay dos iguales

Estás de acuerdo en que algunas amigas son esporádicas; ya sabes, las conoces en vacaciones y nunca más las vuelves a ver. Otras son amigas que ves sólo en una clase, en un deporte o en cualquier otra actividad, también están las reciclables; las típicas que la amabas, luego te peleaste a muerte y otra vez son medio amigas. Sin embargo, tienes LAS AMIGAS, el grupito con el que te sientes más identificada y donde están las que más quieres.

Aunque es posible que la amistad entre un hombre y una mujer se dé, por lo general hay cosas que sólo le confías a una amiga, ¿ya sabes?

Las amigas y el teatro

Las amigas son como los lugares del teatro: hay amigas *vip* (casi siempre son dos o tres) que comparten tus mismos valores y forma de pensar, y con las que te abres sin temor a ser criticada. A ellas las sientas en la primera fila. Hay amigas, las de tu grupito, por ejemplo, que sientas en la zona de preferencia; cuídalas mucho. A otras las mandas a gayola y di que les tocó lugar. A unas pocas las sientas en los palcos, a otras tantas las acomodas en medio porque son como del montón, y de plano hay algunas que te caen nefasto y nada más les dices: "Perdón, pero ya se me agotaron las funciones y tú no alcanzas ni en la reventa."

Como en todas las relaciones, la comunicación abierta y honesta será la clave para que tu amistad dure mucho tiempo y sobrepase los conflictos que inevitablemente tendrán. Si andas insoportable y les tiras mala onda a todas, ojo, porque a ti también te pueden cerrar el teatro.

Me cuesta trabajo hacer amigos

"Llevo en la secundaria como dos meses y desde que entré no tengo amigas. Cuando llegué no conocía a nadie y la neta me la paso sola porque me cuesta mucho trabajo hacer amigos. En el recreo sólo me siento en el patio a hacer la tarea mientras veo cómo los demás juegan y se divierten. ¿Me entiendes? Es deprimente, ¿no? Yo creo que como soy tímida y callada los demás piensan que soy rara o mala onda. ¡No sé!", nos cuenta Liz.

Es cierto, no a todo el mundo se le facilita hacer amigos, es cuestión de temperamento. Con eso naces y no vas a cambiar; lo que sí puedes hacer es ser más accesible. Por ejemplo:

SI ERES INTROVERTIDA

Los introvertidos, como Liz, a veces se sienten bichos raros. Por lo general comparten poca información acerca de ellos mismos, y si lo hacen, hablan de su forma de pensar más que de sus sentimientos. Son personas a las que les gusta pensar, profundizar en las cosas y son excelentes observadores y amigos. Saben escuchar muy bien y son muy pacientes. Generalmente se sienten como dedo en el recreo y como no tienen con quién platicar, se ponen a leer o a hacer la tarea, o ya de plano leen su tarea tres veces, nada más para hacer tiempo. Si éste es tu caso, relájate, no estás sola, a muchas personas les pasa. Una forma en la que puedes empezar a hacer amigos es, aunque te cueste un poco de trabajo, acercarte a alguien que te lata y hacerle preguntas.

Preguntarle, por ejemplo, sobre algún tema que vieron en clase, sobre quién le corta el pelo, sobre algun programa de televisión de moda o algún deporte, y poco a poco platicarán sobre temas distintos. Otro día la invitas a comer, juntan el lunch y así empezará la amistad.

Es bueno que ubiques que a veces la gente puede confundir el ser tímida con ser sangrona, por lo que te sugerimos sonreír mucho y tratar de abrirte para que esto no te suceda. También te recomendamos que si pasan el lunch juntas no te abalances el primer día sobre sus cacahuates gourmet, o sea japoneses con Miguelito de agua y chile.

SI ERES EXTROVERTIDA

Los extrovertidos son aquellos que apenas acabas de conocer y ya te contaron su vida entera. A ellos les gusta estar llenos de actividades, conocer mucha gente, ir a muchos lugares y experimentar mil cosas a la vez.

Hablan hasta por los codos (y vaya que hay codos muy expresivos) y son muy malos para escuchar. Hablan sin pensar, por eso es común que metan la pata o se metan en problemas. Si ésta es tu forma de ser, hacer amigos se te facilita mucho; sólo procura interesarte en ellos, cuidarlos más, ¡ah!, y de vez en cuando cierra la boca para que sepas cómo se llaman, si tienen hermanos, si andan con alguien... en fin, cosas básicas.

Conflictos y complicaciones

Entre dos o más amigas siempre habrá situaciones externas o internas que pongan a prueba su amistad. Hay veces que la amas y dices: "¡Qué haría sin ella!", y otras en que la odias y dices: "¡Ashhh! ¡Qué voy a hacer con ella!" Es inevitable. Para aliviar cualquier circunstancia es necesario platicar mucho, tener paciencia y confianza.

Sentimientos que se dan en una amistad

> Admiración: "Mi amiga Laura es guapísima, tiene a mil galanes muertos por ella. Además, es la más aplicada del salón y es la mejor amiga de todas".
> Posesión: "¿Cómo que quedaste de ir al cine con Paola? ¿No vamos a estudiar juntas?" Casi casi le dices "idiota".
> Indignación: "Siempre me copias en lo que me pongo." "El sábado ni se te ocurra ponerte la blusa lila porque yo me la voy a poner, ¿ok?"
> Envidia: "Mi papá no me deja ir al concierto del sábado y Ale ya tiene boletos y además va a ir ¡con Pepe! ¡Grrrrr! Ojalá que al vocalista le dé una enfermedad rara y se cancele."

> Competencia: "Cristy es una de mis mejores amigas, pero ni modo, le tengo que ganar en las calificaciones, y si no, por lo menos que yo me vea más guapa el día que las entreguen, ji, ji, ji."

> Celos: "Desde que tienes novio, ya ni me pelas," o "mi mejor amiga es buena en todo y le gusta a todos los niños. ¡Claro!, ¿a quién no? Es alta, flaca, tiene el pelo divino y es perfecta. ¡Ay!, la odio, pero si yo fuera hombre ¡creo que andaría con ella!"

> Solidaridad: "No te preocupes, yo me voy a tu casa en la tarde para explicarte mate. Está muy fácil, vas a ver. ¡Claro que puedes!"

> Decepción: "Mi mejor amiga le insinuó a José Pablo 'sin querer', que muero por él, lo que es cierto, pero me dio mucho coraje. Ya me pidió perdón mil veces, pero la verdad no siento que sea sincera."

> Afinidad: "Con mis amigas me la paso ¡súper!, nos encanta ir los viernes a comer y después al cine."

> Amor incondicional: "Regina tiene mil broncas en su casa y además es gordísima y no es muy bonita, aun así la quiero mucho y trato de ayudarla."

> Traición: "Claro, mi amiga se fue con Eugenia porque ella sí fuma y yo no. ¡Estoy furiosa!", o "el secreto que le confié a Lupe se lo contó a todo el mundo." Aunque es peor: "Laura me bajó a mi novio, y también ya se lo pasó a todo el mundo."

¡Es neto! En una amistad, todas estas cosas se pueden dar y más. ¡Es muy normal! Lo importante es reconocer si lo que sientes son tonterías pasajeras o a lo mejor en realidad no es tu amiga. Si algo no va bien no te lo calles, platica con ella y aclárarlo, porque una buena amistad influye de muchas maneras en tu vida: hay que cuidarla. Es algo que dura para siempre, especialmente las que haces durante esta etapa, y es lo mejor que te puede pasar. Pero no olvides que la amistad es como una calle de doble sentido: dar y recibir, es la regla del juego.

Sé una súper amiga

> No critiques, no juzgues y apoya siempre a tus amigas.
> Atrévete a hablar con sinceridad las cosas que otras se callan.
> Cuando una amiga te cuente algo que le preocupa escúchala con atención.
> Si alguien molesta a tu amiga defiéndela.
> Si no te piden un consejo no lo des.
> Guarda bien ese secreto que te contaron.
> Permite que los demás sean como son, no los trates de cambiar.
> "La única manera de tener un amigo, es siéndolo", R. W. Emerson.

CHECA ESTO

Me traen de bajada

Odio ir a la escuela, hay dos niñas que no dejan de molestarme. Cada vez que estoy cerca de ellas dicen cosas horribles de mí, delante de mí, y se ríen. Me empujan, me esconden mis cosas, y me avientan bolas de papel con baba a la cara.

Un día me escribieron en mi mochila "eres una teta" y cuando llegué y lo vi, me di cuenta de que me estaban grabando. Se murieron de la risa y después lo subieron a internet. Cuando lo vi sentí lo peor que he sentido en mi vida; pensé en tomarme unas pastillas de mi mamá, para morirme y no volver a la escuela.

Primero eran sólo dos niñas, ahora, es casi todo el salón. Dicen que cuando no voy no se divierten. Las odio, pero por más que intento no puedo decirles nada. ¡No sé qué hacer!

Susana, 14 años

Nunca falta. Todos, en algún momento de la vida, supimos lo que se siente que los demás se burlen de ti: del apodo, de los zapes, de la tristeza que te da y demás. A esto en inglés se le conoce como *bullying* y lamentablemente ha crecido cada vez más. De entrada, queremos que sepas que esto pasa en todas las escuelas y en el caso de los zapes, en todas las cabezas. Sin embargo la manera en la que nos enfrentemos a esta bronca marca la diferencia entre ser feliz en la escuela o pasártela súper mal.

Los papás, a veces, no le dan importancia a este rollo. Piensan que este tipo de acoso es típico cuando pasas de la niñez a la juventud. Sin embargo, esto ha aumentado y el que te traigan de bajada es un tema que les pega a miles de chavos y chavas; y de acuerdo a las investigaciones, los daños psicológicos pueden ser gruesos y reflejarse incluso cuando seas más grande.

Les preguntamos a algunos expertos y a varios jóvenes. Nos pareció interesante compartir contigo sus respuestas:

¿Qué hace que a una chava la traigan de bajada?

"Su forma de actuar, la manera como se viste, si está fea, si es muy gorda, si siempre trae el pelo sucio, si habla chistoso, como de otro lugar, que huela feo, que sea tonta, "teta" o medio wila, su peinado, el color de su piel, que tenga malas calificaciones, que sea tímida, introvertida, freaky, rara, que no conozca niños, que se vea vulnerable —todo esto hace que la puedas molestar—, que sea atacable…"

¿Qué tanto pasa esto y a qué se debe?

"Es muy frecuente, en especial en la etapa de preescolar y en la adolescencia. Puede ser por una sobreprotección de los papás. Si al niño siempre le han solucionado todo, no sabe cómo construir sus defensas. El niño se acostumbra a ser el tonto, el flojo y desarrolla tolerancia a los insultos, una baja autoestima y ninguna herramienta de defensa. A eso le sumamos a niños o adolescentes, que quieren tener poder sobre otros. Cuando logran que se enojen, que lloren o que se pongan tristes, sienten que ellos tienen el control."

Si ya te traen de bajada, ¿qué puedes hacer para que te dejen en paz?

Aquí te damos algunas sugerencias que investigamos entre jóvenes, expertos en problemas juveniles y en algunos libros:

 Simula que no te importa, aunque por dentro te mueras. Ríete, tú misma has burla de lo aparentemente "chistoso" que tienes. Eso es lo mejor para desanimarlos a seguir.

 No les des poder, si te pones triste o te ven llorar, logran su objetivo y la cosa se pone peor. Si cuando los ves en un lugar, les sacas la vuelta y te vas por otro lado, consiguen lo que quieren. Mejor júntate con una amiga y pasa exactamente por ahí. Que vean que no tienes miedo (aunque obvio, sí lo tengas).

 Otra forma es que si las cosas ya se pasan de la raya, reconoce que te molesta y te enoja que te traigan de bajada. Contéstale a la que te moleste, para que te respete. Todos tenemos defectos, así que encuéntrale uno y dícelo. Esto funciona cañón, porque se da cuenta de que ella también tiene defectos que todo mundo puede ver y burlarse de ellos si se hacen públicos. Y aunque al principio haga como que no le importa, va a sentir que se muere. Sus amigas van a quedarse calladas, pero en el fondo van a pensar "sí es cierto, tiene las cejas de azotador …ji,ji,ji". La mayoría de los que molestan, lo hacen porque son muy inseguros y tratan de cubrir esto al molestar a los demás. Así que si le dices su defecto, y se lo repites varias veces, va a sentirse vulnerable y te dejará de molestar. Ahora, nada más no lo sigas haciendo, no te vayas a convertir en uno de ellos.

- Háblalo con tus papás o con un maestro, pero para pedirles un consejo, no para acusarlos. Es muy difícil salir de una de estas situaciones sola.
- Habla a solas con cada una de las que te molestan, enfréntalas. Aunque te suene raro o suicida, esto pueda ayudar muchísimo. Primero porque se necesita mucho valor y eso lo notan ellas; y segundo porque por lo general a ellas en algún momento también las trajeron "de bajada". Así que es muy probable que te dejen de molestar.
- El lenguaje corporal es importante: evita caminar encorvada, mirando hacia el suelo, como si no existieras, porque esto empeora las cosas. Camina segura, pisa fuerte.
- Si te molestan por algo de tu apariencia física, tipo el peinado, o de tu forma de vestir, puedes cambiarlo. Seguro el primer día se van a burlar, pero después se van a acostumbrar y te van a dejar de molestar. Nunca metas reversa.
- Escribe una lista de tus cualidades, acepta tus "diferencias" con orgullo. No te achiques y no faltes a la escuela. Reclama tus derechos y, sobre todo, construye la imagen de lo que quieres ser y trabaja para obtenerla.

Cuando estaba en cuarto de primaria, había una chava muy guapa que se llamaba Sofía. Un día me empezó a molestar en frente de todos, diciéndome que mi papá estaba muy moreno. Los demás se empezaron a burlar y a esa edad me pegó horrible. Lo siguió haciendo por algunas semanas, hasta que decidí hacer algo.

Un día en la tarde se me ocurrió empezar a decirle "salami" (no te rías, ubica que estaba en cuarto). Le dije a un amigo que me ayudara a decirle igual. Al día siguiente, llegué a la escuela y le dije "hola, salami". Obvio, al principio no entendió. Después cada vez que estábamos cerca de ella, decíamos "¿huele a salami, no?", y empezamos a jugar todo el día con la palabrita. A los demás del salón se les hizo chistoso y siguieron con la broma.

Bueno el asunto es que ese día, Sofía terminó llorando y suplicándome que no le volviera a decir "salami". Lo hice, y ella dejó de molestarme.

Jamás me imaginé que una cosa tan tonta me ayudara a resolver un problema que en ese momento me agobiaba tanto.

Como ves, esto funciona. Lo único importante es utilizarlo sólo para defenderte. **Jamás para convertirte en uno de ellos.**

Yordi

Otra cosa súper importante es recordar que el mundo es como un espejo. Como te ves, la gente te ve. La etiqueta que te pongas, va a ser la que los demás lean de ti. Y sobre todo, ponte buza, porque: "La gente te tratará como tú permitas que te trate" Así que... ¡Mucha suerte!

NOTA:

Si tú eres de las que por caerle bien a los demás, por sentirte superior, por diversión, por llamar la atención o sentirte aceptada, zapeas y traes de bajada a alguien, piensa en el daño que le puedes hacer a esa persona, y que a veces ese daño es de por vida. Ponte en sus zapatos y pregúntate si te gustaría que te lo hicieran a ti. Acuérdate de que todo lo que haces en la vida, como boomerang, tarde o temprano regresa a ti...

Ahora que si ves que tu amiga molesta a alguien y a ti no te late, aléjate cuando lo haga. La gente que molesta quiere público, para demostrar su poder, si no lo tiene, su rollo no funciona. Trata de convencer a la que molesta de que le baje, en buen plan.

HUELE A SALAMI

La necesidad de pertenecer es un asunto súper grueso que toca las fibras de la esencia humana. Sin embargo, en la etapa de la adolescencia en la que estás, pertenecer o no a un grupito de amigas es un factor de supervivencia y hasta una razón de vida. La presión de grupo afecta muchos aspectos de tu vida.

La mayoría de las niñas entre 12 y 19 años hacen lo que hacen porque "todo el mundo lo hace", no importa si se trata de mentir, irse de pinta, tomar unos drinks, vestir a la moda, fumar, meterse a una clase de algo o no, tener relaciones o no. Son cuestiones que se reducen a una frase tipiquísima: "Todo el mundo lo hace".

Se siente tan nefasto la angustia de no pertenecer, que eres capaz de vender a uno de tus hermanos con tal de que te pelen, así que mejor platiquemos de este rollo.

"En la escuela, mis amigas me tienen en el congelador porque soy buena gente con una niña a la que todo mundo en el salón le tira mala onda. La pobre me da lástima. A mí no me gustaría que fueran así conmigo, pero mis amigas no lo entienden y no sé qué hacer," nos cuenta Andrea.

Que no te pelen por una razón tan simple como ésta o por algo más importante, es muy difícil de superar para cualquiera, porque te pone en una situación súper vulnerable, asunto que el grupito de tus amigas conoce bien o intuye; por eso ponen a prueba a sus miembros, ya sea con méritos o con ritos de iniciación para tener el privilegio de "pertenecer".

Esta presión puede ser tan cañona que logra que una niña haga cosas que jamás haría por su propia voluntad. Si alguna vez te ha pasado esto, creemos que para tomar tus decisiones es importante que sepas qué es lo que nos mueve a los humanos a responder a lo que se conoce como:

Presión de grupo

Seguramente te vas a encontrar con gente que piensa que debes ser o actuar de cierta manera y va a tratar de influir para cambiarte. Esto te confunde muchísimo, especialmente si viene de alguien que te importa, que crees que es tu amiga o de algún galancito que te guste; además, quizá todavía no estás muy segura de quién eres tú.

A veces los consejos y las sugerencias te ayudan y te dan buenas ideas para ver qué onda. Pero si te llevan hacia una dirección que te hace sentir incómoda, hasta en lo más mínimo, porque va en contra de tus valores y principios, te obliga a hacer cosas que no quieres y que ponen en peligro tu vida, tu libertad, o te causa problemas con tu familia, la escuela o con otras personas. Hazle caso a tu intuición y ¡no lo hagas!

"Es que si no haces lo que todas hacen, tus amigas te hacen sentir como bicho raro: se burlan de ti, te critican, te hacen menos, o simplemente te hacen a un lado," continúa Andrea.

¿Por qué tendemos a ceder a la presión de grupo?

Porque estas actitudes de rechazo tienen que ver con nuestros miedos más grandes: el miedo al abandono, al ridículo (cuánto miedo nos da hacer un súper osote, ¿no?), al fracaso o al rechazo que todos llevamos dentro. ¿Quién no tiene estos temores? ¿Se siente horrible? ¡Claro! Por lo que, dado el caso, no es fácil encontrar el valor suficiente para oponernos. Al mismo tiempo, pertenecer a un grupo nos hace sentir súper chido porque te sientes poderosa y aceptada (la frase se oye como de super héroe, pero es neto).

¿Cómo hacerle frente?

- Aprende a decir "no": dilo convencida, fuerte y claro. Te vas a dar cuenta de que al principio tus amigas igual te rechazan, pero luego, te lo aseguramos, en el fondo te admirarán por tu firmeza y te van a respetar más que antes.

- No te creas el "todo mundo lo hace": no es cierto, no todo el mundo se pierde en la jarra, no todo el mundo fuma mota, no todo el mundo lloró con las mismas películas, no todo el mundo tiene relaciones sexuales ni dice mentiras. Este es un rollo que por el simple hecho de escucharlo, hace que mucha gente se lo crea y haga "x" cosa.

- Tampoco te creas el "una vez y ya": este es otro de esos rollos que en el momento se escuchan fáciles y te convencen: "Una vez y ya, no te va a pasar nada. ¡Ay! ¿Qué tanto es tantito?" De hacerlo, pueden arruinar tu vida o te pueden dar la confianza para seguir en algo de lo que después ya no podrás salir: pisarle al acelerador, entrarle a las drogas, robar o tener relaciones con alguien que no conoces y sin cuidarte, nada más porque te dijeron y porque están de moda los deportes extremos.

- No te engañes con el "a mí no me pasa": y, ¿por qué no? Pregunta a las personas que en un segundo tuvieron un accidente y están en una silla de ruedas o les pasó algo drástico en sus vidas. A cualquiera, incluso a ti, te puede pasar todo.

- Escucha a tu cuerpo: el cuerpo es súper sabio, por medio de sensaciones te avisa de volada cuando algo no le late o no estás actuando bien. Es un mecanismo natural de conservación. De hecho, hay estudios que dicen que tu intuición es más certera en muchas ocasiones que tu propia razón. Así que ya sabes: ¡Hazle caso a tu cuerpo!

- Establece alianzas: busca a alguien que se sienta de la misma forma en que te sientes tú. Es más fácil resistir la presión cuando te sabes apoyada.

Por último, recuerda que tú eres tú, que tu vida la construyes sólo tú, y que tus verdaderas amigas son aquellas que te aceptan tal y como eres y a quienes no necesitas demostrarles nada. Así que di no a la presión de grupo y... y... y ¡no al consumo de huevos de tortuga!
(bueno, no tiene nada que ver, pero se nos ocurrió).

INSTRUCCIONES

En todas las escuelas hay bolitas, así que sigue las siguientes indicaciones para completar el anuario:

- Sal al recreo / descanso de tu escuela.
- Voltea a las esquinas del patio.
- Identifica a las bolitas (si la bolita que identificaste está en medio del patio, es normal, son la bolita "véanme").
- Apunta el nombre de la bolita en el dibujito correspondiente.
- Ve a la tiendita y cómprate algo (esto no sirve de nada para llenar el anuario, pero está rico; no?).
- Selecciona a las integrantes de la bolita y escribe el nombre de cada una en las placas fotosensibles (o sea en la fotito).

Aunque la gente por naturaleza hace grupos donde se identifican, es súper importante que ubiques que ningún grupo, bolita o persona es o vale más que otro.

Cada quien tenemos gustos y afinidades distintas y eso es lo que nos hace sentir bien con nosotros mismos. El respeto a los demás es súper importante.

Acuérdate que cada persona somos un individuo y eso es lo que nos hace especiales. Si todos fuéramos iguales... qué flojera.

INSTITUTO
JUNTAS PERO NO REVUELTAS

Quiúbole con...
LAS BOLITAS

ANUARIO

GENERACIÓN

MI ANUARIO QUIÚBOLE CON LAS BOLITAS
INTRO

NOMBRE: _____
BOLITA: _____

NOMBRE: _____
BOLITA: _____

NOMBRE: _____
BOLITA: _____

NOMBRE: _____
BOLITA: _____

NOMBRE: _____
BOLITA: _____

NOMBRE: _____
BOLITA: _____

NOMBRE: _____
BOLITA: _____

NOMBRE: _____
BOLITA: _____

NOMBRE: _____
BOLITA: _____

NOMBRE:
BOLITA:

NOMBRE:
BOLITA:

NOMBRE:
BOLITA:

NOMBRE:
BOLITA:

NOMBRE:
BOLITA:

NOMBRE:
BOLITA:

NOMBRE:
BOLITA:

NOMBRE:
BOLITA:

NOMBRE:
BOLITA:

NOMBRE: _____
BOLITA: _____

NOMBRE: _____
BOLITA: _____

NOMBRE: _____
BOLITA: _____

NOMBRE: _____
BOLITA: _____

NOMBRE: _____
BOLITA: _____

NOMBRE: _____
BOLITA: _____

NOMBRE: _____
BOLITA: _____

NOMBRE: _____
BOLITA: _____

NOMBRE: _____
BOLITA: _____

MI ANUARIO QUIÚBOLE CON LAS BOLITAS

Mi familia

Ahí naciste

Puedes escoger a tus amigas, a tu novio, a tu escuela, pero lo que no puedes escoger es a tu familia. En ella naciste. De ahí eres. En el mejor de los casos, la familia es una fuente de amor, apoyo y consuelo. En el peor, es fuente de dolor, frustración y gran pena. A veces, es una combinación de las dos cosas.

Es chistoso, pero muchas veces cuando eres chiquita ves a tus papás casi perfectos; crees que cómo son ellos contigo respecto a tu educación, a los valores que vives en tu familia, a cómo se tratan entre si, o te tratan a ti y a tus hermanos, así son los papás en todas las casas.

Cuando creces y te haces un poco más independiente, empiezas a ver a tus papás y a tu familia desde otro ángulo, así como de: "Ah, caray, como que me los cambiaron." ¿Ya sabes? Te das cuenta de que son personas como cualquiera, con defectos y cualidades. Al mismo tiempo, descubres cómo funcionan otras familias, lo que te ayuda a ubicar mejor a la tuya; comprendes cómo tu familia ha influido en ti, en lo que te gusta, en lo que estás de acuerdo y en lo que de plano no, así como lo que te gustaría cambiar (una vez más, acuérdate de que por mucho que quieras, no puedes cambiar a ninguno de tus hermanos, ni regalarlos en una rifa).

El sube y baja en las relaciones

En todas las familias hay cosas que te gustaría cambiar, cosas que a lo mejor te molestan o son dolorosas y no te queda más que aprender a vivir con ellas.

Asimismo, en todas las familias los hermanos se pelean, se odian y se adoran. En este proceso de cambios que vives, la relación con tus hermanos y con tus papás puede tener varias etapas y altibajos. Es normal: todo mundo los tiene.

También sucede que a tus papás de repente los adoras, los admiras y, de pronto, ¡los quieres matar frente a tus amigas! En ocasiones te dan orgullo y en otras quieres desconocerlos. Típico que estás con tus papás en el centro comercial y ellos, como es domingo, se fueron en pants a desayunar, todos fachosos, y a la salida te encuentras al galán que te fascina: "¿Son tus papás?" "No, para nada... ni los conozco. Deben de trabajar aquí. Pobrecitos, se ven cansados." O cuando tu mamá les enseña las fotos al niño que te gusta de cuando eras bebé y estás encueradita, quisieras desaparecer el álbum y, si se pudiera, a tu mamá también; o de plano cuando tu papá canta una canción súper retro y tú y tus cuatro amigas van con él en el coche y tú muriéndote de pena ajena.

Diferentes tipos de papás

Antes de seguir con el tema de los papás, debemos tomar en cuenta que en las familias hay de todo: las de ambos papás, las de un papá o una mamá; las que viven con los abuelos, con una tía o quizá con la nueva persona con la que tu mamá o tu papá se casaron. Así que al decir "papás" nos referimos a esa persona esencial en tu vida, con la que compartes lo bueno y lo malo, las altas y las bajas de todos los días.

¿Qué les pasa?

Como dijimos en el capítulo anterior, cuando la adolescencia te llega, por lo menos tu cuerpo te avisa, te manda señales: un pelito por aquí, una bolita por allá, cólicos por... TODOS LADOS, en fin. El asunto es que cuando tú cambias, también a tus jefes les afecta. La bronca es que a ellos nadie les avisa. Sólo piensa: cuando menos se lo esperan, su hijita, que era un niña que jugaba con las muñequitas que le regalaban, ahora sólo quiere jugar con los muñecotes (de carne y hueso) que ella escoge.

Entonces las soluciones que antes tenían para resolver las broncas, ya no les funcionan ni tantito.

Llevar la contraria: deporte nacional

¿Sabes por qué de repente les quieres llevar para todo la contraria? Lo que pasa es que, cuando somos niños, nuestros papás son nuestro modelo a seguir: queremos ser como ellos. Y realmente nos parecemos mucho, primero, por la herencia genética (carácter, habilidades; bueno, hasta las orejas de Dumbo que odias de la familia, cuando menos te imaginas… tómala, ahí las tienes); y segundo, por la educación que recibes de tus papás.

La cuestión es que una de las principales características de la adolescencia es que necesitas buscar individualidad. Tu instinto te pide que seas tú misma y ¡zaz! te das cuenta que llevas años tratando de ser como tus papás. Entonces inconscientemente decides llevarles la contraria en muchas cosas porque necesitas dejar de parecerte a ellos, para empezar a ser tú.

Ahí empieza el problema y, a veces, aunque te juren y perjuren que el cielo es azul, tú dices: "Pues yo lo veo rosa y punto." Entonces te ponen una súper castigada y se te va acabar lo rosa de tu vida (va a empezar a ser medio marrón).

En realidad, ni tus papás ni tú tienen la culpa. Se trata simplemente de una etapa que ninguno escoge: las dos partes la tienen que vivir y resolver. De hecho, ellos la pagan sin deberla.

No hay papás perfectos

Es una realidad que en todo el mundo no existe el papá y la mamá perfectos, ¿estás de acuerdo? A veces hay divorcios, problemas, discusiones, papás ausentes, hermanos postizos y demás.

Sin embargo, en la mayoría de los casos los papás te quieren y se interesan por ti como nadie más en el mundo, aunque a veces no parezca.

La relación con los papás puede ser conflictiva a cualquier edad; en la adolescencia el asunto se pone más denso por los cambios que vives, especialmente en cómo ven tú y tus papás el asunto de la independencia. Ellos pueden sentir que pierden el control de tu vida, mientras que tú te matas para obtenerlo. La realidad es que te aman tanto, que les da pavor que te pase algo, por eso se ponen tan chockys contigo.

A ver pa, apúntale... Voy a casa de la Jeny, de ahí nos vamos al cine... ...y regreso en un mes.

El origen de la mayoría de las broncas

La base de todo conflicto es la falta de información. Te damos aquí un buen tip: Entre más les demuestres a tus papás que pueden confiar en ti, más se harán a la idea de que eres capaz de ser responsable y cuidarte a ti misma. ¡Te conviene!

Si mantienes a tus papás informados sobre lo que haces, a dónde vas y con quién te llevas, ayudarás a aliviar sus miedos. Cosas tan sencillas como decir la verdad y llamarles por teléfono para decirles dónde estás (hasta donde se pueda), harán que ellos se tranquilicen y que la relación sea de mutua confianza; incluso, decirles cosas que sabes que no están bien como: "Me fui de pinta." Muchas veces, lejos de regañarte, agradecen que les tengas confianza y entienden, por lo general, que de vez en cuando es normal.

Por otro lado, si no los informas funciona todo al revés: sus miedos crecen y entonces te presionan para saber más de ti, te dan menos permisos, tú te enojas; vienen los castigos, te encierras en tu cuarto y se dejan de hablar. Por supuesto, la relación se deteriora, se desgasta y todos pierden, sobre todo tú.

¿De qué se quejan los papás?

La mayoría de los papás de adolescentes se quejan de sus hijos por las mismas cosas. Aquí te damos una idea. A lo mejor te ubicas en una de ellas o igual hasta en todas, y si tratas de mejorar todos ganan.

- Los jóvenes sólo entienden la palabra "no" cuando ellos la dicen.
- A las jóvenes les revienta que las abracen sus papás, las besen o tengan algún gesto de ternura.
- De todo se enojan, a la menor sugerencia explotan.
- Dicen muchas mentiras y creen que no nos damos cuenta.
- Sólo les hacen caso a sus amigos y a los demás, pero a nosotros jamás.
- Hablan de una manera que no hay quien les entienda.
- Tienen doble personalidad: con sus amigos son de una manera y con nosotros de otra.
- Creen que siempre los estamos criticando.
- Sólo ellos tienen la razón, el resto del mundo se equivoca.
- Son muy egoístas, sólo piensan en ellos mismos.

Para que las relaciones en general sean buenas debemos trabajarlas. Te sugerimos que hables tranquilamente con tus papás sobre lo que te late y lo que no. Casi siempre, la mejor forma de solucionar las broncas es por medio de la negociación. Vas a ver que si cedes en unas cosas, a ellos no les quedará más que ceder en otras; nada más no busques negocios cuando están en plena pelea, porque vas a terminar con tus acciones a la baja, muy pero muy la muy baja.

Nos vamos a divorciar

Es domingo y mis papás, para variar, se están peleando. Empiezan a hablar dizque bajito para que no nos demos cuenta; pero nos hemos vuelto unas expertas en cacharlos. ¡Las discusiones son tan seguidas!

Después de como 15 minutos salen de su cuarto, como si no pasara nada, aunque los dos andan de cara y no se dirigen la palabra. Pero cuando nos hablan a nosotras son súper cariñosos, yo creo que es porque se sienten culpables.

Nos subimos al coche, pues vamos a comer a un restaurante. No sé qué le dice mi mamá a mi papá que él se súper encabrona, avienta la puerta y se sale del coche. Yo me asusto horrible, y mi hermana que es más chavita se pone a llorar; mi mamá le empieza a gritar a mi papá, tanto, que ni nos pelan; has de cuenta que no estamos.

Total que todos nos bajamos del coche y nos metemos a la casa. Mi mamá persigue a mi papá hasta el cuarto y ahí se quedan peleando un buen.

Natalia y yo nos quedamos sentadas en la sala y sólo escuchabamos gritos y cómo se avientan cosas. Siento horrible y mi hermana no para de llorar.

De repente se hizo un silencio que duró mucho. Mi papá, después de un rato, sale de su cuarto y se va. Nunca regresó a dormir a la casa.

Como dos semanas después nos juntaron para decirnos la frase que sabía que nos iban a decir y que no quería escuchar: "Nos vamos a divorciar".

Isabel, 15 años

¿Qué duele y por qué duele el divorcio?

La psicóloga Julia Borbolla nos dice: "Imagínate que tú vas en un avión y ves cómo el piloto y el copiloto se pelean todo el tiempo. Uno mueve la palanca para adelante y el otro para atrás. No tienes idea de cómo manejar el avión, pero sabes que si no se ponen de acuerdo, tú te caes con ellos."

Cuando de adolescente despiertas a tu sexualidad, te das cuenta de que tus papás son sexuados también (o sea que tienen relaciones), y que además si se divorcian, ¡quedan disponibles! Esto te confunde mucho, y te conviertes en el vigilante: "¿A dónde vas? ¿A qué hora llegas?" Y como chava, te frustras porque tu mamá no se va a dejar. Eso te desgasta mucho.

Algunos jóvenes que han vivido el divorcio de sus papas nos dicen:

"Duele todo. Duele acordarme de ver a mi papá salir de la casa con maletas. Duele sentir que voy a perder mi seguridad; que quizá mi mamá no va a tener dinero para pagar lo que siempre hemos tenido. Que a lo mejor nos vamos a un departamento más chico, a otra escuela; que ella ahora tiene que trabajar y está menos con nosotros. Duele ver que mi mamá está triste y la oigo llorar."

"Sentí como si me hubieran arrancado la mitad de mi corazón, como que nunca me iba a volver a sentir segura. Mi papá me cuidaba. Duele horrible pasar por el cuarto y no verlo en las mañanas, no oler su loción. Sentí que me iba a morir sin que me cargara, me abrazara, sin sus besos y que me diera todos los días la bendición."

"Duele ya no ver a mi papá. Sentir que por mi culpa, por mis calificaciones, ellos discutían. Duele pensar que si yo hubiera hecho o no hubiera hecho algo... a lo mejor seguirían juntos. Duele tener que elegir entre los dos y que la familia se termine. Duele la impotencia; el imaginarme o ver a mi mamá con otro señor o a mi papá con otra mujer más joven. El sentir que no voy a tener el apoyo de mi papá, que ya no voy a jugar con él."

"Duele que me usen de mensajera, de espía o como si fuera yo algo negociable. Duele sentir que me abandonaron. Sentirme traicionada porque pensé que mis papas siempre estarían juntos. Duele que se critiquen uno al otro; sentirme diferente a mis amigas."

Como hijo, ¿puedes hacer algo?

- Trata de platicar tus sentimientos con algún adulto. No te los guardes. Es normal sentir miedo, coraje y soledad.
- Llora lo que tienes que llorar, es completamente normal y te va a ayudar a sacar el dolor y superarlo.
- Escríbeles a tus papás lo que sientes. Están tan ocupados en lo suyo, que quizá no te volteen ni a ver.
- Entiende que en el divorcio no hay "buenos" ni "malos". Todos sufren y pierden.
- No juzgues a tus papás como pareja, sino como han sido contigo como mamá y papá.
- Quizás rechaces la idea de ver que tus papás rehacen su vida, y te sientas mal. Aliviánate (aunque sabemos que cuesta un poquito de trabajo) y trata de entenderlos y respetarlos. Sé amable y trata a su nueva pareja como ellos tratan a tus amigos.
- Evita aprovecharte de la situación para manipular, conseguir permisos, dinero o concesiones. Esto a la larga te trae cruda moral que no te la acabas.
- No tomes partido ni te involucres en los problemas. Niégate a ser la mensajera, el árbitro, la tapadera o la reportera de lo que pasa en "la otra casa".
- Busca apoyo y unión con tus hermanos.
- No trates de sacar tu tristeza usando alcohol o drogas. De momento sentirás que te tranquilizan un poco, pero te engancharán para toda la vida. Seguro pierdes.

- No busques sexo con algún galán para sentirte querida. Lo único que va a pasar es que te sentirás arrepentida y cada vez más vacía.
- Ubica que un divorcio puede darse por mil razones, pero nunca, entiéndelo, nunca por tu culpa.
- A pesar de todo y aunque no lo creas, este episodio tan doloroso te puede llevar a ser una joven más madura, más consciente para entender la realidad y el verdadero valor de las cosas.

Finalmente, la mayoría de las chavas y chavos nos dijeron que después de todos los problemas, los gritos y las angustias, el ambiente en su casa mejoró. Que prefieren mil veces vivir como viven ahora. Después de todo, aunque duele mucho, te adaptas y te acostumbras. Así que relájate, la decisión está tomada y lo único que puedes hacer es enfocarte en hacer de ti una mejor persona, en gozar a tus papás por separado y vivir feliz con todo lo que SÍ tienes.

El novio de mi mamá, la novia de mi papá

Si vives un divorcio o el fallecimiento de alguno de tus papás, lo más normal es que tarde o temprano, tu mamá o tu papá quieran rehacer su vida. Incluso es lo mejor que puede pasar. Esto quiere decir que tendrá nuevos amigos, novio o novia, y es posible que se vuelva a casar. Es lógico.

Cuando el nuevo "novio" aparece, para ti como hija, es muy cañón ya que de alguna manera estás acostumbrada a tener papá o mamá en "exclusiva".

La soledad, la tristeza, las ganas de ser feliz, la culpa o la escasez económica, lleva a los papás a buscar una pareja (aunque a veces parece más dispareja que nada).

La bronca es que cuando las cosas parecen que van mejor, de pronto aparece este extraño/a... así de "un dos tres por mí", y obvio, te sacas muchísimo de onda.

Pero aquí viene otra situación: que ese extraño/a quiera ser tu mamá o tu papá; quiera imponer sus reglas, quiera educarte y, sobre todo, se robe la atención que antes tu papá o tu mamá te tenían sólo a ti. Y eso, por supuesto, como que no te gusta nada... Por lo mismo, puedes sentir celos, coraje, enojo y demás emociones negativas. "Mi mamá me pide que trate de quererlo, pero cómo va a ser, si ni es mi pariente."

Las relaciones con un padrastro o una madrastra pueden ser súper difíciles y tal vez hagan surgir sentimientos de culpa y coraje. Obviamente es muy difícil, pero con el tiempo, las cosas se van ajustando, y aunque te parezca increíble, si todos ponen de su parte, la situación puede mejorar muchísimo para todos.

No es necesario que quieras a la nueva pareja de tu mamá o de tu papá. Solo respétala y trátala como te gustaría que tus papás trataran a tus amigos o a tu novio.

Es importante que sepas que la mayoría de las nuevas parejas tienen como objetivo principal hacer feliz al otro; que vuelvan a sonreír y a sentir el gozo por la vida. Cosa que, después de lo que vivieron tus papás, es lo mínimo que se merecen.

Así que si te das cuenta de que con el tiempo el padrastro o la madrastra te cae bien, incluso sientes que lo/la quieres, no te sientas mal. El cariño de un papá o una mamá es insistituible.

Sólo le abriste a tu corazón otro departamento (aunque al principio le haya salido la renta carísima) y eso es bueno. Esto no le roba nada al gran espacio que le tienes a tu papá o a tu mamá.

Violencia en mi casa

Es una tristeza y una realidad saber que todavía haya algún tipo de violencia dentro de las casas de muchas familias, y esto depende de muchos factores.

De entrada, todos los días escuchamos en las noticias historias que suceden en la calle "Solidaridad", que más bien, se debería llamar "Pesadilla en la calle del infierno II"

La tele, para entretenernos, pasa varios tipos de programas con violencia. Por ejemplo, hay programas cómicos en donde los actores se agreden, se tiran mala onda, se insultan y nos reímos de eso. En las caricaturas, los personajes se cortan la cabeza o se sacan los ojos y la sangre sale como de la manguera de un bombero. Y lo vemos de lo más normal.

En los conciertos, también vemos la violencia en el escenario o la escuchamos en las letras, que a veces tienen más "piiiips", que palabras normales.

Un día, por curiosidad, cuenta todos los actos de violencia que ves y oyes en los medios. Incluye cuando una persona es sarcástica con otra o le habla golpeado, cuando se dicen groserías, cuando se falten al respeto, se hagan caras o simplemente se pasen de gandallas. Después de ver y oir eso mil veces, ¿Qué mensaje crees que se nos graba en la cabeza?

Entre más violencia vemos, poco a poco ¡nos acostumbramos! Y ni cuenta nos damos.

"¡No me contestes!..." era lo que siempre me decía mi mamá. El problema no era ése, sino que se enojaba tan fuerte que una vez me cacheteó y me dejó marcadísima la cara. No me mandó a la escuela como por una semana.

Es horrible que cada vez que tu mamá te grita y se acerca, te de tanto miedo que cierres los ojos y levantes el brazo para protegerte. Siempre me pegaba con lo que tuviera a la mano. Una vez, tenía una cuchara de las que se usan para aplastar los frijoles, y me pegó tan duro que me dejó marcados los hoyitos en el brazo.

Me daba mucha pena que me vieran los golpes.

Amanda, 18 años

En algunas casas, este tipo de violencia a los hijos se da súper seguido, o se da entre los mismos papás. Esto se llama "violencia intrafamiliar" y las hay de varios tipos: psicológia, física, emocional o sexual. Recuerda que nadie tiene derecho a maltratarte de ninguna forma.

Si en tu casa vives algún tipo de violencia, busca a un adulto de confianza y platícale. No es fácil, sin embargo hay que hacerlo para darle solución. Confía en que te va a creer.

La violencia intrafamiliar se considera un delito, que puede ser castigado con la cárcel. Tú tienes el derecho de vivir en un ambiente tranquilo. Todos lo tenemos.

Además, si de chica te acostumbras a vivir con algún tipo de violencia, de grande te parecerá de lo más normal que tu novio o tu marido te maltrate. ¡Jamás lo permitas! Ni en lo más mínimo.

Si afortunadamente no has vivido algo tan grueso como la violencia, te puede parecer increíble que unos papas torturen así a sus hijos.

Hay que comprender que por lo general estos papas a su vez fueron maltratados y no tuvieron a nadie que los ayudara; por eso no saben ni controlar ni canalizar su enojo. ¡No saben cómo! Casi siempre se trata de personas emocionalmente inestables. Muchas de ellas, por lo mismo, tienen broncas de alcohol o drogas. Cuando se sienten mal o frustrados, golpean en lugar de decir lo que sienten en forma tranquila. Podemos comprender, mas no justificar lo que hacen.

Los niños que son golpeados y no reciben apoyo, con el paso del tiempo corren el riesgo de sufrir depresiones y baja autoestima. Y lo peor es que también se pueden convertir en papás golpeadores.

Si sufres de este tipo de abuso, o conoces a alguien que lo viva, pide ayuda. Aquí te damos algunos centros a los que puedes acudir. ¡Ni la pienses!

Procuración de la defensa del menor y la familia
Xochicalco 947, México, D. F.
01 (55) 3003 2200 ext. 228

Apoyo Psicológico por Teléfono
SAPTEL 01 (55) 5259 8121

Centros de Asistencia Infantil Comunitarios (CAIC)
Congreso 20, México, D. F.
01 (55) 3003 2200 ext. 5301

Apoyo Legal por Teléfono
VICTIMATEL 01 (55) 5575 5461

Apoyo a niños/as Víctimas de Abuso Sexual
NIÑO TEL 01 (55) 5658 1111

Asociación para el Desarrollo Integral de Personas Violadas
(ADIVAC)
01 (55) 5543 4700

OTROS TELÉFONOS

¡ALERTA!

Si entiendes este mensaje, urge que leas este tema (pero si no lo entiendes... también)

●● Conversación

Cm sts? io sty pkm...
Qría dcrt q tkmmmmm, q nunk
C t olvid!
Así q Cdtm ok?

Bss xoxo

Internet

El pan de cada día...

Todo mundo está clavadísimo en internet. Seguro, de vez en cuando hasta tus papás te quieren dizque enseñar un truquito que aprendieron en su oficina. Aquí sí aplica por primera vez aquello de: "Hay papá, cuando tú vas, yo ya vengo."

La verdad es que no es cierto, el rollo de la red va más rápido de lo que sepan tus papás, tú, tus hijos y hasta tu pez beta (en caso de que tu pececito tenga mail).

Efectivamente, en internet puedes encontrar, crear, comprar, vender, intercambiar, ver, escuchar, jugar, contactar, blogear, mailear, postear, twittear (¡todo lo que termine en ...ear!) y conectar con todo el mundo. ¡Ahí está el problema!, "con todo el mundo". El rollo es que no "todo el mundo" es bueno, y hay mucha gente que utiliza este medio para aprovecharse de los demás.

Se llama red porque está conectada a millones de centrales, literalmente es una red, un tejido con múltiples conexiones, pero ahora hay que tener cuidado porque, como lo hace una red, también te puede atrapar. Así que utilízala, disfrútala, y pásala increíble, pero abre muy bien los ojos para que sepas dónde navegas.

De entrada te queremos decir algo con lo que te tienes que poner a las súper vivas. Hay unos sitios que cuando los vistitas te dicen cosas como éstas:

¿Eres una niña que te cuesta trabajo relacionarte con los demás, en especial con los del otro sexo? ¿Te sientes sola en este mundo? ¿No tienes amigas? ¿Te gustaría tenerlas? ¿Te traen de bajada y se burlan de ti? No te preocupes, haz llegado al lugar ideal. Aquí te comprendemos y te ayudaremos a relacionarte.

Se escucha inofensivo, ¿no? Pues es una trampa gruesísima hecha por un grupo mundial de pedófilos —abusadores sexuales de niños y jóvenes—, que aprovechan nuestros bajones emocionales o problemas cotidianos, circunstancias que todos en algún momento hemos vivido, para atrapar a chavos y chavas y abusar de ellos.

Si a eso le sumas que muchas niñas, efectivamente, traen la autoestima por los suelos, y se sienten solas, pues se convierten en blanco perfectos de estos patanes.

Lógicamente, al principio no te dicen que van a abusar de ti, de hecho, ni al final; ni que te van a invitar a hacer cosas que aparentan ser inocentes y que en el fondo hacen que sientas que tu corazón se encoge y no te atreverías a contárselo a nadie. Estos sitios regularmente están diseñados por psicólogos muy preparados —y muy enfermos—, que de una manera convincente y sabiendo tus puntos débiles, te dicen, por ejemplo, que con ellos vas a tener una identidad, vas a sentir que perteneces a algo, vas a tener un club de amigos, ¡y aquí viene lo grueso! Te lavan el cerebro poco a poco, con dibujitos y palabras cool, hasta que crees que relacionarte con ellos es lo mejor.

Pero no creas que esto sólo pasa en otros países. ¡Estos tipos están en todos lados! Platicando con una reconocida psicóloga de adolescentes en México, nos comentó que tiene muchísimos casos de jóvenes en esta situación. ¡Imagínate, muchas son chavas como tú!

Woow, ya se volvió a conectar dulcecita25

Cómo operan

Primero tratan de convencerte para que caigas en alguna de sus trampas disfrazada de una invitación a conocerte en algún lugar, haciéndote creer que son tus amigos.

A partir de ahí, usan tus datos personales —que diste al principio, sin la menor sospecha—, te siguen para conocer tus gustos, los lugares que visitas con frecuencia, tus amigas y demás. Poco a poco se meten en tu vida y te empiezan a insistir y a comprometer con alguna foto que te tomaron sin darte cuenta, o te amenazan con decirle a tus papás algo que no te gustaría... en fin. Es importante que sepas que para nada se ven como el malo de las caricaturas. Suelen ser gente físicamente agradables, jóvenes, te llenan de regalos y son muuuuy seductores (saben muy bien su cuento).

••• OJO, mucho ojo, osea aguas, muchas aguas.

Este tipo de "sitios" y de personas, usan símbolos para su identificación. De verdad, ¡Ten mucho cuidado!

⚠ Los triángulos hablan del gusto por los niños.
♡ Los corazones por las niñas.
🦋 Y las mariposas indican que les gustan niños y niñas.

Estos símbolos entrelazan un Triángulo grande con uno chico adentro, el grande representa al adulto y el chico al joven, y así sucesivamente.

Ten muchísimo cuidado con estos símbolos en los sitios de Internet, los collares, las pulseras, los llaveros, tatuajes, etcétera.

Es muy importante que lo sepas, para que pongas mucha atención y no te pase nada que puedas lamentar. Acuérdate de que si te sientes sin amigas o menos que los demás, todo está en ti. Checa en este libro el apartado de Autoestima, y cuídate de estos tipejos.

El rollo es que así como existen estas trampas, hay muchas otras, y diferentes situaciones donde cuando menos te imaginas estás siendo seguida o asediada por alguien, en los planes de secuestro de otros, en una red de prostitución o pornografía infantil y tú, ni en cuenta.

Efectivamente, la red es increíble y hay millones de cosas que puedes disfrutar de una manera padrísima, divertida y sana, lo único que tienes que hacer es mantener tus ojos muy abiertos y tus clicks muy cerrados para no caer en las redes de la red. (Chécate, al final de este capítulo, nuestras recomendaciones para cuando estás en línea.)

Las redes sociales (RS)

twitt

Que si Myspace, Facebook, Twitter,   , o   (pon aquí los nombres de las que estén de moda); en fin, cualquiera de las redes sociales, además de darte un servicio, te pueden ofrecer muchos beneficios, el problema es que si no te aplicas, como ya dijimos, también te pueden dar muchas broncas.

De entrada, las redes sociales nos encantan porque te sientes aceptada en un grupo social (tus mejores amigas se llaman cybergirl54, Lily_bsb, conejitapink@2011) y ni siquiera las conoces, pero bueno.

Por otro lado, te pueden dar popularidad cuando en la escuela ni siquiera te voltean a ver; si eres diferente, te da igualdad, te hace pertenecer a un grupo que no te pelaba (el nick aquí es básico), puedes decir lo que quieras mientras en la escuela no dices ni pío; en fin, hay un buen de cosas que nos seducen de las redes sociales.

Pero así como te pueden ayudar a encontrar a tu tío perdido del otro lado del mundo, o a hacer la tarea en equipo sin salir de tu casa, también te pueden desconectar del mundo real (te conviertes en zombie de celular, con eso de que ya puedes traer todo esto en los teléfonos), hacerte sentir mal porque ya no hablas físicamente con nadie: despersonalizarte (o sea que ya ni hablas con tus amigas, sólo les escribes), leer algo feo que alguien escribió de ti (y a veces hasta te lo crees), o este rollo puede hasta causar adicción (en este último caso, nada más no te vayas a querer inyectar el mouse por las venas).

En fin, el rollo es que puedes disfrutar muchísimo las RS, y el internet en general, siempre y cuando tengas cuidado y te protejas con todas las recomendaciones básicas de la red.

RBR (Recomendaciones básicas de la red

Platicamos con varios especialistas, como Javier Matuk, experto en tecnología, sobre puntos importantísimos para que estés lo mejor protegida cuando estés en línea.

- Nunca llenes cuestionarios o ningún tipo de formas de inscripción en donde des tus datos personales como dirección, teléfono, escuela, ciudad, horarios. Con sólo dar tu teléfono en línea es muy fácil encontrar tu dirección y llegar a tu casa.

- Siempre usa un nick (apodo) neutro en la red.
- Encontrarte con alguien que conociste en la red es un súper volado, mejor evítalo.
- En las redes sociales, nunca, nunca, pero nunca, digas dónde estás, dónde estarás o qué harás. Ni mandes fotos en tiempo real donde sea evidente saber dónde estás. Tipo enviar foto con un monumento muy conocido detrás de ti. Si mandas una foto, que sea un close up (toma cerrada).
- Recuerda que algunos de los "amigos" del chat y de las RS, tal vez no sean jóvenes, sino más bien adultos con muy malas intenciones. En el anonimato, cualquiera puede poner una foto de una chavita tierna de 14 años y ser un adulto inmundo y pederasta de 50.
- Muchos hackers mandan requests o invitaciones de supuestas redes sociales, solicitando que te metas a cierto link para cambiar tus datos y tu clave, ¡aguas!, alguien que ni conoces se está volando tu password.
- ¡Cuidado con los mensajes como "me voy de vacaciones con mis papás del 5 al 16 de octubre"!, eso significa, "pueden venir a robar mi casa del 5 al 16 de octubre". (Acuérdate que nunca sabes quien te sigue en tu red o está al pendiente de lo que haces, escribes o envías). Nunca contestes correos, messenger, tweets, o como se llamen, de gente que no conoces.
- No aceptes contacto con desconocidos (mucha gente los acepta para no desairarlos, o supuestamente para no quedar mal), que no te importe: ¡no hagas contacto con gente que no conoces!
- Ten mucho cuidado con las fotos que subes o que suben tus amigos de ti, te pueden causar, hasta tronar con tu novio, o acabar con tu reputación.
- No mandes fotos en donde se pueda averiguar dónde vives o tu nivel socioeconómico. No lo olvides, mucho secuestradores buscan a sus víctimas en la red.

CLICK

- Tampoco muestres cual es tu rutina diaria. Pues puede ser información muy peligrosa en contra tuya.
- Nunca le des a nadie tu password (clave), recuerda que la que es tu amiga hoy, puede no serlo mañana.
- No dejes abiertas tus cuentas en la escuela o con tus amigas, cuando menos te imaginas se meten y te publican algo que no quieres y que tú no dijiste.
- Cuando ya no uses tus cuentas, no las dejes volando en el ciberespacio, dalas de baja. Hay quien las busca y hace mal uso de ellas. (Aunque las RS tienen medio escondida esta función porque no quieren que te salgas; ahí está, búscala.)
- Nunca mandes fotos tuyas en ropa interior o semi desnuda como para jugar con tus amigas, hay sitios que interceptan estas fotos y las suben a redes de pornografía de adolescentes.
- Cuando las redes sociales te preguntan si quieres que le avisen a todos los amigos de tus amigos que ya estás dentro, diles que NO.
- Cuando entres a una RS, pon tu perfil y tu cuenta en el la privacidad más alta.

Chateo con:

Mis amigos del chat:

_____
_____
_____
_____
_____
_____
_____
_____
_____
_____
_____
_____
_____

Sigo a:

A estos sigo en el Twitter:

_____
_____
_____
_____
_____
_____
_____
_____
_____
_____
_____
_____
_____

Cómo te ven los demás

El rollo de cómo te vistes y cómo te presentas a los demás podría parecer mega superficial o súper "x", pero en realidad no es así. Es mucho más importante de lo que te imaginas. ¿Recuerdas el dicho "como te ven te tratan"? Pues aquí lo aplicaremos al revés: "Vamos a ver cómo te tratan", y por qué es así.

La primera impresión que des a los demás es básica y muy difícil de cambiar. Buena o mala, ésta se graba por mucho tiempo en la mente de la gente, tal vez para siempre. Ahora que, este punto se divide en dos: el regalo y la envoltura.

Tu imagen es un regalo con envoltura

El regalo

Imagínate que recibes un regalo con una envoltura preciosa tipo obsequio de película. ¡Guau! Al verlo, ¿qué supones que hay adentro? Algo bueno, bonito, padrísimo, ¿no? Peeero, ¿Qué tal si el mismo regalo te llega con una envoltura rota, sucia, la caja destrozada, tipo premio de feria chafa? Lo más probable es que cuando lo veas, digas: "Si así está la envoltura, ¿cómo estará el regalo?"

Sólo que, ¡sorpresa! cuando abres esa caja rota te das cuenta de que, adentro, perfectamente bien empacado, viene algo padrísimo. ¿Te lo imaginabas? ¿No, verdad? Eso mismo pasa con muchas personas: estamos llenos de valores por dentro, llenos de cualidades pero, ¿cómo lo van a saber los demás, si a veces, (o más bien siempre) nos presentamos que damos penita?

La envoltura. La imagen que proyectas como persona es tu envoltura, tu paquete. Así que cuando veas a un tipo muy galán puedes decir: "¡Qué paquetón!"

La envoltura

Una buena envoltura para nada son unas mega bubis operadas, con todo y que les pongas moño; la envoltura es la limpieza, el cuidado que pones al arreglarte, la complexión, el peso, la ropa que usas, la postura que tengas, los lentes, los zapatos, el peinado, el gloss, o sea, hasta el celular (una cosa es que esté viejito y otra que le falten tres teclas y se le salgan los cables). Finalmente, es lo que los demás ven primero. La venta de nosotros mismos comienza ahí, tú decides si te compran a la primera o te quedas mil años en la bodega hasta que estés al dos por uno.

El contenido

Es lo que eres, lo que llevas por dentro: tu personalidad, tu buena vibra, tu sonrisa, tus pensamientos, lo buena que eres para escuchar, tu entusiasmo, tu educación, tu actitud, ser buena amiga y un buen de cosas más.

Por ejemplo, ¿qué imagen das cuando llegas con un niño y hablas con puras groserías? Fíjate, hicimos una encuesta con hombres y nos comentaron que una chava así se ve insegura, parece que quiere llamar la atención y que la verdad... les da como lastimita. Pero, ¿qué tal si llegas con él y se da cuenta de que hablas bien, con seguridad e inteligencia (¡aguas!, ¡no nerd, con inteligencia!). El rollo cambia por completo.

Como ves, la imagen es muy importante porque puede mostrar lo que eres y tiene mucha influencia sobre las personas que te rodean, desde cómo te ven tus maestros hasta tus futuros suegros. Así que date tiempo y échale muchas ganas, porque la imagen es la puerta que abrimos a los demás para mostrar quiénes somos. Y si no les gusta la puerta menos van a querer conocer el departamento.

Tu imagen corporal

Tu cuerpo es parte muy importante del paquete. Es un compañero inseparable que tendrás para toda la vida, a menos de que seas medium o algo así. Cómo te sientas en él, con él, afecta muchísimo el cómo te sientas contigo misma y la actitud que tengas hacia la vida y hacia los demás.

¡Exacto! Lo que comas y cómo lo uses le afecta mucho a tu cuerpo. Sin embargo, llévatela tranquila porque los genes también cuentan. Así que, si heredaste los tobillos anchos de tu tía a la que le decían la pata de elefante, y no precisamente por lo que tomaba, las piernas flacas de tu tía abuela "la fideos", o "x" estatura, por más que le hagas, son cosas que debes aceptar y aprender a vivir con ellas.

¿Quién no quisiera estar delgada y que te entrara toda la ropa que quisieras? Pues está en tus manos ponerte a dieta, hacer ejercicio y cuidarte. Además, hay regalo con compra; te vas a dar cuenta de que cuando te esfuerzas por estar bien, sin exagerar, tu autoestima crece gruesísimo.

El espejo ve más de lo que te imaginas

¿Quién no tiene inseguridades sobre su aspecto físico? Ya sea que se trate de la estatura, las manchas, el pelo, las bubis, el sobrepeso, granitos o de plano granitos sobre granitos... en fin, el rollo es que siempre hay algo que nos preocupa y mucho.

Cuando te ves en el espejo, además de tu reflejo ves también tus pensamientos y sentimientos. Todo afecta: desde el humor en el que estás (procura no hacer este ejercicio cuando estés en tus días), lo que opinan los demás de ti, la buena o mala luz en la que te ves, lo que tu mamá te decía de niña, la bronca por la que estés pasando; es más, hasta el comentario mas mínimo de alguien, te puede hacer sentir la princesa del cuento o de plano la bruja cacle, cacle... Y de forma consciente o no, consultas tu imagen en todos lados: en el espejo, en el vidrio, en los lentes de tu mejor amiga, te tomas foto con tu celular, hasta en un charco callejero o en el papel aluminio de tu sándwich. En todos lados buscas el reflejo real o mental varias veces al día.

Algunos psicólogos dicen que hasta 33 por ciento de nuestra autoestima está directamente relacionada con nuestra imagen corporal, o sea, los galanes de Hollywood y Yordi ya tienen 33% ganado (esta broma fue pagada por el autor masculino de este libro). Esto quiere decir que el cómo te valoras está ligado a cómo crees que te ves. Y si la imagen que percibes es mala, lo más seguro es que pienses que te ves fatal.

El asunto es que para verte y aceptarte como eres, es básico aprender a mirarte objetivamente y a separar lo negativo de tus pensamientos (o lo que es lo mismo, "no te claves"). Y para esto hay que identificar algunas de las broncas de pensamiento más comunes. A ver si ubicas alguna:

PENSAMIENTO TODO O NADA

"O soy talla dos, o de plano estoy hecha una marrana." Hay que aceptar que el mundo no es blanco o negro; el mundo tiene muchos tonos. Si no te cae este veinte, con nada de lo que hagas vas a estar contenta.

MAXIMIZAR LO NEGATIVO

Cuando sólo ves los aspectos negativos, o sea, que cualquier defecto se convierte en lo que te define. "No importa si ya bajé de peso, si mi piel está mejor, si me saqué la lotería, si el galán de galanes me tira la onda, ¡no! Todavía me siento mal porque mi nariz es grande." Al ver sólo lo que no te gusta de ti, puedes ignorar todo lo bueno y bonito que tienes. Y seguro que es mucho.

PERSONALIZAR TODO

Cuando te sientes responsable o te enojas por cosas que no tienen nada que ver contigo y lo relacionas con todo. "No se sentó junto a mí, ¡chin!, seguro porque hoy me veo mal o porque mi dedo chiquito del pie está más grande que el gordo... ¡Ay, odio mi dedo chiquito!"

HACER CONCLUSIONES IRRACIONALES

"Seguro que no se ríen del chiste, se están riendo de cómo se me ven mis patas de hilo en esta mini falda." Hacer esto no sólo te enoja, sino que lo piensas tanto que tú solita logras que la gente termine viéndote las piernas y pensando que están flaquísimas.

VER TODO COMO EL PEOR DE LOS ESCENARIOS Y EXAGERAR

"Como he subido dos tallas desde las últimas vacaciones, seguro que el cinturón del avión no me va a cerrar y van a tener que cancelar el vuelo por sobrepeso. Mejor ¡no voy!"

GENERALIZAR LO NEGATIVO

Exagerar los resultados de una mala experiencia y llevarla a otras cosas que no tienen nada que ver. Por ejemplo: "Mi último novio me dijo que no le gustaban las morenas, así que lo más probable es que a la mayoría de los niños tampoco les gusten, por lo que no voy a poder tener otro novio ¡jamás! (¿y si me mudo a África?)."

Entonces, lo que pensamos, conscientemente o no, afecta cómo nos sentimos y cómo actuamos. Así que la próxima vez que te sientas cada vez peor con tu imagen, detente, trata de identificar los pensamientos negativos y piensa en todas las cosas que te gustan de ti, es más, si es necesario escríbelo en una lista. Este ejercicio funciona gruesísimo; de hecho, actualmente es la base de los cursos que toman muchos empresarios y gente exitosa, así que ... ¡HAZLO! verás cómo empiezas a sentirte mucho mejor. Sólo recuerda: cambia los pensamientos malos por buenos. ¿Te late?

Lo que un hombre observa primero en una mujer...

O lo que es lo mismo, "ya te vi"

Cuando un hombre te acaba de conocer y quiere bajarte el cielo, la luna y las estrellas, dice frases como:

CASO no. 1

ÉL: Lo primero que vi fueron tus ojos.
TÚ: (piensas) ¿A 50 metros de distancia?
Decimos "piensas", porque a pesar de que sabes perfectamente que no es cierto, prefieres quedarte con la duda pues se siente más bonito.

CASO no. 2

Estás en Cancún, con bronceado de seis días y con un súper bikini, y el niño llega y te dice: "Hola, qué bonita nariz tienes." Ay, no manches, es tan malo el comentario que da lo mismo que te diga: "Qué bonito omóplato tienes."

CASO no. 3

ÉL: ¡Hola, qué guapa estás!
TÚ: Gracias.
ÉL: Oye, ¿cómo se llama tu amiga?
(O sea, adiós, perro del mal, aquí sí aléjate y cuéntaselo a quien más confianza le tengas.)
El asunto es que para que un hombre se acerque a decir frases como éstas (no te asustes, son de las menos afortunadas), necesita haberte echado una miradita antes en la escuela o en algún centro comercial.

En la Universidad de Georgetown, Washington, se hizo un estudio sobre esto, basado en la pregunta: "¿Qué es lo que vemos de los demás en un abrir y cerrar de ojos?" Y éstos fueron los resultados:

181

LO QUE UN HOMBRE VE PRIMERO EN UNA MUJER

CUERPO
43%
YO LE VI LAS BUBIS

UYYYY VISTE SU PANZITA

¿LE VISTE LAS POMPIS?

CARA
31%
¡WOOOW! QUÉ OJAZOS

TIENE BOCA DE BESO

¿CÓMO VISTE?
26%
ESA FALDITA ¡GUAU!

LO QUE UNA MUJER VE PRIMERO EN OTRA MUJER

¿CÓMO VISTE?

43%

CUTIS

28%

CABELLO

29%

¡ASHHH! YO VI ESE VESTIDO PRIMERO

¡WOOOW! NI UN SOLO PELITO

¿DÓNDE TE PEINARON?

CON ESOS JEANS SE VE BIEN "X"

COMO POMPITA DE BEBÉ

¿QUÉ ONDA CON EL PEINADITO?

¡LA ODIO! SE VE GUAPÉRRIMA

183

LO QUE UNA MUJER VE PRIMERO EN UN HOMBRE

¿CÓMO VISTE?

30%

ME ENCANTA MUGROSITO

CARA SONRISA

21%

OJOS

25%

CUERPO

24%

CUANDO LO VI ME DESLUMBRÓ

ESOS OJITOS HIPNOTIZAN

LA CORBATA LO HACÍA VERSE ¡WOW!

GORDITO SIMPÁTICO

TIENE CARITA DE NIÑO

ME ENCANTA EL AZUL PROFUNDO

YA QUE SE CAMBIE ESOS JEANS

NO ME LATE QUE SE VEA COMO CHUAZENAIGER

Como puedes ver, los hombres se fijan primero en el cuerpo y las mujeres en lo que traes puesto.

La forma en que te vistes habla todo el tiempo de quién eres, habla de tu forma de ser, de tu ánimo, de tus gustos, y a veces hasta de si le echan cloro o no a tu ropa cuando la lavan.

Si en alguno de estos puntos no te sientes a gusto, no te preocupes, porque precisamente en este libro te vamos a ayudar a que los mejores. Recuerda: "Nunca tenemos una segunda oportunidad para causar una buena primera impresión".

El significado de los colores

Estamos seguros de que todos los días escoges con cuidado los colores que vas a usar en tu ropa, en las sombras que te pones o hasta el color de bolsita de maquillajes, todo según el clima, la moda y tu estado de ánimo. Esto a muchos hombres les puede parecer exagerado. Dales chance, finalmente son hombres y no se preocupan por pintarse la cara. Ahora que si tu novio sí se preocupa por eso, entonces más bien preocúpate tú.

Los colores significan mucho más de lo que te imaginas. Desde que nos despierta el horrible sonido del despertador estamos rodeados de colores y éstos nos influyen. Por ejemplo, si llegaste tarde, tu jefa está roja de coraje; si sacas malas calificaciones te las vas a ver negras, pero cuando te preguntó tu papá por qué llegaste tarde, te quedaste en blanco y si tu hermano tiene hepatitis lo vas a ver amarillo. Ya en serio, el color encierra más misterio del que tenemos idea. Los colores, así como el clima y cuando truenas con tu novio, te afectan emocional y físicamente.

¿Con qué asociamos los colores?

AZUL

Es el símbolo del agua en reposo; es el color del cielo y del mar, se asocia con lealtad, sabiduría y espiritualidad. El azul es el color favorito de la mayoría de la gente. Si te quieres ver tierna, inspirar confianza y sensibilidad, usa azul claro. ¡Claro, cómo no se te había ocurrido! El azul reduce la presión cardiaca, el pulso, la temperatura, la tensión muscular y hasta la actividad hormonal, así que si estás en una fiesta y ves a un niño que te vuelve loca pero tiene novia, sólo piensa y repite: azul, azul, azul. También úsalo cuando vayas a que tus papás te firmen las calificaciones para que su pulso y tono muscular se relajen (ahora que si tronaste dos extraordinarios , más bien te van a poner morada).

Por otro lado si te vas vestida de azul desde los zapatos hasta el moño, sabes lo que significa: pues que te gusta mucho el azul y punto.

NARANJA

El color naranja te da hambre y lo podemos ver como ejemplo en muchas taquerías grandes que ocupan este color para que te comas dos taquitos extra.

Expresa fuerza, energía, velocidad. Es el color del amor y la pasión. Si es tu favorito, eres una chava muy dinámica, apasionada y que le gusta llamar la atención.

El rojo sube la temperatura del cuerpo, acelera nuestro ritmo cardiaco y eleva la actividad hormonal.

Psicológicamente el rojo es excitante, alarmante. Por eso se usa en los semáforos para marcar el alto, ya que ocasiona una respuesta de cuatro décimas de segundo más rápida que otros colores.

También por eso en la mayoría de las películas y los comerciales sexys visten a las modelos de rojo; y las dos marcas más grandes del mundo, Coca-Cola y Marlboro, tienen su logotipo en rojo.

No lo uses cuando vayas a conocer a tus suegros, ni si te meten a un ruedo a torear.

El rojo atrae a los hombres, si te vistes de rojo no habrá un solo niño que no voltee a verte, así que ¡aguas! porque si estás pasada de peso todos van a voltear y tú no querrás parecer esfera de navidad.

ROSA

Es el color de la intuición. Cuando pintaron de rosa chicle las paredes de una cárcel, los reos agresivos se calmaron rápidamente. Las amantes del rosa aman la vida, son tiernas y cariñosas. En el idioma de los hombres eso se llama cursi.

AMARILLO

Es símbolo de luz y alegría. Las personas que lo usan son activas, desinhibidas, muy alegres y optimistas. Es la mejor opción para levantarte el ánimo, en especial en los días nublados. Si organizas una fiesta y todo mundo está de flojera, échales una cubeta de pintura amarilla a todos en la cabeza, seguro se pone mejor el ambiente; si no, por lo menos se van a ir.

El amarillo también repele a los mosquitos, así que si te empiezan a ligar una bola de tipos medio feos nada más ponte una blusa amarilla; pero si de plano están nefastos, ponte también los pantalones del mismo color.

NEGRO

Es el final, la negación del color. Cuando lo usas te puedes ver formal, sofisticada, misteriosa y fuerte. Excelente para combinar con cualquier color. Súper elegante. Cuando no tengas idea de qué ponerte en una noche importante el negro no tiene pierde. Cuando no tengas qué ponerte en un momento de pasión, no te preocupes, ponte, ponte... ¡no te pongas nada! No, ya en serio, quien usa el negro todos los días muestra ser rebelde contra todo lo establecido. Tampoco te claves.

GRIS

Súper "x". Un color neutro del que nadie se acordará cuando te lo pongas. Si quieres ligarte a alguien o estás en una "cita" romántica, no lo uses; no le vas a inspirar nada a tu galán, capaz que hasta te deja en el antro y no se va a dar ni cuenta.

VERDE

Es el símbolo de la naturaleza, tranquiliza y relaja los nervios. Si tu novio está muy nerviosito, ponte una blusa verde. La gente que lo usa suele tener alta autoestima, es analítica, crítica y lógica, también necia y se resiste al cambio.

MORADO y LILA

Invita a soñar. Es el favorito de los niños chiquitos, refleja que el mundo para ellos es todavía un lugar mágico. Es imaginativo, sensible, intuitivo y original. A quien le gusta y usa este color quiere alcanzar una relación mágica. Busca hechizar y fascinar a los demás (creemos que es el color favorito de David Copperfield, Criss Angel y el mago Frank).

BLANCO

Es como una página nueva, como los rayos del sol. La gente que lo usa refleja paz, salud y vida; se ve pura, limpia y fresca, e inspira confianza. Por eso los médicos se visten de blanco. También el blanco... el blanco... se ensucia mucho.

Así que ya sabes de qué color puedes pintar tu cuarto o de plano a tu novio.

¿Qué colores me quedan?

Cuántas veces te han dicho: "¡Qué bien te ves! ¿Qué te hiciste?", y tú piensas: "Pues qué raro porque no me hice nada en especial." Pero te ves en el espejo, te gusta lo que ves y dices: "Pues sí, la verdad, hoy sí estoy guapa." También hay otros días en los que, como que no quiere la cosa, te preguntan: "Oye, ¿estás cansada?, ¿te desvelaste?", o "¿estás malita?"; acuérdate de que "¿estás malita?" es prima de: "Te ves fea."

Cuando quieres verte mejor te peinas, te acomodas la blusa, te vuelves a maquillar, te pones perfume; en fin, te cuelgas hasta el perico y te das cuenta de que el maleficio no desaparece. Y lo peor es que sin estarlo, luces igual de cansada. ¿Por?

Como te ves te sientes, y como te sientes te ves. ¿Sabes cuál es el secreto? Lo que hemos dicho: el color. Por sencillo que parezca, el color de la ropa que usas puede ser la diferencia entre verte súper guapa o súper "x". A veces, por instinto, te das cuenta de que con ciertos tonos te ves mejor que con otros. Otras veces, por más cara o moderna que sea la ropa, el color es precisamente lo que hace que se te vea del nabo.

Si te fijas, el color es el elemento más importante, ya sea en la ropa, en la decoración de un cuarto o en la envoltura de un galán; o sea, la ropa que trae el bombón que te gusta.

Existe un método científico para saber cuáles son los colores que te van. Conocerlos te ayudará a verte mejor, proyectarte con mayor confianza y, por lo tanto, a sentirte mejor.

La naturaleza es tu mejor guía, no se equivoca. ¿Has notado la combinación perfecta de las flores y de los animales, y cómo el mundo cambia su colorido cuatro veces al año en perfecta armonía? En otoño vemos los tonos ocres, verdes secos y dorados, mientras que en primavera son puros colores vivos, los típicos de "me ves, porque me ves". También los genes hacen que nuestro color de piel, de ojos y de cabello, combinen súper bien. Tampoco en esto se equivoca la naturaleza.

¿Eres cálida o fría?

Los colores se dividen en cálidos y fríos. Los fríos son los tonos que tienen como base el azul. Los cálidos son los que tienen como base el amarillo. Igualmente, tu piel tiene tonos que combinan mejor con los colores cálidos o con los fríos. Por eso, cuando le atinas todo mundo te dice o piensa: "¡Guau! Es tu noche." Ahora que si eres blanca blanca, casi transparente, no te preocupes: combinas con todo.

POR EJEMPLO

CÁLIDOS	FRÍOS
VERDE PERICO ROJO CORAL CAFÉ CANELA BLANCO MARFIL NARANJA	VERDE BANDERA ROJO CEREZA CAFÉ CHOCOLATE BLANCO NIEVE ROSA FUERTE

La única diferencia entre estos colores es que en su mezcla tienen más azul o amarillo. Son como Romeo y Julieta; o sea, sólo se pueden casar con los de su misma familia. Fríos con fríos y cálidos con cálidos.

Tu piel se ve súper bien con una de las dos familias. Para saber si es con los cálidos o con los fríos observa el tono de tu piel bajo la luz natural. Pon la parte interna de tu muñeca sobre una superficie blanca para encontrar el tono. ¿Qué tonos tiene? ¿Beige, rosa, azulado, oliváceo, (tonos fríos) o tono marfil, dorado (tonos cálidos)? Si tienes dudas, compárala con el tono de piel de otros, y si sigues sin ver bien la diferencia, entonces olvídate de este rollo y mejor ve al oftalmólogo, lo que necesitas son unos lentes.

Ahora, ponte frente al espejo, toma prendas o pedazos de tela en los colores que te mencionamos arriba y ponlos debajo de tu cara. Compara cómo se ve tu piel con unas y con otras. Pídele a alguien que te ayude con el diagnóstico. Si tienes el pelo pintado cúbrelo con un pañuelo o trapo blanco; ahora que, si te ves mejor con el trapo en la cabeza, entonces sí, ni cómo ayudarte.

AHORA PREGÚNTATE:

- ¿Te bronceas rápido en tonos dorados y el color te dura varias semanas? Tu piel es cálida.
- ¿Tu piel es sensible y tarda varios días para llegar a tomar un ligero color? Tu piel es cálida.
- ¿Te bronceas paulatinamente en tonos café y el color te dura poco? Tu piel es fría.
- ¿Tu piel es muy sensible al sol, se pone roja de volada y no llegas a broncearte bien nunca? Tu piel es fría.
- ¿Tu piel tiene un color verde tipo salón de clases? Vete a la playa y hazte un favorcito.

En fin, una vez que ubiques si tu piel es cálida o fría trata de copiar los colores que ves en la naturaleza durante las épocas de frío y de calor; sólo que iaguas!, no vayas a verte tan natural que los pajaritos quieran dejarte un recuerdito.

¿Qué color le queda a tu piel?

Si tu piel es de tonos fríos te quedan los colores brillantes, fuertes e intensos como fucsia, verde bandera, azul añil, negro, blanco, o muy claritos como si fueran los de una paleta helada. Te van los tonos azulados, grisáceos, rosas, perla, magenta, uva, etcétera.

Si tu piel es cálida te quedan los tonos oro, naranja, verde ocre, musgo, rojo canela, amarillo, menta, crema, verde limón, café o marfil, entre otros.

Un día haz la prueba de usar cerca de la cara algún color cálido y otro día un color frío; más rápido que de inmediato vas a ver lo que te dice todo mundo.

Si tienes duda, hay varias clínicas de belleza en donde analizan tus colores de manera profesional. Esto te va a servir para siempre. Te sugerimos que vayas a una ya que la diferencia en cómo te ves será ¡enorme! Y no sólo te verás mejor sino que te vas a sentir más segura y atractiva.

TLAPALERÍA
LOS ESPECIALISTAS DEL COLOR

PRECIOSA CON LOS TONOS DE SUS CACHETES EL VERDE PISTACHE LE VA DE LUJO.

¿Qué onda con las marcas?

¿Conoces a alguien que pague un precio estúpido por una blusa con la marca visible en un tamaño más grande que la misma blusa, sólo para que todo el mundo se dé cuenta y de paso noten que es medio payasa? O sea, ¿hello? Hay bolsas de vil plástico de colores que sólo por traer el apellido del diseñador o sus iniciales cuestan mucho dinero. Si te llamas "Lupita Pérez" ponle LP a tu bolsa con un marcador rojo y ahórrate como 9980 pesos.

En serio, está gruesísimo; hay personas que dan su vida por entender la teoría de la evolución de Darwin y otras por unos lentes Chanel. ¿Qué onda?

¿Por qué pasa esto? ¿Es un logro de marketing? ¿Le pega a nuestro sentido de pertenencia? ¿Nos hemos convertido en víctimas de la moda? ¿Nos falta identidad? ¿Hay muchos tianguis con copias pirata por nuestra casa? ¿Por qué se ha complicado tanto el mundo que tenemos que esmerarnos para pertenecer y sentirnos exitosos? ¿De qué marca es el calzado del Gato con Botas?

El materialismo de nuestra cultura está cada vez más grueso. Parece ser que al tener ropa y cosas caras tenemos una varita mágica que, con sólo moverla, nos convierte más en *winners* que en *losers*. Para algunos, la presión social por tener más y más objetos de marca es muy fuerte. Hoy, el rollo de tener cosas materiales más padres que las de tus amigas parece que en lugar de ser un asunto de estatus es de supervivencia. ¿Por qué?

La bronca principal es que muchas veces ni nosotros mismos sabemos quiénes somos y ahí es donde las marcas nos dan con todo. Como lo que buscan los fabricantes es vender, tienen bien definido cómo es su marca y qué estilo de niña debe usarla (algo que es inventado, pero lo ponen súper bonito en los comerciales), entonces nos la creemos completita y pensamos que con tal o cual marca ya somos importantes, gente nice y mega cool, y si no tienes para comprarte "x" bolsa carísima, vas y compras en un tianguis una bolsa sin un ojo, o sea, pirata.

En fin, te sientes como que tienes que usar tal o cual cosa para ser popular y ser aceptada con tus amigos o amigas. ¡No te dejes manipular! Ahora, que si las usas simplemente porque te gustan, no está mal, simplemente ¡no exageres con las marcas!

Cuando una niña está repleta de marcas se ve cargada, insegura, de mal gusto y de flojera.

Además, qué horrible que estés tan alejada de ti misma que necesites que alguien te diga quién eres y cuánto vales sólo por un logotipo, y si no, ¡no eres nadie! No caigas en la trampa.

Haz que las personas admiren lo que eres, no lo que usas.

¿Necesito mucho dinero para vestirme bien?

Muchas personas piensan que para vestirse bien tienen que tener el presupuesto de la princesa Carolina de Mónaco, o ya muy fregado, el de la princesa Caramelo (no es cierto). Con los tips que te vamos a dar y un poco de imaginación y creatividad no tienes bronca.

✖ No uses más de tres colores al mismo tiempo; si te pones más, puedes parecer payasito de circo o chupirul.

✚ Repite siempre un color; es decir, si tu falda tiene estampados de varios colores pues que tus zapatos, tu blusa o tu cinturón, el listón del pelo o una mascadita al cuello, lo repitan.

✖ No te pongas más de siete accesorios. Los accesorios son padres porque dan un toque moderno a lo que te pongas y reflejan mucho de tu personalidad, pero no exageres porque parecerá que se te perdió la fiesta o de plano que eres la piñata. Todo lo que sea pequeño cuenta como accesorio: aretes, pulseras, collar, medalla, cadenita, anillos, cinturón, mascada y demás. Si te pones varios collares diferentes a la misma altura, cuentan como uno; si uno está cerca de la garganta y otro a la mitad del pecho, cuentan como dos accesorios; si el de la garganta está muy apretado, ¡ojo!, te está ahorcando.

✖ No uses más de siete materiales; es decir, la piel de tus zapatos cuenta como uno; los calcetines, dos; la tela de los pantalones, tres; la tela de tu blusa, cuatro; el suéter, cinco; un cinturón de moda y de otro color o textura que los zapatos, cuenta. Si es del mismo material que los zapatos, no cuenta, etcétera.

○ Dime a qué hueles y te diré quién eres

¿Alguna vez te has enamorado de algún niño simplemente por su olor? ¿Has entrado a alguna perfumería y pides oler todas las muestras de las lociones y perfumes que hay? Parece como una galería de ex novios, conforme hueles una y otra te acuerdas de:

(Esperamos que el "qué rico" sea únicamente por el olor.) También los olores te hacen recordar lugares y situaciones, como:

● Olor de "Miguelito" en polvo con "Miguelito" de agua = recreo.

- Plastilina = kinder.
- Olor de mole de olla o chicharrón en salsa verde = ¡ash!, reunión familiar en casa de los abuelitos.
- Un olorcito especial te recuerda la casa de una amiga, las vacaciones en algún lugar o en el peor de los casos, al compañero que se sentaba a tu lado en clase, y que olía tan mal que no sólo era dañino para la salud, sino también para el medio ambiente.

mmmm,
Huele a
pan

El olor de una persona es tan importante, que si huele mal o le ruge la boca de plano te olvidas de lo bueno que pueda tener. Todo mundo comenta el asunto, y de hecho el convivir con esta persona se convierte en algo ¡tan incómodo! que prefieres evitar su linda presencia.
Además, por medio del olfato podemos conocer datos de la personalidad.

¿Qué tal cuando alguien huele bien, fresco y limpio? Te dan más ganas de estar con esta persona, y sin darte cuenta te relacionas mejor con ella.

Observa: si la loción de alguien huele a verde fresco, ligero, significa que es una persona que le gusta estar en exteriores, que probablemente es atlética o deportista (ahora que, si es medio cochina, probablemente se le cayó el frasco de loción de algún amigo).

Si el olor es muy seco, tipo maderas y musk, refleja a una persona sofisticada, calculadora y práctica.

A poco no cuando buscas acordarte de alguien que te gusta o que quieres (novio, galán, free o mascota), te acuerdas de su olor.

Es típico que cierras la puerta de tu cuarto y buscas el suéter del susodicho, su reloj o cualquier cosa que tenga su olor. ¡Mmm!

No es pura casualidad. La memoria olfativa es muy fuerte y está grueso que se borre.

Así que cuando le mandas a un novio una cartita con el olor de tu perfume, no es ninguna cursilería, al contrario; puedes estar segura de que cada vez que perciba ese olor se va a acordar de ti.

Muchas veces no sabemos por qué rechazamos a alguien o por qué nos rechazan; con frecuencia, es el olor que despide la persona o que despedimos nosotros.

Ahora, tampoco exageres, no te vacíes el frasco del perfume porque entonces sí vas a atraer... pero a las abejas.

Otro detallito muy importante es que los olores estimulan al hipotálamo, el cual está en comunicación con las glándulas sexuales que generan las feromonas y con las cuales atraemos al sexo opuesto.

Como ves, son muchas las razones por las que es básico cuidar tu olor. Influye mucho en ti y en cómo te perciben los demás. Así que, la próxima vez que estés con unas amigas y alguna diga: "Aquí hay algo que no me huele bien", esperamos que ese "algo," ¡no seas tú!

Tu cuerpo habla

Cuando caminas

Puedes ser la niña más bonita del mundo y traer un vestido padrísimo, pero si caminas jorobada o con flojera de nada sirve. Sólo fíjate en las modelos de pasarela cuando presentan una colección, quizá llevan unos trapos horrendos o rarísimos, pero si los portan bien se les ven hasta bonitos. Así que, como si fueras un títere y alguien desde arriba te jalara del centro de la cabeza, párate derecha, relaja los hombros, contrae el estómago e imagínate una red de ligas verticales que conectan tu tórax con tu cadera. Esas ligas siempre deben estar estiradas. Vas a ver cómo de inmediato te ves más alta y delgada (por supuesto este ejercicio jamás se lo recomendaron al jorobado de Notre Dame).

Siéntete
¡GUAU!

La mente juega un papel muy importante. Si te sientes la mujer más guapa sobre la Tierra, sin duda lo eres. Jamás entres a un lugar sintiéndote fea, gorda o chaparra porque así te vas a ver. Al contrario, siéntete como Miss Universo siempre (nada más no llegues en traje regional).

Al dar el paso camina con un pie enfrente del otro, y al hacerlo debes rozar un poco las dos rodillas. Contrae el estomago y ve hacia el frente, nunca al piso.

Cuando camines imagínate que lo haces dentro de una hilera de mosaicos de 20 x 20 centímetros, de esos que se ponen en la cocina o en los pasillos. Procura no salirte de la raya como cuando jugabas de chica (el pasito de Michael Jackson, hacia atrás, no sirve de nada aunque tampoco te salgas de la raya).

Como esta forma de caminar va a ser nueva para ti mejor te sugerimos que practiques en casa hasta para ir por un vaso de leche a la cocina; no vayas a darte un "ranazo" enfrente de una bola de galanes, y qué buen oso.

Es normal que quieras sentarte súper cómoda, sólo que en la casa del niño o en lugares públicos no debes sentarte como lo haces en la última hora de clases. Aunque los sillones chaparros, profundos y pachoncitos son muy cómodos, son los más difíciles para sentarse bien. Antes de sentarte en ellos registra con la pantorrilla la altura del sillón. Esto te lo comentamos para que no te tome por sorpresa y al sentarte no lo hagas toda desparramada para que no les des a todos una panorámica tan buena que a la siguiente ocasión que vayas a esa casa te quieran sentar en el "silloncito del show".

Te sugerimos que te sientes primero en la orilla del sillón. Ahí dejas tu bolsa o lo que lleves, ya sea en el piso o en una mesa. Después te empujas hasta atrás del sillón (si llegas), y si deseas cruzar la pierna crúzala al mismo lado; no como en una "v", sino como dos rayas paralelas (//). Ahora que si pones las piernas así "$", felicidades, tienes una elasticidad increíble.

Cuando te levantes no lo intentes desde el fondo del sillón porque te vas a ver tan femenina como borracho de cantina. Mejor regresa empujándote a la orilla, ahí recoges tu bolsa y con un esfuerzo de las piernas te levantas derechita.

SIÉNTATE
COMO REINA

Tips para las fotos

Si te van a tomar una foto y quieres salir delgada (aunque no lo estés), es importante que te pares con tu cuerpo ligeramente inclinado hacia adelante, como si te estuvieras asomando a ver algo. La lente ubica tu cara y pies en primer plano y tu cuerpo en segundo, lo que da la ilusión óptica de verte delgada. Por el contrario, si te paras derecha sacando la panza vas a salir como embarazada. Así que ya sabes...

Aretes, tatuajes, piercings

Y todos esos detallitos que hacen que tu papá no te dirija la palabra.

El asunto de que te pongan tus aretitos de bolita dorada cuando naciste, ya se quedó muy atrás con todas las cosas nuevas que existen. Por ejemplo, el rollo de el body piercing, también conocido como las famosas "perfos", cada vez lo encuentras en más gente. No conformes con los orificios que tenemos en el cuerpecito —algunos más escondidos que otros— mucha gente busca hacerse un hoyito extra para colgarse algo: los típicos aretes, joyería, balines, ganchos para colgar su ropa y demás.

Los piercings se ponen en el cuerpo desde hace siglos —quizá tu abuelita tenía uno y jamás te lo enseñó. Ahora se ponen en cejas, labios, lengua, orejas, cintura baja, ombligo, mejillas, pezones ioouch! y genitales imega oouuuch!

También existen… expansiones, que consisten en estirar la piel y dejarte un hoyo tipo cañón del sumidero. Y los implantes que son algo mucho más heavy, son piezas de plástico biocompatible (teflón), que te introducen en la piel para hacer formas, prácticamente es como tener figuritas de colección, pero debajo de la piel.

Por otro lado, están los tatuajes. Originalmente, hace mil años, se tatuaba a los ladrones, asesinos y demás "chuladas" que metían a la cárcel, para identificarlos para siempre. Y como antes no había rayo láser para quitárselos, pues ahora sí que los marcaban como producto del súper con código de barras.

Hoy en día —y en noche también— la gente que los usa, lo hacen, como un rollo muy personal para ser diferentes y no parecerse a los demás. Es como una forma de decirle al mundo quiénes son, de dónde vienen a qué grupo pertenecen, o de plano qué tan "borregos" o "heavys" son.

De hecho, para algunos, los tatuajes y piercings se consideran una forma de arte en el cuerpo, en la que los tatuadores llegan a ser unos verdaderos artistas; los cuales tienen tendencias tipo Picasso y Frida Kahlo, porque pican y calan.

El rollo es que, aunque puede estar de moda, verse cool y mucha gente los usa, para muchas personas todavía tiene una connotación medio feíta. Piensan que la gente que usa este tipo de adornos —que no son precisamente navideños—, son personas rebeldes, violentas, depresivas o de plano que se meten de todo.

Lógicamente esto te puede causar broncas con tus papás, con los papás de tus amigas, en la escuela, con tus suegros —a menos que tu suegro toque la batería en un grupo de rock progresivo— y te pueden hasta negar un trabajo por esto. ¡Ojo! Es para siempre.

Si decides ponerte una decoración permanente y lo haces en un lugar con la higiene y profesionalismo necesarios, no debes de tener ningún problema de salud. Las perforaciones terminan por cerrarse cuando te quitas la pieza. También, algunos tattoos y piercings chicos, en lugares estratégicos, pueden no notarse mucho y evitarte cualquier bronca. Muchas chavas se lo ponen en la espalda baja, muy, muy baja, en el ombligo (aunque lo tengan saltón), en el tobillo, o arribita de una tanguita de cinco para la una (según las manecillas del reloj). Cuando el tatuaje está en esta zona parece, más que adorno, señalización de carretera "curvas peligrosas".

PRECAUCIÓN
EN CASO DE QUE DECIDAS QUE SIEMPRE "SÍ"

El rollo es que tienes que evaluar muy bien si te lo vas a poner sólo por locura con tus amigas o novio, o si verdaderamente estás convencida. En caso de que decidas que sí, te recomendamos lo siguiente:

- Platícalo con tus papás antes de ponértelo. Diles las razones por las que te latería hacerlo... A ver si los convences. Seguro se van a enojar, y más si un día llegas con el trabajito ya hecho.
- No dejes que nadie te presione, hazlo porque estás convencida y no porque estás súper-hiper-ultra-mega enamorada. No lo decidas cuando estás emocionalmente alterada o durante una súper jarra, así de "nos acabamos esta botella y nos hacemos todas un tattoo para festejar la pijamada, ¿va?"
- Asegúrate de que quien te lo haga sea un profesional. Al decir profesional nos referimos a que esterilice el equipo en autoclave (esterilizador con base en vapor y presión),

que las agujas estén cerradas y nuevas. Que se lave las manos antes de empezar y use guantes esterilizados. Que tire la tinta que quede después de cada paciente, y que use tinta vegetal, no como la de las plumas de escribir. El profesional te da instrucciones escritas sobre lo que tienes que hacer después del tatuaje. Por último, y muy importante, que tenga un permiso de la Secretaría de Salud colgado y a la vista. Sólo los profesionales se registran. Y, más profesional es si rechaza hacértelo si tienes menos de 18 años.

- Usa joyería de acero inoxidable, oro de 14 K, o titanio. Evita cualquier cosa que tenga níquel (ahora te das cuenta para qué sirve aprenderse la tabla periódica de los elementos en química).

- No vayas a visitar a tu abuelita, puedes provocarle un paro cardiaco, o en su defecto, "envidia", y al rato imagínatela con dos arracadas en la nariz.

RIESGOS

- Como te pican la piel, las dos formas de arte en el cuerpo te pueden causar una infección, aun cuando seguiste todos los cuidados. Esto se nota si la piel se inflama, se pone roja o te duele.

- Puedes tener una reacción alérgica, formar una cicatriz queloide (de esas que se ven como gusano).

- Sólo puedes donar sangre un año después de habértelo hecho.

- Puedes contraer tétano, hepatitis B y C, y sida. ¡Checa bien la higiene!

- Si te pones un arete en la lengua, puede ser que un día te lo tragues.

- Si te pones un piercing en los genitales y llegas a tener relaciones sexuales, el condón de tu pareja se puede romper más fácil.

No pienses que si tomas alcohol antes, te duele menos. Es pésima idea, el alcohol y las drogas hacen que sangres más y pueden arruinar el diseño del tatuaje.

DOLORÓ METRO

CHECA CUÁNTO DUELE CADA UNO

★ ENTRE MÁS ESTRELLITAS MÁS TE VA A DOLER ★

NO DIGAS QUE NO TE LO ADVERTIMOS

PIERCING		TATUAJE	
CEJA		BRAZO	
LENGUA		ESPALDA	
LABIO		TOBILLO	
OMBLIGO		MUÑECA	
NARIZ		MANOS	
GENITALES		CODO	
PEZÓN		CUELLO	

LA OREJA NI LA METIMOS, PORQUE SEGURO YA SABES DE ESO.

SI LO HACES EN EL CUELLO DE OTRA PERSONA, BÁJALO A 1

OJALÁ Y HUBIERA UN POSTERCITO DE ESTOS AFUERA DE LA TIENDITA DE TATUAJES

Si estás convencida, fíjate en todo lo anterior. Si no te sientes muy segura, el asunto puede esperar. Piensa bien las cosas antes de hacer algo definitivo. Aunque como dijimos, el hoyito con el tiempo se cierra y el dibujo te lo pueden quitar con láser, mucho ojo, la piel siempre queda rara. Sin olvidar que también duele, y no es barato.

Tu imagen interior

A veces te sientes menos que los demás

Autoestima

¿Cómo te sientes cuando ves una bolita de amigas platicando y en el momento en que te acercas se callan? Inmediatamente piensas que estaban hablando de ti, ¿no?

¿Qué tal cuando no te invitan a una fiesta? Haces como que no te importa, pero casi siempre te preguntas: "¿Por qué no me invitaron?, ¿qué tengo?, ¿por qué no les caigo bien?" Te sientes poca cosa.

Cuando escuchas la palabra autoestima suena como a plática de flojerita en la escuela. La verdad es que cuando leas lo que es vas a querer saber mucho más de ella.

Para estar bien enterada

Autoestima es el valor, la confianza, el cariño que te das a ti misma. Prácticamente es cuánto crees en ti, sin importar lo que suceda a tu alrededor. Por otro lado, andar por el mundo sintiéndote la gran cosa no es sinónimo de alta autoestima (es sinónimo de ser medio mamila). ¿Te ha pasado que muchas veces sientes que tu novio, papás, amigos o jefes no te aceptan o no te quieren lo suficiente? Pues te tenemos una noticia: eso pasa cuando no te aceptas.

La etiqueta que te pones será la que los demás lean en ti: si te sientes segura, te ves segura; si te sientes fea, te ves fea.

Si crees en ti, los demás creerán en ti. Si te caes bien, le caerás bien a los demás. Te podríamos decir que la autoestima casi casi se puede oler.

Tener baja autoestima genera un buen de broncas, desde sentirte fuera de lugar o inconforme contigo misma hasta problemas más fuertes como alcoholismo, depresión, bulimia, anorexia y algo mucho más grueso como el suicidio.

Cuando tu autoestima está alta todo tu mundo mejora: las relaciones con tus amigas, con tus maestros y, por supuesto, con tus galanes. En la escuela te va mejor y te conviertes en una niña más atractiva.

¿Te contamos un secreto? Muchísimas personas, más de las que te imaginas, tienen baja autoestima. En la adolescencia pasa mucho porque entras prácticamente a un mundo nuevo y puedes sentir que no tienes las herramientas suficientes para enfrentarlo. Pero no te preocupes: aquí te daremos unos tips para elevar la autoestima.

¿Dónde se genera la baja autoestima?

El rollo empieza desde niña, en tu casa: lo que tus papás o algún adulto te diga, ya sea positivo o negativo, influye mucho en la imagen que tienes de ti hoy en día.
Si te dijeron frases como:

iAy! Que mejor lo haga tu hermana/o.

iAprende de tu prima!

No, tú no lo sabes hacer.

Tú no puedes.

Hay, iqué burra! iQué lenta eres!

SI TE DIJERAN FRASES COMO ESTAS...

No seas tonta.

iQué buena eres para hacer esto!

Te felicito, eres muy linda y responsable.

Tú sí puedes.

Qué lista, qué inteligente.

O POR EL CONTRARIO FRASES COMO ESTAS...

Naciste con estrella.

Son frases que, aunque a lo mejor ya no te acuerdes de ellas, se graban y se acumulan en el disco duro de tu inconsciente y están ahí, listas para salir cuando menos o más las necesitas. Por ejemplo, un día estás en la escuela o inclusive en un trabajo y preguntan: "¿Quien quiere ser la encargada de este proyecto?", y tú empiezas a levantar la mano, pero a la mitad del trayecto, recuerdas cosas que te han dicho o que tú te has dicho: "No, tú no lo sabes hacer", "no seas tonta", "iAy! que mejor lo haga tu hermana", y bajas la mano, bajas la confianza que tenías en ti por algo que no es verdad, pero que traes hace mucho tiempo en el inconsciente.

Por supuesto, muchos papás, para bien o para mal, dicen este tipo de frases sin saber la importancia que tendrán en el futuro. Además, hay que comprenderlos porque ¡tienen tantas cosas que cuidar en tu educación y formación!, que es lógico que a veces se equivoquen. Lo único que ellos quieren es lo mejor para ti. Así que ni de broma vayas a reclamarles porque nada más los vas a hacer sentir mal por algo que hicieron sin mala intención.

BRÍNCATE A LA PAG. 246

Al tener contacto con la sociedad: desde el kínder, donde le dabas de comer a los conejitos, hasta el salón de belleza o en la maestría con más prestigio, hay riesgo de enfrentar situaciones que afecten tu autoestima.

ALGUNOS EJEMPLOS:

¿Te ha pasado que cuando oyes a un grupo de personas platicar de un cierto tema y tú quieres participar, esperas a que la última persona deje de hablar para contar tu súper anécdota? Y cuando empiezas: "Pues fíjate que el otro día...", nadie te escucha y alguien más toma la palabra, de volada piensas: "No pasa nada, ahora que acabe de hablar esta chava lo digo." Vuelves a intentar y la historia se repite. Entonces, subes el volumen de voz, te paras más derecha y hay quien hasta levanta la mano para pedir la palabra como en la escuela, así de: "Can I go to the bathroom?", pero nunca te hacen caso. La realidad es que tu autoestima en esos momentos se va al sótano, ¿no? Creo que a todos nos ha pasado.

Un niño te invita a salir, se la pasan padrísimo (de hecho sientes que el tipín babea por ti), y al otro día de repente el niño no te vuelve a llamar. Lo primero que piensas es: "¿Qué hice mal?" ¿Te fijas? Tu primera reacción es culparte en lugar de pensar en otras opciones como:

	Qué tonto, no pudo conocerme.	Soy mucha mujer para él.
Este chavo no se da cuenta de lo que valgo.		
	Él se lo pierde.	Se fue de viaje.

¿Sabes qué? Tú no confías en ti; crees que no te habló porque le caíste mal, tu escote no estaba muy participativo o porque no te combinaba la bolsa con los zapatos. No pienses eso.

Las características físicas

Este punto es de los que más duro nos pega en la autoestima. Cuando vemos a alguien que tiene alguna característica física que llama la atención a la mayoría nos gusta bromear y decir cosas como: "No es que Laura sea fea, simplemente es varonil," "No, Jorge no está gordito, más bien es un tinaco."

Cualquier cosa puede afectar negativamente nuestra autoestima; por ejemplo, alguna característica física que, según nosotros, es diferente o especial (gordos, muy flacos, altos, muy blancos, muy morenos, con orejas chicas, con narices de alcanza queso o con problemas de acné).

¿Sabías que hasta la gente que todos podríamos identificar como muy guapa, se puede sentir horrible y diferente? Ese sentimiento nada tiene que ver con su físico, sino más bien con su autoestima.

Si tu baja autoestima es por tus características físicas, hay algunas que puedes cambiar, como el sobrepeso, el acné, la celulitis y demás (en casos como la obesidad, algunas veces por más ganas que le echas, tu cuerpo tiene una genética que no te permite bajar como quisieras). Y es cierto, hay otras que no puedes cambiar: si eres alta, baja, morena o blanca. Punto. ¡Así eres! Nadie cambia (bueno con excepción de Michael Jackson, pero ve nada más como quedó). Mejor hazte amiga de tus características y aprende a vivir con ellas. Son parte de ti, con ellas naciste, con ellas te vas a morir; siéntete orgullosa de ellas porque es lo que te hace ser única e irrepetible. No quieras tener la cara de "x" actriz famosa o el cuerpo de tal otra. Son tan pocas las modelos y galanes tipo Hollywood "auténticas", que inclusive te sabes su nombre (y si eres medio chismosita, hasta si se están divorciando o cómo se llama su perrito), ¡imagínate!, a veces no te sabes el nombre ni de los de tu salón. La verdad es que la mayoría de las personas somos normales. Oséase... los raros son ellos.

Las máscaras

Cuando tenemos baja autoestima la podemos esconder tras diferentes máscaras:

❌ La "de flojera": son las personas que todo el tiempo están como tímidas, retraídas y aisladas. A leguas se nota su inseguridad y baja autoestima.

➕ La "no pasa nada": son aquellas personas que se sienten muy mal y deprimidas, pero cuando están con los demás actúan como si no pasara nada.

✖ La "pasada": es la persona agresiva que da ordenes a todos y se maneja todo el tiempo como líder. En pocas y sencillas palabras, trata de demostrar que es la persona más segura del mundo para esconder su inseguridad.

❌ La "doble A" (no "Alcohólicos Anónimos" sino "Autoestima Artificial"): la persona siente que, ante los demás, no vale nada. Entonces busca algo que tenga un valor ante todos, por ejemplo: ropa de marca, coches, viajes y demás. El caso es presumir y encargarse de que los otros se den cuenta de lo que valen las cosas que trae puestas: "¿Ya viste mi nueva bolsa Louis Vuitton?, costó carísima." Aunque en realidad sea piratísima y sea Luis Buitrón, ropa Armandi y lentes Versánchez, como en el fondo sientes que no vales nada prefieres darte el valor de lo que valga la bolsa.

➕ Otra típica del "doble A" es cuando conoces a un niño que sabes que es un golfo y un patán. Te dice que si quieres ser su novia y le dices que ¡sí!, pero en realidad en ese "sí", le dices ¡sálvame!, porque tu autoestima es tan baja que no te importa recibir sólo migajas de amor y seguridad: ¡aguas!

215

¿Cómo levantar mi autoestima?

Aquí viene el secreto más importante para elevar tu autoestima: una vez que conoces tus características especiales, ubica tus cualidades. Todos las tenemos y eso es lo más importante.

Tú vas a decidir qué quieres que la gente vea en ti: tus características físicas o tus cualidades como persona. Por ejemplo, puedes ser:

GORDITA	Pero una chava líder.
ALTÍSIMA	Pero muy simpática.
FLAQUÍSIMA	Pero excelente amiga.

Recuerda siempre: la gente ve lo que tú quieres que vean. Si llegas a un lugar y piensas: "!Ay!, se me nota la llanta", "con esto me veo feísima", o "seguro le caigo mal a todos", eso es precisamente lo que la gente va a notar y a sentir de ti. Está grueso, ¿no? Si por el contrario, llegas muy segura de ti misma y te dices: "Qué guapa estoy", "se me ve un cuerpazo", "me llevo bien con todos", eso es lo que vas a proyectar.

Cuando una persona en la escuela o en algún grupo es muy querida a nadie le preocupa su físico. Todo mundo hace comentarios como: "Es una niña súper buena gente", "ella organizó la última convivencia de exalumnos, es muy movida", o "un día que estaba llorando se acercó y me preguntó si podía ayudarme en algo, la adoro".

toy bien dientón.

Pero soy bien cool.

Nadie le va a decir: "Ay, como que está muy flaca y muy morena, ¿no?" Esta persona se ha preocupado porque la gente vea sus cualidades, no sus características físicas. Por eso es muy importante que te des cuenta de que:

Tú vales por lo que eres, no por cómo te ves

Nuestra autoestima no debe depender de nuestro físico, de lo que tengamos o de cuánto nos quieran; todo eso está fuera de nosotros y escapa a nuestro control.

Lo único que puedes controlar es cómo te sientes contigo misma en la circunstancia que sea. Nadie puede bajarte la autoestima si no le das permiso. Te pueden decir cualquier estupidez para hacerte daño y no lo van a lograr, a menos que te lo creas. No le des a nadie ese placer, cree en ti y sé tú porque una persona que vale no tiene que hacer nada extra para que los demás se den cuenta de su valor.

Quiérete, trátate bien, háblate bonito, apóyate en ti misma y vas a ver qué popular y atractiva te vuelves.

Reconoce a quien tiene autoestima alta y baja

ALTA

▲ Son los que destacan en un grupito, hacen chistes, son populares.
▲ Tienen una buena comunicación con sus papás.
▲ Tienen la sensación de controlar su propia vida.
▲ Se sienten capaces, eficientes.
▲ Hablan bien de los demás.
▲ Viven sin muchas broncas.

BAJA

▼ Son ansiosos.
▼ Se enojan mucho.
▼ Se sienten infelices.
▼ Se deprimen.
▼ Se sienten controlados por todos y por todo.
▼ Critican a todo el mundo.

La confianza en ti

A veces, la publicidad en la televisión y en las revistas nos hace creer que la confianza personal se obtiene de un buen de elementos: la dieta, las pastillas para el aliento, la última moda, un aparato para hacer ejercicio (de esos que bajas 10 kilos con sólo tres minutos de ejercicio diario), un auto, etcétera. Desgraciadamente no es tan fácil. De lo que sí puedes estar segura es de que se trata de algo súper valioso, que todos podemos tener y que hay muchos caminos para lograrlo.

¿Cómo tener confianza en ti?

La palabra confianza viene del latín *confidere*, que quiere decir "creer". Santo Tomás decía: "Ver para creer", pero ahora podemos decir que es al revés, que tenemos que creer para ver. Por ejemplo, imagínate al mega galán de tu escuela; la mayoría de las chavas piensan: "Es un súper bombón... me encantaría andar con él, pero jamás me pelaría", y no le hacen la luchita. Y las que tienen confianza en sí mismas, piensan cosas como: "Tengo muchas cosas que podrían fascinarle"; es decir, creen en ellas, le hacen la lucha y, por supuesto, son las que terminan con el galán que quieren.

He aquí algunas sugerencias para fortalecer la confianza en ti misma:

- Cree en ti. Ten tu "reserva de logros", o lo que es lo mismo "tu guardadito" de momentos en los que te sentiste muy bien y de los cuales te sientes orgullosa. Aliviánate con esa reserva cuando sientas baja la confianza en ti misma. Utilízala como tu súper arma secreta. Es típico que cuando te sientes así, se te va el avión de aquello que te animó otras veces. Imagina lo que quieres lograr y elimina el rollo natural de oír esa vocecita interior que te dice: "Está muy difícil", "no vas a poder", "eres malísima para eso." Cuando escuches la vocecita saca otra que le diga a la primera: "Please, ya deja de fregarme y cállate, ¿sí?", y piensa en el último logro que hayas tenido. Eso aunque parezca algo muy "x", cambia completamente la energía de tu cuerpo, y las cosas empiezan a salir bien.

- Disciplina. No lo vas a creer, pero entre más te disciplinas en las cosas pequeñas que te cuestan trabajo, más te respetas. Cuando pospones lo que te encanta, por ejemplo que en lugar de comerte el postre sales a correr, la seguridad en ti misma crece un buen. La disciplina te hace sentir que tienes el control.

- Empieza a creer lo que quieres. Cuando te preguntan: "¿Cómo estás?", y no andas muy bien, lo mejor es contestar: "Excelente, ¿y tú?" El sólo hecho de decirlo te hará sentir súper bien. Jamás, jamás, contestes como esas personas que pertenecen al "Club de la Lágrima Perpetua" que se la pasan de queja en queja. A ellas aplícales la ley de la glorieta: dales la vuelta pues el rollo negativo se pega.

Recuerda que "el pájaro no canta porque sea feliz, sino que es feliz porque canta..."; a menos que sea el pájaro loco y ni cante ni esté feliz, o sea, que sólo se la pase comiendo, y "el que come y canta, loco se levanta", pero como éste ya estaba loco... bueno nos entendiste, ¿no?

¿Tengo personalidad?

"¡Qué personalidad tiene!", seguramente has pensado esto al ver a un artista de cine o televisión, o al ver a alguien simplemente caminando por la calle. A todos nos gustaría que la gente pensara eso al vernos, pero, ¿qué es la personalidad?, ¿cómo la consigues?, ¿en qué se basa? Ahora ten cuidado porque si un niño te dice que tienes mucha "pechonalidad" quizá está hablando de tus bubis, no de tu seguridad; bueno, pero regresemos a lo que nos interesa...

LO QUE SE NOTA

Se siente cómoda ella misma.
Se gusta.
Se cae bien.
Se siente orgullosa de lo que es.

LO QUE SE PROYECTA

Cómo baila.
Cómo habla.
El brillo de los ojos.
Su porte.
Cómo se viste.

Cuando hablamos de cómo se viste, nunca se ve como si se hubiera tardado años para arreglarse o como si quisiera impresionarnos a propósito. La personalidad no viene simplemente de vestir padre o arreglarse mucho, sino que viene del interior; es ese rollo que te impresiona y que es muy fácil de reconocer y no tan fácil de explicar pero que todos podemos alcanzar, ¿ya sabes?

Tienes que ser auténtica

¿Por qué es tan fácil que un bebé vuelva loco a los demás? Seguramente no es por lo que hace, sabe o tiene de dinero, simplemente nos atrae por lo que es, porque en él no encontramos ninguna superficialidad, hipocresía o falsedad. Transmite sus verdaderos sentimientos por medio de su propio lenguaje (llorar o sonreír) que es transparente.

Ahí esta la clave: que seas tú misma, sin máscaras, sin miedos ni pensamientos negativos como: "Y si no les caigo bien", "y si me sale sangre de la nariz y ven que no tengo sangre azul", "y si piensan de mí que..."; ¡que te valga! Los bebés son como son y por eso son adorables. Ahora, por favor no vayas a llegar a una reunión con chupón y pañal, para ver si le caes bien a todos.

Personalidad todos tenemos, sólo déjala salir y no actúes como alguien que no eres. Cree en ti, conócete y reconoce que tienes tus monadas.

Así que no tengas miedo de mostrar tu verdadero yo y sacarte el mejor partido para sentirte muy atractiva. Estamos seguros de que vas a lograr que cuando la gente te vea diga: "¡Qué personalidad tiene!" Y si también dicen lo de la ipechonalidad! pues ya tienes dos cosas de qué sentirte orgullosa.

¿Alguna vez se han burlado de ti? ¿Te han visto la cara? ¿Te has sentido menos? ¿Has sentido que abusan de lo buena onda que eres? O sea, ¿te resortean el brassiere o te han hecho calzón chino? Si algo de esto te ha pasado, ¿cómo te sientes? ¿Y qué has hecho al respecto?

Todo el mundo ha experimentado esto una o muchas veces. La diferencia radica en cómo respondemos a este tipo de rollos.

La mayoría de las personas intenta alivianarse con pensamientos tipo: "¿de qué sirve que me queje?", "¿para qué hacerla de tos?", "de todas maneras, no me van a hacer caso", "no puedo hacer nada", o "si protesto, me va a ir peor", y demás. Cada vez que nos quedamos con esa frustración, nuestra autoestima se hunde.

La solución, por supuesto, no está en tirar mala onda o querer romperle la cara a quien te molesta, tipo "lucha en lodo". A la larga, también terminamos frustrados y con muy mal sabor de boca. La solución es ser asertiva.

Ser asertiva significa:

> no sé decir "no",
> o lo que es lo mismo,
> ¿cómo ser asertiva?

Ser asertiva es:

✖ Decir tranquilamente que algo no te late.

➕ Atreverte a decir "no" a lo que no te gusta, no quieres, no puedes, te incomoda y demás. Sólo dos letritas juntas: n+o= ¡no! ¿Ves qué fácil?

✖ Exigir un derecho con seguridad y decencia.

✚ Hablar claro, sin rodeos y sin ser grosera.

✖ Por supuesto, ser asertiva es algo que se aprende. No nacemos sabiéndolo y no lo hacemos así nada más, de repente.

El doctor Moriarty hizo un estudio con la ayuda de sus alumnos de psicología en Nueva York. Los invitó a participar en situaciones en las que hacían pomada los derechos de los demás, para ver su reacción y qué onda con su asertividad.

Uno de los alumnos comenzó a tocar rock pesado a un volumen muy alto junto a otros que tenían que concentrarse en una tarea muy cañona.

80 por ciento de los alumnos no se quejó. Luego admitieron lo mal que la estaban pasando.

15 por ciento pidió al músico que le bajara pero no lo volvieron a hacer después de que les contestó agresivo.

¡Imagínate! Sólo cinco por ciento insistió y logró que el otro monito le bajara.

TEST:
Y TÚ, ¿qué tan asertiva eres?

5 = SIEMPRE
4 = CASI SIEMPRE   2 = CASI NUNCA
3 = A VECES   1 = NUNCA

CUANDO ME QUEJO POR ALGO:

Lo digo tal cual ☐

Me detengo a pensar en cómo decirlo de la mejor manera posible sin pasarme ☐

Considero las consecuencias antes de hablar ☐

Le pregunto antes a la persona el porqué del problema para evitar broncas ☐

Sin enojo describo lo que me molesta ☐

Expreso lo que siento ☐

No insulto ni le echo la culpa a nadie ☐

Propongo una solución si es necesario ☐

Lo digo claro y fuerte ☐

Miro a la persona directo a los ojos ☐

TOTAL: ☐

50 = MUY ASERTIVA
25 o menos = SERÍA BUENO QUE TE APLICARAS MÁS

Lo que tenemos que hacer es identificar qué nos molesta, qué sentimos y decirlo sin rodeos y sin perder el objetivo.

¿Cómo puedes ser asertiva?

- Aliviánate a la hora de la saludada. A todo el mundo le cae muy bien que lo saluden tipo: "¡Quiúbole! ¿Qué onda? ¿Cómo estás? ¡Qué gusto verte!", en lugar de oír un tímido: "Hola", o que saluden con la cabeza sin decir una palabra.

- Al opinar expresa lo que sientes. Por ejemplo, en lugar de decir: "esa película está horrible", di: "A mí no me gustó esa película", "a mí me encanta", "a mí me cae muy bien fulana", y demás.

- Lo tuyo es tuyo. Si alguien te dice un cumplido acéptalo y contesta: "Gracias, a mí también me gusta esta blusa," en lugar de: "¿Te gusta?, pero si está viejísima." Esta última respuesta es como si alguien te diera un regalo y se lo aventaras en la cara.

- Pregunta: "¿Por qué?" cuando te pidan hacer algo que no te parece razonable o no te late, di: "¿Por qué quieres que haga eso?"

- Pide que te aclaren. Si alguien te explica o da instrucciones y tú no entiendes nada, no te vayas confundida y sin saber qué hacer. Al contrario, tranquilamente di: "No entendí bien, ¿me puedes explicar otra vez?"

- Siempre expresa lo que no te late. Si opinas o piensas diferente, di con confianza: "fíjate que yo lo veo de otra manera", "yo opino que...", "creo que hay muchas cosas en las que no hemos pensado, como..."

- Defiende tus derechos. Nunca dejes que alguien te haga sentir menos. Di: "perdón, pero estoy formada y sigo en la fila", "llegaste media hora tarde a la cita", "por favor, trae tu propio lunch", "disculpa, ¿podrías besar a tu propio novio?"

Beneficios de ser asertiva

- Te vuelves protagonista de la vida y no esperas pasivamente a que las cosas pasen.
- Tu autoestima se eleva.
- Te sientes tranquila. Hay congruencia entre lo que piensas y lo que haces.
- Te sientes libre al aprender a decir "no".

Así que vale la pena ser asertivo. Es algo que, una vez que lo pones en práctica, te hace sentir muy bien contigo misma.

El Eneagrama

CHECA ESTO

¿Quieres saber...?

- ¿Qué onda contigo; por qué a veces estás rayada o súper triste, enojada o te entra por comprar como loquita?
- ¿Por qué te cuesta trabajo comunicarte con tus papás?
- ¿Cómo entender a tu novio? (aunque parezca imposible).
- ¿Cómo acercarte a la amiga que, según tú, no te soporta?
- ¿Por qué siempre tienes novio o por qué siempre te andan tronando?
- ¿Cómo hacerle para que se aliviane el maestro que te trae de bajada?
- ¿Cómo lograr que el chavo que te gusta te voltee a ver? ¡Pero cada 5 minutos!
- ¿Por qué sientes y reaccionas de una manera que ni tú entiendes?
- ¿Por qué a unas amigas te les cuadras y a otras ni les haces caso?

Bueno pues te presentamos al súper héroe que puede ayudarte a todo eso: ¡prrrrrrrrrrrrrrrr! (es un redoble de tambor para hacerla de emoción) ¡prrrrrrrrrrrrrrr!

Platicamos con la experta en el Eneagrama, Andrea Vargas y nos explicó muy bien todo lo relacionado con este apasionante tema. De su gran experiencia aprendimos lo siguiente:

El Eneagrama es la mezcla de una sabiduría muy antigua (de hecho, milenaria) y lo nuevo de la psicología moderna. Entender el Eneagrama es facilísimo, divertido, profundo y obviamente muy práctico. Se le aplica a todos los seres humanos a partir de los siete años de edad.

● ¿Pero, qué es...?

El Eneagrama es un mapa que describe nueve diferentes tipos de personalidad, o sea, nos enseña nueve maneras de pensar, de sentir y de reaccionar. Nueve maneras de ver la vida, de percibirla, sentirla, de expresarnos, tomar decisiones, de enojarnos, defendernos, de enamorarnos... (sha-la-la-la-la)

¡Todas con virtudes y defectos, y lo más padre es que todas son válidas y ninguna es mejor o peor que otra!

En pocas palabras el Eneagrama es una súper herramienta que nos ayuda a entender nuestro tipo de personalidad y la de la gente con la que con-vivimos (y algunas veces con-morimos).

Para conocerte y entender por qué eres como eres (romántica, chistosa, agresiva, perfeccionista, enojona...) y qué es lo que te mueve a ser así.

Para descubrir cuáles son tus puntos fuertes y desarrollarlos al máximo, así como aceptar tus puntos debiluchos y echarle ganitas a ellos y así sacar la mejor versión de ti.

Para conocer tus miedos, tus deseos, tu manera de comportarte en el amor (esa seguro ya te funcionó o ya te dio broncas), en la escuela, en el trabajo, en los momentos de estrés o cuando estás mega alivianada.

Si me conozco, me acepto, me caigo bien, me auto controlo, tomo mejores decisiones y me adueño de mi misma. Evito que mis impulsos y mi personalidad me controlen, iy me convierto en una MEJOR PERSONA!

Lo interesante de este rollo, es que una vez que me conozco, puedo entender a los demás (léase novio, suegra, tío insoportable, hermano odioso, amigovio, mejor amiga, etc., etc., etc.) desde su personalidad y así mejoro mi comunicación, mi amistad y tendré mejor vibra y entendimiento con las personas.

Lo interesante del rollo arranca desde el momento en que descubres el tipo de personalidad que eres tú, y qué tipo de personalidad tienen las personas con las que convives.

Para saber qué tipo de personalidad eres, debes tener por lo menos el 70% de las características que se mencionan. Acuérdate de que todos tenemos un poco de todo, pero hay una personalidad que predomina más en ti.

PERFECCIONISTA

Es súper clavada con el orden, con el detalle, tiene un método y una estructura para hacer cualquier cosa (casi casi hasta para ir al baño). Toda su ropa la tiene por colores, de acuerdo con la estación...

Es muy estricta con ella misma y con los demás. Detecta rapidísimo cualquier errorcito, mancha, falta de ortografía y siente una necesidad compulsiva por corregirlo (a quien se deje, y a quien no se deje también). Usa mucho las palabras "debería" y "tengo que". Está convencida de que existe una sola manera de hacer las cosas y que obvio es la de ella. Busca la perfección en todo lo que hace y se frustra cuando los resultados no están a la altura de sus expectativas. Le da miedo cometer errores, pues siente que la van a juzgar o a criticar. No rompe una regla, ni aunque se esté muriéndo su mamá. Puede ser muy cuadrada, impaciente y juiciosa.

LOS DEMÁS DICEN

"Relajáte, no seas tan dura y estricta, no pasa nada."

AYUDADORA

Es servicial, cálida, optimista. Busca ser necesitada, amada y apreciada (tipo esos ositos de peluche, que dicen "quiéreme"), su rollo es volverse indispensable en la vida de ciertas personas. Para ellas la vida emotiva y tener muchos amigos es súper importante.

Se relaciona muy fácil con los demás. Le gusta más dar que recibir. Es seductora, busca siempre agradar a todos. A veces se viste y actúa super sexy y trae locos a los hombres, por lo que se vuelve muy manipuladora y dependiente. Otras veces reconoce de volada las necesidades de los demás y las complace; y a la vez se siente orgullosa de que ella no tiene necesidades.

Habla mucho, le encanta el chisme, dar consejos, ayudar y ser el centro de sus amigos. Con tal de que la quieran, se sacrifica y ayuda cuando no se lo piden, al grado de convertirse en intrusa, posesiva e inoportuna.

LOS DEMÁS DICEN

"¡No te metas, no me ayudes, déjame, yo puedo solo!"

EJECUTORA

Es organizada, independiente, mega comprometida, siempre tiene un objetivo que realizar. Ambiciosa, protagónica y muy vanidosa. Adicto al trabajo, mucha energía y muy, muy pero muy competitiva. Es buenísima para las apariencias. Le importa más lo de afuera que el fondo. Siente que vale más por la casa, coche, puesto o dinero que tiene, que por lo que vale como persona. Es muy yo-yo, sólo habla de ella misma y no sabe escuchar. Tiene una súper necesidad de ser reconocida; su meta es lograr el éxito, ser popular y tener prestigio ante los demás. Le da mucha importancia a su imagen de ganadora y le preocupa gruesísimo lo que los demás opinen de ella. Puede llegar a ser presumida, prepotente y mentirosa.

LOS DEMÁS DICEN

"Calma, disfruta el momento, no todo es trabajo y éxito."

ARTISTA O ROMÁNTICA

Es muy creativa, le gusta ser original y diferente a los demás (puede vestirse rarísimo, y ella se siente cool). Tiene mucha sensibilidad para crear belleza. Es hipersensible, la intuición la tiene a todo, es sincera y súper empática. ¡La neta de su vida son las emociones profundas y los sentimientos! Le gusta la naturaleza. Sueña y fantasea con momentos románticos. Su intensidad para sentir es superior a cualquiera: "Sus tristezas son tragedias y sus alegrías son cañonsísimas". Cambia de humor como de zapatos, y eso le causa problemas ya que puede pasar fácilmente del odio al amor, de la alegría a la tristeza o de te quiero abrazar a te quiero ahorcar, sin ninguna explicación. Se siente vacía, incompleta, "algo" le falta para ser totalmente feliz. Siempre quiere lo que no tiene y le da flojera lo que tiene.

LOS DEMÁS DICEN

"No exageres ni hagas drama, no seas intensita."

OBSERVADORA

Si la número 4 es artista, la 5 es más bien autista. No, ya en serio, la número 5 es súper observadora, objetiva, analítica y tiene una mente muy clara. Le fascina el conocimiento y cuando le interesa algún tema se clava gruesísimo. La mayoría del tiempo vive en su mente (Houston... lo perdimos). Busca un espacio para estar "sola" pues ahí se siente segura, se recarga de energía, investiga, crea, sintetiza, reflexiona y se divierte. Es seria, fría y habla muy poco. Se siente diferente (como un Alien), que no encaja con los demás, por lo que busca ser auto suficiente para no depender de otras personas. Es coleccionista, desde todo tipo de gadgets, hasta cachivaches. Generalmente se retrae y se aísla en su cueva, es por eso que le cuesta trabajo relacionarse, abrazar, expresar, transmitir sus sentimientos, apapachar al otro... A veces, le gustaría ser invisible y observar sin tener que participar o comprometerse.

LOS DEMÁS DICEN

"Aterriza, involúcrate, interésate, muestra sentimientos."

COLABORADORA

Es responsable, trabajadora, comprometida y súper leal. Sentir "seguridad y confianza" es básico para ella, es por eso que le gusta saber en dónde está parada, oséase...qué ondita con ella. Es escéptica, se cuestiona todo; no se la cree a la primera, así que es cautelosa y se va como muy leve. Duda muchísimo de la gente que no es coherente con lo que dice y luego no hace. Enojada se vuelve defensiva y evasiva. Le da miedo tomar decisiones importantes; necesita el apoyo de alguien para hacerlo (a veces duda hasta de qué ropa se va a poner). Está muy consciente del peligro, es negativa, nerviosita y todo el tiempo piensa: "Y si pasa esto, y si pasa lo otro"; le gusta planear y tener opciones de emergencia por si algo sale mal. Cuando siente angustia y ansiedad, se puede imaginar escenas catastróficas cañonsísimas y las puede experimentar como si fueran reales. La autoridad le crea conflicto; la puede obedecer o de plano revelarse ante ella.

LOS DEMÁS DICEN

"Aviéntate, no pasa nada, debes creer en ti, sí puedes."

235

ENTUSIASTA

Es espontánea, aventurera, simpática, soñadora y miembro honorífico del club de los optimistas. Es la opuesta de su vecina la 6 ¡Se quiere comer al mundo, probar de todo y no perderse de nada! Busca lo agradable y divertido de la vida, ama la libertad y cuando tiene alguna bronca hace como que no pasa nada, evita al máximo el dolor y el sufrimiento. Generalmente, en la escuela o en el trabajo, son las chistositas. Usa su encanto y optimismo para seducir y conseguir lo que quiere. No tiene límites. Es un poco hábil para todo, pero a la hora de la verdad no se especializa en nada. Visualiza las cosas y disfruta pensando en el futuro, planeando un chorro de actividades. Su agilidad mental, su entusiasmo y falta de disciplina, la llevan a planear más de lo que realmente puede hacer. Como consecuencia, generalmente no cumple, no termina las cosas, se vuelve superficial y poco confiable.

LOS DEMÁS DICEN

"Comprométete, crece, termina lo que empiezas, no todo es fiesta."

236

COLABORADORA

Es una líder natural. Es protectora, generosa, directa, y siempre va al grano. No le da la más mínima pena decir NO cuando no quiere hacer algo. Tiene la batería ultra-recargada, es muy dominante, dura, le gusta controlar todo y a todos y sentirse fuerte y poderosa. Es visionaria y muy trabajadora: cuando se propone algo, lo hace. Protege gruesísimo a la gente que quiere, pero ¡aguas si eres su enemigo! porque usa toda su fuerza y agresividad para aplastarte. Es rebelde, visceral, es la más enojona del Eneagrama; su manera de hablar intimida y asusta a la gente. No conoce los límites, la culpa ni el miedo... Es intensa y excesiva en todo: en la comida, el reventón, los deportes, compras, trabajo... Es "la autoridad", ella manda, así que obedece las reglas sólo cuando le benefician, si no, le vale y las rompe. Le atrae la gente independiente y decidida; y le saca la vuelta a los débiles, inseguros y mediocres.

LOS DEMÁS DICEN

"Contrólate, ten tacto, no seas tan impulsiva y agresiva."

MEDIADORA

Es muy tranquila, adaptable, sencilla y muy querida. Si fuera un animal, sería como osito koala. Busca mantener la paz y la armonía cueste lo que cueste. Prefiere ceder con tal de que no haya broncas. Odia y minimiza los problemas y deja que se resuelvan solos. Le gusta la parte fácil de la vida: la comodidad, la rutina y vivir muy bien. Es muy positiva y complace a los demás, el problema es que se olvida de sí misma y se deja llevar por la corriente o por los gustos y necesidades de quienes la rodean. Se distrae y pierde el tiempo con cosas súper "x", y deja para el último las cuestiones importantes. Casi nunca se enoja, pero cuando lo hace se prende cañón. Le cuesta trabajo tomar decisiones, establecer prioridades y tomar la iniciativa.

LOS DEMÁS DICEN

"Despierta, muévete, enójate, defiéndete, no te dejes."

Cuando descubras qué tipo de personalidad eres en el Eneagrama, notarás que la gran mayoría de la descripción te queda. Sin embargo, ninguna personalidad es totalmente pura, siempre tenemos influencia, a mayor o menor grado, de nuestros números vecinos. Por ejemplo: si saliste 7, checa las características de la 6 y de la 8 y la que se adapte mejor a tu personalidad será tu "ala" en el Eneagrama, algo así como el complemento del número de tu personalidad.

Y como la idea del Eneagrama es ampliar tu conciencia para conocerte y tratar de mejorar como persona, recuerda que las cosas que no te gustan de tu número las puedes mejorar y así volverte una mejor versión de ti misma.

En fin, el rollo es que si quieres saber sin margen de error qué número eres, cuáles son tus virtudes, defectos, miedos, qué alas tienes, cómo se visten o hablan las de ciertos números, cómo actúan o cómo debes reaccionar con ellas, y muchas cosas más, consulta el libro *El Eneagrama*, de Andrea Vargas, publicado por Editorial Alamah, sin duda te ayudará cañón a descubrir tus cualidades y defectos para que seas siempre una mejor persona.

Los grandes looks

Todo mundo tiene una forma de vestirse, o sea un look (aunque tú creas que no tienes, todos los demás te tienen ubicada en uno). Así que échale un ojo a nuestras categorías y checa en cual estás, o en cual "tu juras que estás", y recuerda que cada mujer puede tener tantas personalidades posibles como diferentes zapatos pueda haber en su clóset; si hoy te vistes como ruda igual el día de mañana no vuelvas a usar ese atuendo más que para una fiesta de disfraces.

Colegiala

Descripción:

Su atuendo favorito son los uniformes (si se cambia de escuela pide que le enseñen el uniforme primero, y por nada del mundo se va a una escuela que no tenga). Usa el ya tradicional zapato escolar con suela de goma y calcetas arriba de las rodillas. Cuando la invitan a alguna fiesta de disfraces seguro va con su uniforme de la escuela. Odia el de deportes porque piensa que es naco.

Aroma:

Huelen a goma de borrar.

Accesorio Básico:

Corbata disque amarrada.

Princesa

Descripción:

Son fans de los trajes de época. Les trauma que sólo puedan usar sus vestidos en bodas y eventos de gala. De chiquitas las llevaban a todos lados disfrazadas de princesas y todavía guardan sus vestidos y zapatos con lucecitas. Sueñan participar en Miss Universo para poder usar una corona de verdad.

Aroma:

Huelen a cuento de hadas.

Accesorio Básico:

Hombreras gigantes.

Ruda

Descripción:

Típica chava que jamás se bañará con shampoo grisi para aclarar sus caireles. Ama el pelo negro (tinte negro con luces re-negras) o de colores tipo morado o rosa para que pienses..." Esta chava es bien ruda." Se pinta las uñas de colores obscuros y ama todo lo que tenga estoperoles, picos o cositas de metal. Jamás la verás con su esclava de la primera comunión. Ojo, se pintan los ojos tipo mapache, y en el fondo ama que la vean como una mujer distinta.

Aroma:

Huele a tocada de rock underground.

Accesorio Básico:

Delineador negro.

intelectual

Descripción:

Supuestamente no le preocupa la ropa (porque hay cosas más inteligentes en las que pensar), pero tiene un estilo clavadísimo. Ama los sueters cardigans, blusas tejiditas lisas y camisa de vestir como de hombre (siempre tienen dos blancas y por lo menos una azul claro). El pantalón de vestir beige es su hit y jamás usan zapatos de plataforma, ya que dicen que esos son de teiboleras.

Aroma:

Huelen a salón de clases u oficina.

Accesorio Básico:

Sus lentes de pasta.

Vintage

Descripción:

Toda su ropa huele a viejito, los colores son deslavados y por lo general la tela ya está súper delgadita. Cada que van a casa de su tía groovie le piden una prenda más para su colección. Se la viven en los bazares y ventas de garage, en donde consiguen sus mejores garritas. Con lo que una diva compra tan sólo un vestido, una chava vintage llena su ropero.

Aroma:

Huelen al clóset de su tía.

Accesorio Básico:

Cualquier cosa con más de 25 años de antigüedad.

Fashionista

Descripción:

Vé todo el día las revistas de moda y siempre está buscando lo más actual. Su forma de vestir la definen los artistas hollywoodenses con lo que usen en ese momento. Buscan la ropa de marca, pero odian traer los logotipos muy notorios, porque dicen que es naco. Para ellas tener una buena bolsa de marca, es más importante que aprobar su examen profesional. Arriesgadas para ponerse cosas raras, siempre y cuando lo hayan visto en un desfile o una revista chic.

Aroma:

Siempre huele a las infusiones de moda.

Accesorio Básico:

Jeans caros y zapatos extraños.

Hippie-chic

Descripción:
Aman todo lo arrugado (de hecho su perro favorito es el shar-pei). Se cuelgan en el cuello todo tipo de trapos, bufandas, pashminas o si es necesario hasta un pedazo de jerga. Sólo tienen el nombre, porque de hippies no tienen ni la "H". Se preocupan tanto por no combinar los colores de su ropa, que se tardan más tiempo para vestirse de las que si se combinan.

Aroma:
Un olorcito medio raro como a pashuli.

Accesorio Básico:
Chanclas pata de gallo o de cuerito con chunches por todos lados.

Diva

Descripción:
Ama los vestidos y todo tipo de cosas que brillen sobre ella (de chiquitas odiaban la plastilina y amaban la brillantina). Su corte de pelo lo encontrarás en tres de cada cinco portadas de revistas. Aunque tengan pelo obscuro, todas son rubias de closet. Tienen brassieres para todos los cortes de vestido. Si cuando entran a un lugar no las voltea a ver por lo menos el 80% de las personas, pueden llegar a caer en severa depresión.

Aroma:
Dulce empalagoso.

Accesorio Básico:
Pulserita o collar con brillantes (estos últimos puedes ser de tianguis).

Sporty

Descripción:

Tiene más pants que pares de zapatos. Usa blusita pegadas con tela especial para absorber el sudor (o por lo menos ellas eso creen). No hace dieta... vive en dieta. Cuando no se peina de colita, se peina de ...colita. No se pinta ni para su graduación.

Aroma:

Todo el día huelen a desodorante.

Accesorio Básico:

Sus tennis.

Reggaeto-rapers

Descripción:

Usan todo aguado (la ropa interior no entra en esta descripción), aman los colores chillantes y las gorras llamativas. Se cuelgan hasta el perico (y si es de oro con brillantitos, mejor).

Aroma:

Huelen distinto antes y después de bailar.

Accesorio Básico:

Su cadera es su mayor accesorio.

¿Cómo es tu look?

Busca una de tus fotos
más recientes, pégala en
el área marcada
y describe tu look.

Nombre del look

_____

Descripción:

Área delimitada para
foto. Por si cambias de
look, es recomendable
que lo pegues con algo
fácil de despegar.

_____

Aroma:

_____

Accesorio Básico:

El rollo de la sexualidad

La sexualidad es algo con lo que estamos conectados desde que nacemos hasta el día en que morimos y encierra una gran responsabilidad. Las decisiones que tomes serán súper importantes en tu vida; si se te hacía difícil escoger qué blusa ponerte con qué falda, espérate a ver qué onda con esto. Para vivir bien tu sexualidad es básico tener la mayor información posible.

Entenderla y manejarla de manera inteligente y segura es un rollo que toma tiempo. Y, iobvio!, lo que te expliquen en la escuela, lo que tus papás platiquen contigo y lo que leas, te ayudará mucho. Lo importante es que te informes bien y no quedarte sólo con las chocoaventuras que tus amigas te cuentan o ves en los medios para tomar la mejor decisión.

¿Cómo tranquilizar a tus papás cuando te hablan de sexo y se ponen nerviosos?

Cuando escuches la siguiente frase, significa que llegó el momento:
"Laura, Ale, Ana, o Pau, (pon tu nombre aquí), si está muy largo, ponlo acá (   )
quiero que platiquemos."

Esta frase no falla cuando tus papás quieren hablar de sexualidad contigo. Se ponen serios, empiezan a caminar como locos en el cuarto, miran hacia otro lado, sudan, no contestan el teléfono, en fin. Pobrecitos, se sienten súper incómodos y nerviosos, así que ayúdalos. Si tus papás son abiertos en el tema entonces no tienes bronca, pero si no, es importante que sepas qué pasa.

De entrada es súper natural. Seguro que a ellos sus papás jamás les tocaron el punto porque era itabú! Y mucho menos lo hablan con la naturalidad con la que tú lo haces. Así que ayúdalos, ponles atención y entiende que lo hacen porque te quieren, que les cuesta trabajo pero que tienen experiencia y vale la pena escucharlos.

¿Cuándo empieza?

Las primeras sensaciones de tipo sexual empiezan por lo general en la pubertad. Obvio, algo nuevo, muy nuevo está pasando. Por ejemplo, el interés por el otro sexo despierta de pronto y los hombres, que antes veías como niños babosos, iahora te parecen unos cueros! (bueno, algunos se quedaron igual). El asunto es que comienzas a ponerte roja cuando ves al niño que te late, a sentir mariposas en el estómago y esas cosas. ¡Aguas! Al rato la mariposa eres tú y a los chavos les gusta coleccionarlas.

La atracción sexual

Cuando un niño te gusta se despierta una sensación muy particular. De hecho, es algo tan padre pero también extraño. Lo que te puede parecer atractivo de un niño a tu amiga le puede chocar.

En la sexualidad, los cinco sentidos juegan un papel súper importante porque percibimos el mundo a través de ellos: la vista, el olfato, el tacto (éste es de los favoritos de los hombres), el oído y el gusto.

Tu sistema límbico en el cerebro interpreta la información que éstos le mandan, y a su vez envía mensajes a las distintas partes del cuerpo para que respondan sexualmente: es una pasadera de información que te va tener súper ocupada y contentita, como dicen por ahí, por el resto de tus días.

Las etapas de la sexualidad

El deseo

Sin el deseo, la sexualidad se convierte en algo mecánico y nada agradable. Esta primera etapa es totalmente psicológica. Desear al otro es tener ganas de tocarlo, de estar con él, de tener fantasías, de conocerlo mejor, o sea, lo que hoy se conoce como "chocar sus carritos", "darse sus topes", "siempre sí", o como tú le quieras decir.

Pero aquí debes ser muy inteligente para decidir si controlas tu deseo o de plano haces que se enteren hasta tus vecinos (bueno, eso no es muy difícil porque los vecinos se enteran de todo).

Eso sí: recuerda que todas, hasta la más mínima de tus elecciones tienen consecuencias.

El contacto físico

La piel es un receptor mega sensible. Al mínimo contacto con el niño que te late (ya sea que te toque el brazo, te tome de la mano o sientas su cachete al saludarlo), tu cerebro recibe de inmediato señales que cambian la química de tu cuerpo.

Puede pasar que te suden las manos, te pongas roja, el cerebro se te nuble y digas tonterías, así como preguntarle dos veces su nombre, cinco veces su edad o empezar a contestar babosadas. Esto pasa porque mientras te pregunta algo tú estás pensando en cómo te ves, en la forma de disimular que te gusta; en fin, es muy chistoso.

Si los dos se empiezan a gustar y este rollo avanza como debe, puede ser que estén a punto de conocer más de cerca sus boquitas. Recuerda, entre más retardes este paso, estará más loco por ti el niño.

Los besos

También conocido como kiko, kikorete, ósculo (se oye horrible, pero es verdad), en fin, como lo conozcas, un beso es padrísimo y mágico; nos hace entrar a una dimensión que ninguna palabra puede describir. Advertencia: a veces es mágico, porque el cuate después del beso desaparece, así que ¡ojo!

Besar es compartir en todos los sentidos, representa el inicio de una entrega, por lo que es súper personal y delicado. Es la suma perfecta entre dos personas, por eso si te lo das con un cuate "x", se va a sentir exactamente así... "x". Y si además el cuate usa brackets y no sabe besar, prepárate para que tus labios queden como trapeador.

Los besos varían según el ritmo, la intensidad, el sentimiento y el deseo. Cuando le das un beso a alguien, puede ir desde un saludo de buena onda, como: "Hola y adiós", a un beso de cariño, de despedida o uno muy intenso, amoroso y apasionado (esos de: "¿Me regresas mis labios por favor?").

El primer beso, como nueva experiencia, generalmente es padrísimo y siempre lo vas a recordar. Es súper importante que disfrutes cada instante.

También puede ser que estés nerviosa por ser la primera vez y te sientas vulnerable por tener un contacto íntimo con el niño. Aquí pueden preocuparte mil cosas, tipo "¿qué va a pensar de mí, de mi poca o mucha experiencia, de mi cuerpo, del tamaño de mi boca, de mi olor? Hubiera masticado chicle, ¿por qué me tiemblan las rodillas?", y demás. No te preocupes, es natural que te sientas nerviosa en esta primera experiencia de tipo sexual.

KISS

Con brackets... juntos para siempre

La primera vez que di un beso tenía trece años y no me la acababa de los nervios. La bronca fue que estaba a punto de que llegar el momento y, ¡no sabía cómo darlo! Creía que por ser hombre debía saber.

Mi única referencia eran los besos de las telenovelas (que a esa edad muchas veces se ven más asquerosos que ricos) y los de las películas, en donde los cuates besan a súper modelos y además ¡les pagan por hacerlo! (la vida no es justa). Y por supuesto, otra referencia era el típico amigo que se hace el súper conocedor cuando todavía no puede ni dormir con la luz apagada. Por eso es importante que no te preocupes y que sepas que el rollo del primer beso es igual de difícil para los hombres que para las mujeres.

yordi

Por otro lado, cuando sales con un niño, ¿cómo sabes que te quiere dar un beso?, ¿te haces del rogar, te lanzas o te dejas y cierras los ojos? Seguro te preguntas: "¿Qué hago?, ¿le gustará cómo beso?, ¿me gustará cómo besa?" En lo que llegamos a ese punto, la siguiente información te puede servir.

Datos con saliva

No es nada romántico saber que cuando dos bocas se besan, intercambian un promedio de 250 tipos de bacterias, 9 mg cúbicos de agua, 0.7 g de albúmina, 0.18 g de sustancias orgánicas, 0.71 mg de materia grasa y 0.54 mg de saliva. Además, el beso implica la actividad de alrededor de 30 músculos faciales. Así que cuando te beses con alguien, más vale que te lata mucho para que no te importe nada de lo anterior.

No sé besar

¿No sabes besar? No te preocupes: aunque un primer beso es como saltar del *bungee* (si al galán le huele la boca, es como brincar sin cuerda), cuando hay química las cosas se dan solitas. Entre más relajada y tranquila estés, mejor (ahora sí que, flojita y cooperando, nada más aguas, no te vayas a pasar de cooperativa).

Si no sabes qué hacer tienes de dos:

- Decirlo con confianza. El niño te sabrá llevar y si no, copia lo que él hace (recuerda que aquí no puedes sacar acordeón).
- Si no quieres que te bese, también dilo. Nadie te puede forzar a hacer algo que no quieres.

Siento que me muero de nervios

Entre más a gusto te sientas con tu galán, es más probable que te sobrepongas rápido a la ansiedad, o sea, que te alivianes. Piensa que los hombres, como comentábamos, también se sienten inseguros y tienen en la cabeza las mismas preocupaciones que tú.

Besos malísimos

También hay veces en las que el beso que tanto soñaste resulta que ni al caso. Tal vez el niño estaba tan nervioso que la regó:

255

BESOS DEL TERROR
TU PEOR PESADILLA

Demasiado húmedo	Demasiado seco	Demasiado tieso o rígido
(¡Me llenó de baba!)	(¡Tiene los labios partidos!)	(Labios tan apretados que parece que estoy besando la banqueta.)

Le huele mal la boca	Demasiado abierta la boca	Un beso precipitado
(¡Adivino qué comiste!)	(Sentí que me devoraba.)	(¡Auxilio!, no puedo respirar.)

Un beso desabrido	Un beso succionador
(¡Casi ni me tocó!)	(Se trata de que me beses, no de que me aspires.)

Existen besos que no sólo son malísimos, sino peligrosos; son los que te dejan enganchada y te confirman que mueres por él, que de sólo ver al niño sientes mariposas, pero gigantes, en el estómago. Pero lo más peligroso no es eso, sino que el niño no quiera contigo.

Hay otro tipo de besos que matan: los que representan una traición a una amiga (o sea que, besuqueaste a su novio), o los que te dan la fama de que te besas con cualquiera, muy utilizados por el espécimen: Golfiux Besuconix.

Cómo dar un beso

Los besos no se estudian ni se practican, sólo te aplicas, te dejas llevar y se dan, así que no te claves, no te preocupes; una vez que empiezas, paso a paso vas entendiendo, hasta que encuentras tu estilo.

Ahora que, si aún así estás medio nerviosa, aquí te va una guía de los movimientos básicos:

- En un beso de amor lo primero es la delicadeza, la ternura, como si se tratara del roce de las alas de una mariposa. Cuando por primera vez juntas tus labios con los del niño que te gusta es algo iguau! Concéntrate. Piensa sólo en el beso que vas a dar y ni de broma imagines qué opinaría tu papá si estuviera a tu lado.

- Empieza suavemente, con los labios cerrados o un poco entreabiertos y relajados. No se te ocurra comenzar con la boca abierta y la lengua casi casi tocándote la nariz. Si no, el niño va a decir: "¡Órale!"

- Tómate todo el tiempo del mundo pero sé consciente de que los besos tienen una duración lógica, no te proyectes. Hay que saber terminar en el momento justo; así hasta se quedan picados y no te ganas el apodo de "La ventosa".

- Utiliza tus manos como complemento. Hazle cariñitos, piojito y todo ese tipo de cosas.

- Extiende el beso por diferentes partes de la cara, no te limites a los labios.

- Trata de dejar un buen sabor de boca con un beso tierno, calientito, romántico y con un letrerito de: "Regreso pronto."

Ahora que si te quieres graduar en esto de los besos (algunas tienen maestría) es importante que te sepas algunos de los más famositos.

 Beso de piquito: es en la boca, chiquito y rápido, sólo como para decir hola o adiós a tu galán; es inofensivo siempre y cuando sea con pocas repeticiones.

Beso de esquimal: aquí la boca no juega. Se trata de juntar las narices y moverlas de derecha a izquierda con el propósito de que se toquen (si tienes gripe, mejor evítalo por el bien común).

Beso francés: la lengua del sujeto A está en la boca del sujeto B, y la lengua B en la del sujeto A. Es con el que se experimenta mayor pasión.

Beso de pajarito: ¡no pienses mal! Es igual que el de piquito.

Kiko apasionado: es más que el de piquito, pero menos que el francés. Consiste en besarse los labios muy románticamente y de manera constante, casi sin utilizar la lengua.

Beso de mariposa: consiste en jugar con las pestañas. Pones tus pestañas sobre las de él y abren y cierran los ojos tipo colibrí. Se siente chistoso y es como un juego.

Beso lastimador pero gozador: se trata de morderse un poco los labios, aprisionar la lengua del compañero (conocido como "beso succionador") y es un poco más prendido.

UNIVERSIDAD DEL
ÓSCULO DE SOR JUANA

UNA UNIVERSIDAD DE RECONOCIMIENTO MUNDIAL

Con base a la recomendación de la facultad de

ADMINISTRACIÓN DE BESOS

Se otorga a:

_____

FOTO DEL ALUMNO
CON FRENTE
DESCUBIERTA

El Título de:

Maestría en Administración del Beso
Mención Honorífica

Con reconocimiento de validez oficial de estudios
de la Secretaría de Aplicación Oral, según acuerdo
no. 78900890 de fecha 19 de diciembre de 1975,
en atención a que terminó los estudios
correspondientes, acreditando los requisitos
establecidos para ello.

México D.F. a: _____

Con todos los honores, derechos, privilegios
y obligaciones que obligan este Título.

Firma del alumno   Directora General

_____   _____

                                          Betsamé Aguado C.

La verdad es que el tipo de beso es lo de menos: lo importante es que lo sientas con todo el corazón, que lo hagas con respeto para ti y para él, pero sobre todo que la pases padre porque es uno de los mejores instrumentos para demostrar y sentir todo el amor que existe entre los dos. Así que aplícate.

El faje

Palabra que tus papás con seguridad detestan. También conocido como "fax", "llegue", "agarrón" o ya de plano, lo más cursi de lo cursi, "nos dimos unas caricias" (ino, por favor!, eso sí suena nefasto). Bueno, el rollo es que el faje, después del beso, es la segunda experiencia de tipo sexual que puede ocurrir.

Un faje es intercambiar besos, abrazos y caricias, es tocar y permitir que te toquen. Como cada persona tiene distintas ideas y valores relacionados con la sexualidad, el faje para algunos puede ser natural y lógico dentro de una relación amorosa, y para otros no tanto. Lo importante es que estés consciente de lo que TÚ quieres y de que te sientas cómoda, segura, de hasta dónde quieres llegar. Sólo tú decides.

Cuando sucede, el olfato capta una sustancia que despide el cuerpo llamada feromona y que ayuda a mantener muy arriba el deseo amoroso. Por eso dicen que el olor del cuerpo de la persona que amas es el mejor estimulante sexual. Ahora que si tu galán no se ha bañado en los últimos tres días, más que atraerte a ti, va a atraer ipero a las moscas!

Ahora, tu novio puede ser tan educado que casi casi te manda una invitación que dice:

Tengo el gusto de invitarte este jueves a las 17:00 horas
al evento denominado:

"Faje entre Cynthia y Julio"

Que se llevará a cabo en la sala de mi casa.

Posteriormente, agradecemos su presencia en el banquete.

R.S.V.P.   Ropa Interior Sexy Rigurosa

Por otro lado, puede ser un patán y más que parecer "osito de peluche" parezca "pulpo de cuarta" porque sus tentáculos van más rápido que tu vista.

El faje es como la carreterita que conduce a hacer el amor, así que toma tus precauciones si ésta no es tu decisión. Ojo, porque hay una línea muy delgada y, si la cruzas, es difícil regresar sólo a los besitos. Corres el riesgo de que ya encarreraditos los dos, la carreterita va de bajada.

Si decides tener un faje con tu novio, las primeras veces te puedes poner como nerviosita porque no lo conoces. Es natural. Pero una vez que te presentan al faje, le dirás: "¿Cómo no te conocí antes?"

Ahora, no te claves mucho. Si le entras a todo con cada monito que quiera contigo puedes terminar con fama de wila o de pizza, porque se entrega máximo en 30 minutos.

Faje dactilar

Primero, es básico saber que si permites que el faje suba de tono, como ya se dijo, pueden entrar a un punto de encarreramiento mucho más difícil de controlar y detener. Tu cuerpo, con seguridad va a sentir placer y te va a pedir más, pero debes de preguntarte si estás lista y preparada. Y segundo, como el faje dactilar consiste en que el hombre toca los órganos sexuales de la mujer con los dedos, y aunque la vagina tiene una flora bacterial que la equilibra y protege, puedes conseguirte una infección que sólo un médico puede ver y tratar adecuadamente; por lo que es muy importante que, dado el caso, los dedos estén limpios.

La excitación

Ahora vas a conocer el verdadero significado de la palabra "excitante". ¿Qué pasa en tu cuerpo? Cuando tu cerebro recibe un estímulo (como cuando ves a un galán que te fascina), manda señales para que la presión sanguínea y el ritmo cardiaco aumenten. Aquí es cuando sientes que literalmente ise te sale el corazón! Esto manda un mayor flujo sanguíneo a los genitales, alerta los sentidos y aumenta la sensibilidad en toda la piel, o séase ique te estás derritiendo!

Si el interés sexual es súper en serio, empieza la lubricación vaginal y los pezones se pueden poner duros.

El coito

Para entender bien la onda podríamos decir que los besos son llegar a primera base, el faje ir a la segunda y el coito de plano batear un home run. En términos muy claros el coito es la penetración. En términos románticos es la culminación del amor, la unión física más íntima de dos personas, siempre que exista una entrega voluntaria total.

El orgasmo

Tan buscado por muchos, es el punto culminante en una relación sexual. Sucede cuando la excitación y la tensión muscular llegan a su punto máximo, gracias a las contracciones musculares (que tú no controlas) de los genitales, el útero y el ano.

Es mega difícil describir cómo es un orgasmo porque los hay de muchos tipos y cada quien lo experimenta de forma diferente. Hay quienes lo describen como una gran acumulación de tensión y rigidez que termina en una súper explosión o en una sensación placentera de alivio. O sea que, si el coito es un home run el orgasmo sería como ganar la serie mundial de béisbol.

También es posible no ganar la serie mundial. Muchas mujeres no han tenido un orgasmo en su vida, ya sea porque su cuerpo todavía no está listo o porque su pareja no ha sabido estimularlas. Algunas lo descubren años después de haberse iniciado con su pareja en este rollo de la sexualidad; porque con la madurez se sienten más tranquilas y seguras de lo que hacen; otras lo obtienen sin problemas. De hecho, si alguien vendiera mapas para llegar al orgasmo se volvería millonario.

La mujer es multiorgásmica; es decir, puede tener varios orgasmos en una sola relación. El hombre sólo puede tener uno por relación sexual. Marcador final: mujeres 1, hombres 0.

La relajación

Después del orgasmo se siente como si caminaras en el paraíso: te relajas y el cuerpo regresa a su estado normal. El ritmo cardiaco y la respiración se regularizan. Aun sin orgasmo, el cuerpo regresa poco a poco a su estado normal. Lo malo es que muchos hombres se duermen a media caminata por el paraíso.

Espacio para que dibujes tu paraíso ideal:

EL ROLLO SECRETO DE LA MASTURBACIÓN

De ley este tema no se toca; ¿por qué? Porque es algo muy íntimo. Sin embargo, en la exploración y conocimiento de su cuerpo, es un hecho que algunas niñas y la mayoría de los niños se masturban. A otras no les hace falta o, simplemente, este tema les tiene sin cuidado.

Según el diccionario, masturbación "es la acción de proporcionarse placer sexual estimulando los órganos sexuales con la mano u otro medio". Es una manera de conocer tu cuerpo y encontrar qué te causa placer y cómo respondes. Esto no significa que si eres de las niñas que no se masturba tienes algo raro; para nada. Algunas personas no se masturban sino hasta que son adultas o cuando tienen una relación madura y estable. Otras, como dijimos, nunca se masturban y no pasa nada. Lo importante es que te sientas a gusto y tranquila con lo que haces.

Existen mil mitos e historias acerca de lo que te puede pasar si te masturbas. Ninguno es cierto. Todos los bebés tocan sus genitales instintivamente para conocer su cuerpo y después lo repiten porque descubren placer en ello.

En realidad no hay ningún tipo de peligro en masturbarte. De hecho, es una manera de tener sexo seguro; no te puedes embarazar ni contagiar. El único riesgo es que pesques una infección si no te lavas bien las manos antes de tocarte.

Los hombres y el sexo

Los hombres empiezan la pubertad un poco después que las niñas, más o menos entre los 10 y los 14 años.

Todo empieza con una señal del hipotálamo (aunque parece nombre de animal, es una región del cerebro) y de la glándula pituitaria: juntos hacen que los hombres empiecen a producir testosterona y ahí empieza el rollo.

Los principales órganos sexuales del hombre son los testículos y el pene (posiblemente lo conoces como pilín, pajarito, pipí, pirrín, etcétera). Sólo existe algo que preocupa a los hombres más que el futbol, y es el tamaño del pene. El pene deja de crecer más o menos a los 18 años y la medida promedio de los latinos, cuando llega a su tamaño final, es de 13 centímetros, siempre y cuando no esté dormidito.

En las relaciones sexuales, un pene grande puede lastimar y uno muy chico puede casi no sentirse, pero es común que los chavos lo tengan tamaño estándar.

Los hombres son muy sexuales y muchas veces su principal interés contigo puede ser sexual, así que ponte muy buza. Quizá un chavo te haga sentir, o pienses tú, que no hay amor más sincero: te lleva flores, te escribe cartas súper profundas, te baja el cielo y las estrellas, pero en realidad, es muy posible que sólo esté tratando de enamorarte para llegar a otra cosa. También existen los hombres que de corazón se enamoran y respetan todas tus decisiones.

HECHO EN MÉXICO

Tamaño "Latino" estándar

A los 18

QUIÚBOLE CON LOS PAJARITOS

Dormidito

REGLA DE PAPEL BIEN EXACTA

Así como tú tienes algunas inquietudes en el rollo de la sexualidad, los hombres tienen las suyas; una de ellas es el tema de la erección (cuando la sangre se concentra y el pene se alarga y se pone duro para la penetración). El hombre tiene la erección cuando hay estimulación física o simplemente con pensamientos de tipo sexual, pero también puede ser así de repente y sin causa; o sea, puede tener una erección a cualquier hora por lo que puede despertar con el calzón como tienda de campaña.

Si te toca que a cierto amigo, hermano o primo tuyo se le despierta el amiguito, sé buena onda e ignóralo para que su amiguito se vuelva a dormir, y no empieces con preguntas como "¿Por qué no te sales de la alberca, vente ya todos se salieron?" O "Ya párate, no seas flojo; a ver, no me voy de aquí hasta que te levantes de la cama."

Relaciones sexuales

O lo que es lo mismo, "¿lo hago o no lo hago?"

Todos nos hemos planteado el punto de cuándo hacer el amor o no. Y neta, esta cuestión también dio vueltas en la cabeza de tus papás, tus abuelitos y hasta tu novio (aunque él diga casi casi que ilustró el Kamasutra).

Cada quien tiene distintas creencias, educación y teorías sobre tener o no tener relaciones sexuales. Hay que respetarlas. Recuerda que nunca debes sentirte presionada a hacer algo que no te late, no quieres, no estás segura o simplemente, te incomoda. TÚ decides.

Tener relaciones sexuales con amor y responsabilidad es la forma más cañona e intensa de comunicación, unión y amor que puede existir entre una pareja. Aquí se involucra todo: el cuerpo por supuesto, la cabeza, el alma y, ojo, el corazón.

Cuando se hace por presión, sólo por buscar placer o por puritita curiosidad, puede ser una experiencia insatisfactoria o hasta traumática, que puede tener repercusiones como sentirte usada o con un enorme sentimiento de vacío y soledad. Es súper importante que no te apresures: toma el tiempo suficiente para tomar una decisión, asegurarte de que tú y tu galán se quieran y se comprometan responsablemente antes de dar el paso.

Pero, ¡aguas!, piensa que a tu cuerpo lo puedes proteger para no embarazarte o no "ganarte" una infección de transmisión sexual (ITS), o una enfermedad como el sida; pero a tu corazón y autoestima, ¿cómo los proteges?

Que no te pase

Muchos adolescentes confiesan haber empezado su vida sexual sin desearlo, llenos de dudas o presiones (como cuando el novio es mayor que tú y te presiona). Las razones más frecuentes que escuchamos de las niñas son:

✖ No pude decir "no". Es importantísimo saber decir "no", sobre todo cuando te presionan, así que si no sabes cómo negarte, checa la sección "No sé decir no (asertividad)".

✖ El alcohol. Cuando te tomas unos chupes tus sentidos se atontan y, como dicen las mamás: "Las cosas que al principio no te quedan, al ratito dan de sí," o sea, te puedes volver más cooperativa que una asociación altruista, así que buza con los drinks. Ten en cuenta que a las mujeres se les sube mucho más rápido la misma cantidad de alcohol que consumen los hombres. Además, el sexo puede ser muy divertido en el momento, pero no al día siguiente cuando tienes borrado el disco duro y no te acuerdas de lo que pasó. El remordimiento puede ser horrible; además ¡qué tal si te embarazas a la primera! ¡Porque claro que es posible!

✗ Temor. A veces, el miedo de lastimar a tu novio o a que te truene y se vaya con la niña guapa del otro salón, hace que aceptes tener sexo con él. ¡Ubícate! Recuerda que si eso es sólo lo que busca, cualquier niña se lo puede dar (la del salón de enfrente, la del salón de atrás, bueno hasta la chava de la tiendita). Tú eres alguien especial y diferente y él te debe querer por eso, por ti, por lo que eres, no por tu cuerpo. Si no es así, y tú te das cuenta, que le llegue a la que quiera. Recuerda que para los hombres una mujer que se da a respetar es ¡todo un reto! y mucho más interesante. Por eso los hombres clasifican a las mujeres en las que son para echar relajo y las que son para andar en serio.

✗ Presión. Otro rollo que te puede orillar a hacerlo es sentirte presionada o manipulada por tu novio, con la famosa "prueba de amor" (¡esto ya no debería pasar ni en las películas!). Es una forma de manipularte muy pasadita de moda. Si es tu caso, lo mejor es hablar netas con él, con amplias posibilidades de mandarlo a volar. Seguro estarás incómoda, pero será peor si te quedas callada. Recuerda que más vale sola que con ¡un pulpo de cuarta!

A veces las amigas que ya tuvieron relaciones te pueden presionar a que lo hagas, no de manera directa sino con comentarios como: "¡Es lo máximo!", "¡Tirarte a un niño es de pelos!", "¡No sabes lo que te pierdes!", "¡Todas lo hacen!", "¡Ya te tardaste!" Recuerda que la decisión es tuya y sólo tuya.

✖ **Desamor.** También es súper importante que sepas que algunas niñas que tienen relaciones sexuales lo hacen porque de alguna manera se sienten solas y desean sentirse queridas o aceptadas. Y al contrario, terminan sintiéndose más solas. Ser querida o aceptada se logra con menos complicaciones, como quererte y aceptarte por lo que eres, obvio, por lo que vales.

✖ **Los medios.** De una u otra manera el sexo está súper presente en los medios de comunicación. Nos lo ponen como algo fantástico, maravilloso y sale hasta en la sopa. La verdad es que las imágenes no son reales. En la mayoría de las escenas romanticonas de anuncios o películas, los modelos se acaban de conocer y son profesionales; por eso están tan guapos (si no, todo mundo tendría un galán de esos en su alacena) y, por supuesto, les pagan una buena lana por hacer su trabajo. Así que no te la creas; en la realización hay muchas repeticiones de tomas, ediciones, retoques, rellenos, bubis operadas y efectos especiales.

Algunos riesgos

● Te puedes embarazar y hacer que tu vida dé un giro de 180 grados.

● Si no existe comunicación honesta entre los dos, un amor verdadero, o la confianza ciega para ponerle, literalmente, el cuerpo en sus manos, puede ser una experiencia muy mala. Si existe todo lo anterior, el panorama es distinto.

● Puedes contraer una ITS (Infección de Transmisión Sexual), o ser víctima del sida (Síndrome de Inmunodeficiencia Adquirida).

¿Qué pasó Rita?

- ¿Sabías que, de acuerdo con estudios realizados por The Medical Institute for Sexual Health, es cuatro veces más probable que contraigas una ITS a que te embaraces?
- Se te puede hacer fama de "zorra". Puede ser que un niño quiera una niña bien y si sabe que te has acostado con muchos desista de salir contigo o quiera tu teléfono para la despedida de soltero de un amigo. Ya, en serio, vivimos en una sociedad que, nos guste o no, juzga muchísimo; acuérdate que la reputación es súper importante, cuando se daña es como si tiraras agua en la tierra, ¿cómo la recoges?
- Algunos hombres pueden llegar a ser peores que una revista quincenal de chismes: donde los encuentres tienen algo qué chismearte, así que pueden dañarte con sus comentarios.
- Puedes tener unos mega sentimientos de culpa, especialmente cuando lo has hecho por presión de tu novio o por intentar parecer cool con tus amigas.

¿Qué pasa si te esperas?

- Vas a sentirte súper tranquila, sin arrepentimientos por haberlo hecho sin estar preparada.
- Vas a estar tranquila porque no te embarazas, porque no te contagiaste y porque no le debes nada a nadie.
- Se ha comprobado que, entre más se espera la pareja, sienten más control sobre su vida.

- Recuerda que te quedan muchos años por delante para disfrutar de una vida sexual con quien elijas y cuando quieras.
- Cuando somos jóvenes creemos ser súper maduros; la verdad es que no, y en este rollo donde te juegas el corazón y muchas cosas más, es importantísimo estar preparada, así que entre más te esperas, más madura eres.
- Cuando te esperas, construyes tu relación con el respeto y el compromiso.

Pon tus límites

Si de repente sientes que tu noviecito súper mono se convirtió en un monstruo mano larga, o sea, que van rapidísimo y como que ya no te está gustando la cosa, tienes todo el derecho de detenerlo en cualquier punto y por cualquier razón. El niño te debe hacer caso inmediatamente.

Entre los hombres se maneja este dicho: "Los hombres llegan hasta donde las mujeres quieren", y es neto. Si insiste y no quieres, sé más firme y repítelo para que entienda. Si no capta, mándalo a volar. Un niño que vale la pena comprenderá y respetará tus decisiones. Por otro lado, el respeto debe ser de ambos. También puede suceder que el niño te dice que no y tú te lo quieres cenar completito. Respétalo. ¡Pobrecito!

El himen y la virginidad

Ser virgen no tiene nada que ver con interpretar este papel en una pastorela. Técnicamente, cuando decimos que alguien es virgen, nos referimos a un hombre o a una mujer que no han tenido relaciones sexuales, aunque es más común llamar así a las mujeres; entre hombres es ser "quinto".

Esto es porque en otros tiempos se pensaba que existía un elemento físico comprobable para checar la virginidad de una mujer: el himen (la membrana de la que hablamos en el primer capítulo) que si se rompía y la mujer sangraba, supuestamente era señal de que había tenido relaciones sexuales.

Antiguamente, el himen se consideraba el símbolo de la pureza de la mujer. Si en su noche de bodas ella no dejaba la sábana manchada de sangre era considerada sucia. Además perdía todo valor dentro del mercado de las "casables", incluso en algunas culturas, la apedreaban.

En el mundo occidental, el himen mantuvo su importancia hasta los años cincuenta o sesenta del siglo pasado, cuando algunas mujeres más liberales se dejaron de preocupar por él. Esto ha influido en el resto de la sociedad, aunque hay personas y culturas que prefieren mantener una actitud más conservadora al respecto .

Diferentes formas y tamaños del himen

Ahora sabemos que el himen de las mujeres no es un sello de garantía, no tiene un código de barras ni lo puedes comprar en ninguna "promoción por fin de temporada". El himen puede ser de muchas formas y tamaños, algunos se rompen y sangran con la primera penetración y otros no. También sabemos que muchas chavas tienen una vida muy activa, hacen gimnasia, montan a caballo, andan en bicicleta, y esto provoca que pierdan el himen antes de tener relaciones. El uso de tampones o un examen pélvico del ginecólogo también pueden alterar su estado.

Finalmente, creemos que en la actitud hacia la virginidad importan cosas como la educación, el ejemplo de tu familia, tus valores, amigos y creencias religiosas. Sin embargo, es algo que sólo tú puedes decidir. Lo importante es defender tu idea, sea cual sea, y respetar la forma de pensar de los demás.

¿Por qué se dice "hacer el amor"?

Realmente, se hace el amor cuando dos personas se aman, se respetan, esperan el momento adecuado y buscan darle placer al otro y a sí mismos.

Tener sexo por sexo es muy diferente, es un acto "físico-calenturiento" sin que necesariamente exista amor y respeto, en este caso el único fin es sentir placer.

La abstinencia

Aunque para algunas personas es casi casi una palabra prohibida, la abstinencia es hoy una opción para muchos jóvenes. Está tan denso el asunto de las ITS y de los embarazos no deseados, que hoy en día muchos chavos consideran la abstinencia en serio.

Entrevistamos a 30 niños de 17 y 18 años y nos encontramos con que siete habían optado por la abstinencia. Sí, leíste bien, hombres, del género de los calenturientos, prendidos y súper guerreros. Están tan

yo, me aguanto

fuertes las broncas, los riesgos de contagio, las posibilidades de embarazo, que un buen porcentaje de jóvenes de ambos sexos prefiere llevársela leve.

El rollo es que la abstinencia no es algo del otro mundo. Si conoces a alguien que optó por ella, lejos de tacharlo como teto, ñoño, o loser, reconoce que es un mérito porque el cuate o la niña son igual de prendidos que tú. Cuando ellos ven a alguien que les gusta y traen dos chupes encima, también se les aloca la hormona, sin embargo deciden aguantarse y divertirse de otra manera. ¡Claro! de que se les antoja, se les antoja, y aunque no lo creas, los niños se clavan y respetan más a una niña que escoge esta opción.

La primera vez

Si lo haces, hazlo con responsabilidad

Hay un buen de cosas que pasan la primera vez que tienes una relación sexual. Lo más importante, como ya vimos, es que estés bien segura de tu decisión.

Si decides hacerlo, platica en serio con tu novio sobre el tema. Como no hay método cien por ciento seguro, pregúntale: "¿Qué significa para ti?, ¿cómo nos vamos a cuidar?, ¿qué haríamos en caso de embarazo?" (esta última pregunta te permite medir qué tan en serio te toma tu galán).

Muchos niños te bajan la luna y las estrellas pero, que te quede claro, si te embarazas se apanican, se hacen tontos y la mayoría desaparecen. Si eres clara y directa lo harás pensar para que sea más consciente y responsable. Asimismo, sería ideal ir al ginecólogo para que te haga un examen pélvico vaginal.

Generalmente lo has esperado y ite han dicho tanto! que juras que el lugar donde lo hagas se llenará de estrellas, la cama se elevará, tú sentirás lo más padre del mundo y brincarás de emoción. Y sí, vas a brincar, pero del susto cuando suene tu celular y descubras que es itu papá!

El rollo es que la primera vez, generalmente, lejos de ser padre, es bastante rara, no es ni fantástico, ni mágico. De hecho, en las encuestas realizadas al respecto, los resultados no son nada favorables. Es lógico: existen un buen de pensamientos, dudas y sentimientos, a veces contradictorios, que flotan entre los dos. A veces, físicamente no sabes bien ni por dónde es el asunto por más que lo hayas visto en las clases de cuarto de primaria; lo cierto es que las veces futuras no se parecen en nada a la primera.

Lo más seguro es que cuando experimentes la primera penetración sientas dolor y tengas un leve sangrado. Esto sucede porque el himen puede no ser elástico y romperse al momento de la penetración.

Si estás tensa o nerviosa, tu vagina se reseca y se aprieta, por lo que puede doler. Esto es súper típico por ser la primera vez; conforme te relajas o tienes más relaciones, la vagina se dilata, se lubrica y el dolor disminuye hasta desaparecer por completo. Mientras, se puede usar un lubricante como Jalea K-Y, Soft Lube de Sico, Multi O, Benzal Gel, Wet, Extreme Lube de Sico, o un condón lubricado para reducir el dolor.

Aunque se te haga raro este rollo de la lubricada es básico, porque si están muy nerviosos les costará mucho trabajo. Recuerda que los condones de figuritas chistosas y musicales (aunque parezca broma, sí existen) son sólo para echar relajo, no te confíes.

Estoy embarazada

¡Chin! ¿Cómo les voy a decir a mis papás? ¡Me van a matar! ¡Soy una imbécil! Y Joel, ¿qué va a decir? Yo siempre pensé: "A mí no me pasa." Se nos fue, carajo. Yo creo que el condón se rompió. ¡Tanto que critiqué a Susana que me dijo que se embarazó por una sola vez que lo hizo! Y le dije: "¡No manches!, ¿cómo crees?" Pues ahí va la bruta y me embarazo. ¿Qué voy a hacer? ¡No he terminado ni la prepa! Yo quería estudiar una carrera, irme de maestría a algún lado. ¿Y ahora? ¿Qué tal si a Joel le vale madres?

...Cuando hablé con Joel se sacó de onda durísimo, se puso todo nervioso, no quería que lo tuviera, me preguntó cómo lo íbamos a mantener, en dónde viviríamos, dijo que sólo teníamos 19 años...

Mientras Mariana, con su voz de niña, me platica por teléfono sus primeras impresiones al descubrir que estaba embarazada, escucho también los ruiditos de la bebé, ya de tres meses.

...Cuando le di la noticia a mi mamá se quedó helada, no dijo nada y se soltó a llorar. A mi papá le tengo pavor, así que preferí escribirle una carta. No querían que la tuviera, así que discutí con ellos y decidí tenerla. Les ha costado mucho trabajo aceptar todo esto.

También me corrieron de la escuela; sentí horrible y tuve que terminar la prepa en la abierta. Pero estoy contenta por la decisión que tomé, aunque he perdido muchas cosas: ya no tengo tiempo para estar con mis amigos ni puedo salir de reventón los fines de semana. Vivo con mis papás, Joel viene a ver a la niña y aunque es cariñoso, se aburre y se pone triste. Para mí es difícil porque tengo que sacar adelante a la niña, y a él...

Le pregunto a Mariana qué consejo daría a las niñas de su edad.

Que se cuiden o se abstengan. A las que ya están embarazadas, que no crean que va a ser fácil: todo se descompone, te cambia la vida por completo. De todas formas, creo que vale la pena. El parto te aterra pero es lo de menos; pienso que ha de ser peor el remordimiento.

Síntomas de embarazo

- Cambios en el tamaño de las bubis y aumento de sensibilidad.
- Oscurecimiento de la zona que rodea el pezón (areola).
- Ausencia de menstruación.
- Náuseas por la mañana, al despertar.
- Cansancio.
- Muchas ganas de hacer pipí.
- Cambio en el color de la vulva.
- Aumento de secreción vaginal.
- Te pueden dar "antojos".
- Sabor metálico en la boca.
- Puedes sentir ligeros mareos.

Tus opciones

A veces te embarazas por descuido; otras para atraparlo, porque crees que así te amará toda la vida (es la mentira más grande del mundo). Fue una noche de jarra en la que te perdiste, no te cuidaste, te valieron los métodos anticonceptivos o creíste que no te iba a pasar. Pero a la hora de la hora sí te pasó, y ahora, ¿qué vas a hacer?

No hay salida fácil de un embarazo no planeado. Una vez confirmado tienes una situación muy seria por enfrentar y pocas opciones para decidir qué hacer.

Antes que nada, no tomes una decisión tú sola. Platícalo con el papá del bebé y con algún adulto que sepas que te quiere y puede comprender, alguien que te ayude a tomar la decisión que más te convenga. Piensa que cualquier elección será difícil y dolorosa, que cambiará tu vida por completo y que no habrá vuelta atrás.

Si decides tenerlo hay tres opciones: casarte, ser mamá soltera o darlo en adopción.

Casarte

Un hijo es una de las experiencias más maravillosas en la vida de una pareja. Pero la responsabilidad de traer un bebé al mundo es gruesísima. La naturaleza es sabia y nos da nueve meses para prepararnos lo mejor posible para este cambio tan drástico en la vida. ¿Van a vivir juntos? ¿Dónde? ¿Vas a trabajar? ¿Cómo se van a mantener? ¿Quién cuidará al bebé?

Ser mamá soltera

Si deciden no casarse, ¡tranquila!, debes saber que la mayoría de las madres solteras se sienten súper bien consigo mismas por su valor. Por supuesto no va a ser fácil, pero si quieres, puedes encontrar muchas formas de recibir ayuda.

Darlo en adopción

Se necesita mucha valentía para dar en adopción a tu hijo. Pero a veces, debido a las circunstancias, tú sabes que es lo mejor. Son muchas las parejas que no han podido concebir y desean muchísimo a ese bebé para hacerlo feliz. En nuestro país existen diversos centros donde se encargan de orientarte y buscar el mejor hogar para el bebé, para que viva rodeado de amor, reciba una buena educación y un buen ejemplo.

CENTROS DE ADOPCIÓN

SEDAC
Quinta Carmelita
01 (55) 55-68-83-72

Vida y Familia
01 (55) 53-93-74-05

Hogar y Futuro
01 (55) 58-10-29-51,
58-10-29-52

Desarrollo Integral
de la Familia (DIF)
www.dif.gob.mx

Yoliguani
01 (55) 52-51-85-86,
52-51-48-29,
www.yoliguani.com

Casa Cuna Amigo Daniel;
León, Guanajuato
01 (477) 776-04-04

Fundación Colosio
01 (55) 52-82-33-03

Tiempo Nuevo;
Guadalajara, Jalisco
VIFAC 01-800-36-22-07
nacional@vifac.org.mx,
www.vifac.org.mx

Filios; Monterrey,
Nuevo León
01 (81) 83-58-44-01

El aborto

El aborto fue ilegal en nuestro país, hasta el 26 de Abril del 2007, fecha en que se despenalizó únicamente en el Distrito Federal y sólo dentro de las primeras 12 semanas de gestación, según el artículo 144 del código penal. También puede practicarse si te embarazaste por causas de una violación, si el bebé tiene malformaciones congénitas o si el embarazo representa un grave riesgo para tu salud.

Datos de la OMS (Organización Mundial de la Salud) revelan que quienes mueren por la práctica de un aborto, legal o ilegal, son frecuentemente adolescentes que llegan al hospital con hemorragias o infecciones causadas por interrumpir la gestación cuando las jovencitas se encuentran muy desesperadas.

Físicamente, el aborto puede provocar infertilidad, perforación del útero y peritonitis; en casos extremos resulta necesario extraer la matriz. Psicológicamente, causa depresión, arrepentimiento y sentimiento de culpa que, según la opinión de algunas mujeres que se lo han practicado, puede durar muchos años, incluso toda la vida.

Por dichas razones, esta opción es la más dolorosa y difícil en la vida de cualquier mujer.

La realidad es que, aunque se despenalizó el aborto en el Distrito Federal, el tema aún es muy polémico y de mucha controversia. La mayoría de los doctores no lo practican por sus creencias o simplemente por el riesgo que puede existir hacia la paciente.

Si decides hacerlo, infórmate bien, no acudas a clínicas clandestinas ni con charlatanes o hierberos.

Hay quienes defienden el aborto diciendo que cada quien es libre de decidir sobre su cuerpo; sin embargo, no olvides que el cuerpo formándose dentro de ti no es el tuyo.

De todas las opciones anteriores lo mejor sería no tener que decidir. Sé inteligente, piensa muy bien las cosas y evita que la prendidez y el momento te ganen. Valórate, opta por la abstinencia o cuídate para que no te la juegues.

Sexo cuando no quieres

La música de la fiesta está a todo lo que da mientras Rodrigo y yo platicamos, nos besamos, fumamos y bailamos cañón. Él tiene19 años y yo acabo de cumplir 16. Como a la una de la mañana siento que las cubas se me subieron y voy al baño. Rodrigo me sigue, entra detrás de mí y cierra la puerta, no digo nada. No protesto mientras él me besa.

Recargada contra la pared siento que su mano me desabrocha el pantalón. A pesar de la jarra que traigo me asusto porque nunca antes he tenido relaciones sexuales. Al mismo tiempo, una serie de pensamientos pasa por mi mente: "Si ya lo dejaste entrar aquí cómo le vas a decir que no. Ahora, ¿qué vas a hacer? No vas a perder tu virginidad en un baño. Estás hasta atrás."

En eso, Rodrigo me jala fuertemente para acostarme sobre el piso. Siento el peso de su cuerpo encima de mí. Yo lucho, forcejeo, quiero gritar y salirme de ese lugar. Él me lo impide, usa toda su fuerza hasta que, al fin, puedo sacar una pierna y logro empujarlo y salir corriendo...

Después de agradecerle a Martha, ahora de 27 años, su confianza para narrarnos su experiencia, le preguntamos:

¿Cómo te afectó lo sucedido?

Por un par de años lo bloqueé, me dañó mucho emocionalmente y, al mismo tiempo, estaba afectada por haberme mantenido en silencio. Sentía miedo y también culpa, me di cuenta de que no me había valorado y por mucho tiempo le tuve coraje a los hombres. Aprendí que era muy soberbio de mi parte creer que podía ligarme a quien quisiera y coquetear a mi antojo como si fuera un juego sin consecuencias.

¿Por qué crees que te pasó?

El alcohol tuvo mucho que ver, yo estaba jarrísima. Aprendí que el abuso sexual se da fácilmente cuando hay droga o alcohol de por medio.

¿Cuándo es abuso sexual?

El abuso sexual puede darse de diversas formas, hasta sin contacto físico de por medio. Por ejemplo: los comentarios que te incomoden, la forma en que te volteen a ver, muestras de exhibicionismo, que te obliguen a ver determinadas imágenes, algún tipo de contacto físico, toqueteo de tus partes, o simplemente ser chantajeada por alguien en posición de poder; por ejemplo, un maestro a cambio de buenas calificaciones, pasarte en un examen, etcétera.

Que no te pase

En general, cualquier tipo de abuso sexual no tiene que ver estrictamente con el sexo, sino que está más relacionado con un rollo grueso de poder. Ser víctima de una situación así es de las cosas más humillantes que te pueden suceder, pues los sentimientos de culpa y vulnerabilidad te pegan durísimo. Por eso, es importante que sepas que:

- Alrededor de 80 por ciento de las violaciones definidas como penetración sexual no deseada, ocurren entre personas que se conocen. Puede suceder entre amigos, novios o parientes. Imagínate, ¡personas en quienes confías!

- El alcohol es un factor determinante en dos terceras partes de los casos de violación y abuso sexual. Éste, como otras drogas, puede nublar la razón o hacer perder la conciencia al grado de aceptar la violación o, lo que es lo mismo, no resistirse a ella.

- ¡Aguas! En muchos casos, la mujer está dispuesta a llegar sólo hasta un punto del acto sexual; pero sucede que cuando decide detenerse, al hombre le vale, la chantajea y la obliga a continuar. Por eso es importante decir de manera clara y fuerte: "No, no quiero," y repetirlo cuantas veces sea necesario, para que quede constancia de que lo dijiste en caso de que se proceda legalmente.

Encuesta de abuso sexual

La doctora Guillermina Mejía, directora general de Adolescentes A.C., realizó un estudio piloto con un grupo de 222 jóvenes estudiantes de entre 18 y 22 años, mediante una dinámica llamada "Cuéntame tu secreto". Los cuestionarios respondidos por escrito de manera anónima y espontánea, sin presión o inducción alguna, arrojaron los siguientes resultados: 57 por ciento de las niñas habían sido abusadas sexualmente. La edad promedio de la víctima fue 8.5 años, y la del abusador, 20.3 años.

El parentesco del abusador era:

- 21% tío
- 19% primo
- 16% un extraño*
- 14% amigo o conocido de la familia
- 11% no se menciona parentesco
- 9% hermano mayor
- 4% pareja
- 3% papá/padrastro
- 2% abuelo
- 1% sacerdote

¿Comunicaste a alguien del abuso?

NUNCA: 84%
Sí: 16%

* la mayoría en este rubro coincide con exhibicionismo

Cómo ubicar a los que quieren hacerte algo

Es importante que estés consciente de lo frecuente que se da un abuso sexual o violación. Piensa bien con quién andas, con quién sales, con quién te sientes segura y por qué. Observa cómo te tratan; si el niño con el que sales o cualquier otra persona siempre insiste en ir a un lugar en donde tengan que estar solos, o notas que tiene cambios de personalidad y se comporta agresivamente: ¡ojo!

Cómo evitarlo

¿A todas nos puede pasar? Sí, a cualquiera. ¿Lo puedes prevenir? También, o reducir las posibilidades de que suceda, especialmente cuando eres joven. Sólo es cuestión de tener algunas precauciones:

EN LA CASA

- No permitas que nadie, ya sea tío, hermano mayor, primo, padrino, padrastro, vecino o lo que sea, toque tus partes íntimas cuando no quieres. De acuerdo con las estadísticas, 38 por ciento de los abusos ocurren en casa de la víctima y otro 38 por ciento en la de familiares o amigos.
- Ten en cuenta que si con los ojos cerrados, aunque sea una calaca te acaricia la piel, ¡ivas a sentir bonito! Pues la piel está llena de terminaciones nerviosas. Así que cuando alguien abusa de ti, al principio quizá te sentiste bien, luego ya no quisiste que siguiera y al terminarse el abuso puedes sentirte culpable y hasta avergonzarte. No lo permitas. Tal vez estas circunstancias contribuyan a que te quedes callada: ¡JAMÁS!
- Se ha dicho que más que un abuso sexual, se le debería llamar seducción sexual. El abusador lo sabe y lo usará como herramienta para amenazarte. No lo permitas NUNCA.
- Por ningún motivo toques los genitales de un adulto (buza, porque para convencerte son capaces de hacer e inventar lo que sea).
- Si algo así ocurriera avisa de inmediato a un adulto de tu confianza, no te calles; entre más tiempo guardes el secreto más trabajo te costará decirlo. Por favor, habla de inmediato, te prometemos que te van a creer.

- Muchas de las violaciones se cometen en medio de un parque público y durante el día. Si notas que te siguen, grita, corre, entra a una tiendita o a un lugar con gente.

- Evita caminar sola por lugares desconocidos, oscuros o poco transitados. Hay calles tan, pero tan solas que hasta parece que se llaman "Avenida Abuso Sexual": trata de no caminar por ahí.

- Si tienes que pasar por ahí, usa zapatos cómodos con los que puedas correr; camina con paso firme, derecha, muy segura y con la cabeza en alto. Que se note que sabes a dónde te diriges.

- De ser posible, lleva un celular en la mano con un teléfono premarcado para que, en caso de necesitarlo, sólo aprietes la tecla "llamar". (Incluso puedes fingir que estás hablando con alguien que supuestamente está muy cerca de donde tu estás.)

- Cuando camines por la calle evita pegarte a la pared al dar vuelta en la esquina; alguien podría estar esperándote del otro lado.

- Procura no subirte sola al elevador con un desconocido, o con un conocido que no te dé confianza.

- Si alguien en un coche te pide información responde de lejitos, no te acerques a él.

- Si manejas sola, mantén tus vidrios arriba y las puertas cerradas con seguro. Si sospechas que alguien te sigue, si otro coche te pega por atrás, o te ponen algún obstáculo en la calle, nunca te detengas ni te bajes del auto. Maneja hacia una área transitada y toca el cláxon constantemente hasta que alguien se acerque o el sospechoso se vaya; si traes celular llama inmediatamente al teléfono de emergencia (es recomendable guardarlo en la memoria). Por supuesto no le des ride a nadie.

- Si notas que algún hombre te mira con insistencia y te hace sentir incómoda, no lo pienses, cámbiate de lugar o vete.

- Ya que las drogas y el alcohol disminuyen tu posibilidad de defenderte, no bebas en exceso ni utilices otro tipo de sustancias.

- Confía en tus instintos. Si el niño con el que estás comienza a actuar raro o alguna situación o lugar no te late, vete, corre o, si es necesario, haz una escena para llamar la atención.

- Se sabe que cuando una niña está en un bar o en un antro y alguien quiere abusar sexualmente de ella, el violador puede introducir en la bebida de la mujer un sedante muy potente o sobornar al mesero para que lo haga. La niña se siente paralizada, se le nubla la vista, se marea y entra en un estado de somnolencia que afecta seriamente su memoria. Quienes han sido víctimas de esta situación, dicen que no se acuerdan de nada de lo que les pasó. Ten cuidado antes de aceptar bebidas de tipos desconocidos.

- Aunque un galán te haya invitado la mejor cena en un restaurante muy caro y te haya pedido la mejor botella en el antro de moda, eso no le da derecho a disponer de tu cuerpo.

- Evita regresarte sola en el coche de un cuate que acabas de conocer en la fiesta o el antro, aunque aparente ser el más buena onda.

- De ser posible toma clases de alguna disciplina relacionada con defensa personal, por ejemplo el judo te ayuda a hacerle llaves a una persona aun cuando está muy cerca de ti, como en el coche o abrazándote. También el karate es buena opción y no olvides que una buena patada en las partes nobles del abusador puede ser tu mejor arte marcial.

AHORA:
PONTE SÚPER BUZA PARA QUE NO TE VAYAN A DAR UNA DE LAS...

Drogas de la violación

CHECA ESTO

Estas drogas facilitan de manera impresionante los asaltos sexuales, en personas que obviamente no desean tenerlos. Los efectos que estas drogas producen hacen a las victimas (tus amigas o tú) más indefensas, incapaces de rehusarse y confundidas de lo que pasó o de plano no se acuerdan de nada.

KETAMINA

Muchos chavos (y no tan chavos) les dicen Special K, Vitamina K, Kit Kat, o Keta. Es un anestésico general, que casi no se usa para las cirugías con humanos, pero se usa mucho en la práctica veterinaria. Son legales para uso médico, pero ilegales para uso recreativo. La principal bronca es que se diluye súper fácil en las bebidas porque es insípida e incolora. Dentro de los efectos en las victimas está la reducción en la conciencia, se les olvidan los eventos inmediatos, causa sueño y se distorsiona lo que ven y lo que oyen.

Imagínate qué peligroso, la persona que te la da te tiene prácticamente con control remoto y sin preocupación de que te acuerdes de lo que pase.

Por eso el testimonio que la víctima ofrece a la hora de una declaración después de la violación es cero confiable. Algunos la combinan con cocaína y cristal para inhalarla, lo que se conoce como CK, o Calvin Klein.

GHB

También se conoce como Éxtasis líquido. Es un depresor del sistema nervioso central; produce sueño, amnesia y modifica tu voluntad; ¡imagínate qué grueso! También se diluye fácilmente en bebidas o se añade a la comida, produce deterioro del juicio y consumiéndolo percibes cosas y situaciones alteradas, distintas de cómo son en realidad.

¿Qué hacer?

- No pierdas de vista tu bebida.
- No aceptes bebidas que no hayan sido abiertas enfrente de ti o por ti.
- Asegúrate de que sea un envase cerrado.
- Ni por equivocación aceptes bebidas de extraños o de personas a quienes tienes poco tiempo de conocer.
- Al ir a fiestas o antros, ve en grupo y ponte de acuerdo con tus amigos y amigas para que todos cuiden las bebidas de los demás.
- Si llegas a una fiesta en grupo, sal con ese mismo grupo.
- Si piensas que has sido víctima de un asalto sexual, avísale a tus papás y a las autoridades inmediatamente.

Recuerda que hay muchos hombres que parecen ser buena onda y tienen pésimas intenciones, así que si estás en plena fiesta y te das cuenta de que te empiezas a sentir mal, de volada díselo a una amiga o a un amigo de confianza para que llamen a tus papás y te lleven a tu casa, antes de que sea demasiado tarde.

Que no te intimiden

Si de repente te encuentras en una situación donde un tipo te pide que tengas alguna relación con él de tipo sexual, a pesar de que tú no quieras, ¡no te dejes! Es muy probable que proteste, te asuste, te haga sentir culpable o trate de amenazarte con frases tipo: "¿Qué te pasa? No seas niña", "¡Qué ridícula!", "Mira cómo me pusiste, ¿crees que me puedo ir así?", "Todo el mundo va a enterarse de que eres una wila", o ¡qué sé yo! Quizá recurra a los chantajes más inimaginables. ¡No te la creas! ¡No te dejes intimidar! Lo hace para provocarte miedo, para que te calles y él logre lo que quiere.

Insistimos, denúncialo, no te quedes callada, platícalo con tu mamá, tu papá o con algún adulto al que le tengas confianza. Que no te dé pena. ¡Al contrario!, sentirás un gran alivio. No hay nada peor que sobrellevar en soledad esta humillación. Nadie tiene derecho a forzar a una mujer a tener relaciones sexuales si ella no quiere, ni aun estando casados.

Quienes abusan sexualmente de una niña o una mujer dependen del silencio de su víctima; en el momento en que hables eso se acaba. Por eso, denúncialo de inmediato, sin importar quién sea. ¡No te sientas culpable de nada! Si tomaste un poco, si permitiste que te besara o accediste a ir a un lugar solitario, eso no le da derecho a sobrepasar tus límites. No te calles. ¡Alza la voz!

En caso de que hayan logrado dañarte o violarte, te proporcionamos los datos de instituciones donde puedes encontrar ayuda.

Centros de atención a víctimas

▶ Agencias especializadas en delitos sexuales
Dan servicio en la ciudad de México las 24 horas, todos los días del año. Te atienden mujeres que además pueden informarte sobre los centros de servicio en tu localidad.

Agencia 5:	01 (55) 53-45-56-56
Agencia 47:	01 (55) 52-00-93-84

▶ Centro de Terapia de Apoyo a Víctimas de Delitos Sexuales

01 (55) 52-00-96-32 al 36

▶ Comisión Nacional de Derechos Humanos

01 (55) 56-81-81-25
54-90-74-00

▶ Asociación para la Defensa de la Mujer

01 (55) 55-74-85-47, 55-75-01-52

▶ Asociación para el Desarrollo Integral de Personas Violadas

01 (55) 56-82-79-69, 55-43-47-00

▶ Asociación Mexicana Contra la Violencia hacia las Mujeres COVAC

covac@laneta.apc.org

▶ Instituto Nacional de las Mujeres

www.inmujeres.gob.mx
contacto@inmujeres.gob.mx

¡Cuídate de las ITS!

(ITS)
infecciones de transmisión sexual

No olvides que los hombres, por más decentes y lindos que se vean, son desconocidos, no conoces su curriculum completo. Tal vez ese niño que hoy parece príncipe de sangre azul, ayer en la noche estaba en un table dance y en lugar de príncipe era sapo.

El niño que jura estar sano y que no tiene "nada raro" puede meterte en una bronca gruesa porque no sabes en qué antros, ¡perdón!, "castillos", se ha metido. Si un niño tiene herpes genital o el virus del papiloma humano, ¿crees que te lo dirá?

Nadie habla de las Enfermedes (ETS) o infecciones de transmisión sexual (ITS) ni siquiera con su mejor amigo/a. Es un rollo penoso, incómodo y lamentablemente bastante común. Es difícil que escuches hablar de esto a alguien en reuniones, fiestas, en la escuela o a la hora del club. Bueno, incluso hay personas que ni al doctor van.

Queremos informarte sobre esto porque, estamos seguros, a la hora del chupe, el reventón y la calentura, es en lo último que piensas o lo que menos te interesa, así ya no cabe el rollo de: "No sabía", "si alguien me lo hubiera dicho", "de haberme informado".

Es fácil encontrar a alguien que se reconozca como persona en recuperación de drogas o anorexia, y esto es súper admirable. Sin embargo, es muy difícil, o casi imposible, encontrar a quien acepte o confiese que tiene o tuvo una ITS. ¿Te imaginas? "Hola, soy Luis y tengo verrugas genitales," o bien: "Oye, quiero contigo. ¡Ah! por cierto, tengo herpes genital, es contagioso y si te embarazas es posible que tu bebé tenga broncas de salud pero, vamos, ¿no?"

Por lo general, tener alguna de estas enfermedades es un sufrimiento que se enfrenta a solas. Checa estos datos:

✳ ¿Sabías que en los años cincuenta del siglo pasado se conocían sólo cinco enfermedades de transmisión sexual y que ahora se conocen más de 50? (está cañón, ¿no?).

✳ ¿Que 25 de ellas son súper comunes entre los jóvenes y 30 por ciento incurables?

✳ El 80 por ciento de las ITS ¡no presentan síntomas! Así que, ¿cómo curar algo que no sabes que tienes? Contagias sin saber y, a largo plazo, te puede causar infertilidad, inflamación pélvica, cáncer y hasta ¡la muerte! La neta es que está densísimo.

✳ Una de las enfermedades más comunes actualmente es el virus de papiloma humano y, ¿sabías que hoy en día mueren más mujeres por broncas de papiloma que de sida? Y como ya dijimos, es cuatro veces más probable que contraigas una ITS a que te embaraces.

Cómo saber si te tienes que hacer una prueba de ITS

Piensa: ¿has tenido relaciones sexuales con alguien que, a su vez, las haya tenido con alguien más? ¡Imagínate la cadenita que se puede hacer! Si la respuesta es sí, ¡hazte una prueba de ITS o de ETS! Ve al médico, sácate un análisis de sangre o hazte un cultivo en un laboratorio. De hecho, se recomienda que si eres sexualmente activa en una relación monógama (o sea, sólo con tu novio), te hagas una prueba cada seis meses.

Sobre todo, quítate de la mente los choros falsos de: "A mí no me va a pasar. Si no tengo síntomas, es que no estoy enferma de nada. Si no hay penetración, no existe riesgo de contagio." ¡Olvídalo! Estas enfermedades no sólo se transmiten por medio del esperma y fluidos vaginales, sino que algunas puede ser por el simple contacto con los genitales; así, de piel a piel, en esos encuentros donde la ropa ya salió sobrando o a través de la saliva o de la sangre. Por eso los condones no son cien por ciento efectivos para protegerte. Así que si no te cuidas, con una sola vez que estés íntimamente con un chavo puedes contagiarte.

Mentiras y verdades de las ITS

ESTO ES SÚPER MEGA FALSO →

- Sólo te contagias cuando practicas el acto sexual completo.
- Si te lavas mucho, o después del acto sexual, no contraes ninguna de esas enfermedades o infecciones.
- Si te contagias, lo descubres de volada porque te empieza a dar una comezón insoportable en todo el cuerpo.
- La única enfermedad seria es el sida, las otras se quitan con pomadas que venden en las farmacias.
- En cuanto deja de picarte ya no hace falta que te sigas tratando.

ME CAE QUE ESTO ES BIEN CIERTO →

➲ Son muy contagiosas.
➲ La mejor manera de evitar el contagio es evitar las relaciones sexuales.
➲ Los síntomas no son inmediatos y hay que conocerlos. Infórmate.
➲ El único medio para combatirlas es un tratamiento prescrito por el médico.
➲ Algunas enfermedades desaparecen un tiempo pero quedan latentes y reaparecen en una nueva fase.
➲ De no atenderse, muchas pueden causar la muerte.

Infórmate y reflexiona sobre esto. Piensa: cualquiera puede tener relaciones sexuales, y eso no nos hace ni más mujeres ni más hombres. En cambio, la firmeza, la integridad, el respeto por ti y por los demás ¡sí te convierte en mejor persona! Además, no hay nada como entregarte a quien amas, sin broncas, sin miedos y sin preocupaciones.

¿De qué te puedes contagiar?

A continuación, te presentamos una lista que te explica, a grandes rasgos, cómo se adquieren estas enfermedades, los síntomas y el tratamiento médico adecuado.

Gonorrea

✱ ¿Qué es?

Una infección bacterial.

✱ ¿Cómo te da?

Por contacto vaginal, anal o sexo oral.

✱ Síntomas

Son más molestos para el hombre que para la mujer, quien a veces no presenta síntomas. Los hombres sufren dolor intenso al orinar o cuando el pene secreta. Las mujeres pueden tener secreciones e hincharse los labios vaginales.

✱ Prevención

Evita las relaciones sexuales hasta que la persona esté curada. El condón y los espermicidas reducen el riesgo pero no al 100 por ciento.

✱ Tratamiento

Antibióticos.

✱ Implicaciones a largo plazo

La gonorrea no tratada puede provocar enfermedades inflamatorias pélvicas y esterilidad.

Ladillas

✱ ¿Qué son?

Piojos que se instalan en el vello púbico y se alimentan de sangre. También pueden vivir en el cabello y en las axilas.

✱ ¿Cómo te dan?

A través del contacto cercano con una persona que las tenga. Compartiendo ropa interior, sábanas y ropa de cama. Las mascotas pueden traer consigo estos bichos.

✳ Síntomas

Mucha comezón. Posiblemente manchitas de sangre en la ropa interior por las mordidas. Si miras de cerca las podrás ver.

✳ Prevención

Evita contacto íntimo con personas que las tengan.

✳ Tratamiento

Medicamento prescrito por el médico. Lavar toda la ropa utilizada recientemente y los sitios o prendas donde pueda haber ladillas. Estos bichos pueden ser difíciles de quitar y tal vez necesites repetir el tratamiento varias veces.

✳ Implicaciones a largo plazo

Ninguna.

Herpes

✳ ¿Qué es?

Hay dos clases de virus de herpes. El herpes oral puede aparecer en forma de llagas o fuegos alrededor de la boca. Es extremadamente común pero no es considerada una ITS. El herpes genital es otra historia, definitivamente una ITS. Esta clase de herpes se caracteriza por dolor, comezón y llagas en la zona genital.

Lo que resulta confuso es que el herpes oral puede aparecer en los genitales y causar síntomas similares a los del herpes genital. El virus del herpes genital se aloja en la base de los nervios de la columna vertebral y vive ahí permanentemente.

Los síntomas pueden aparecer al contraerse el virus, o tiempo después, y regresar de manera esporádica. Algunos detonantes de estas reapariciones son la fatiga y el estrés.

✳ ¿Cómo te da?

A través de contacto oral, genital o anal con una persona con llagas activas de herpes; es decir, cuando la llaga está abierta y se dice que está derramando. Puedes contraerlo por contacto de piel a piel o mediante fluidos vaginales o esperma, que lo trasladan de la llaga a otra locación.

✳ Síntomas

La primera vez aparecen una o más llagas en la zona genital, que se pueden romper, sangrar o supurar, y dar comezón. Tardan en secarse entre siete y catorce días.

Algunas veces los brotes son seguidos por síntomas parecidos a los de la gripe (dolor de cabeza y cuerpo cortado, fiebre y fatiga), así como dificultad al orinar. Los síntomas pueden surgir después de varios meses del contagio. Los siguientes brotes usualmente son más leves y pueden confundirse con infecciones o alergias. Los brotes también aparecen sin presencia de síntomas.

✳ Prevención

Siempre utiliza condón, así como espermicidas. Hay riesgo de contagio aun cuando las llagas no sean visibles. Los condones para mujer son todavía mejores que los de hombre porque cubren más del área genital.

✳ Tratamiento

Las pomadas pueden reducir la molestia del herpes, disminuyen la comezón y aceleran el proceso de cicatrización. Son recomendables los baños de asiento. Las cremas anestésicas pueden disminuir la molestia; además, algunos medicamentos antivirales pueden reducir los brotes. Comer bien y dormir bien ayuda al tratamiento.

✳ Implicaciones a largo plazo

Una vez que contraes herpes tendrás que vivir con él toda la vida y necesitarás tener muchos cuidados. Lávate las manos frecuentemente cuando tengas brotes, evita tocarte ojos y cara después de tener contacto con una llaga. El herpes en los ojos es peligroso y puede provocar ceguera. Si estás infectada es difícil dar a luz en parto natural, pues un brote podría tener graves consecuencias en el recién nacido. Si te embarazas dile a tu doctor que tienes herpes.

Virus del papiloma humano

✱ ¿Qué es?

Es un virus de transmisión sexual muy común, relacionado con el virus que causa verrugas en cualquier parte del cuerpo.

✱ ¿Cómo te da?

Se adquiere a través del contacto de la piel, contacto vaginal, anal o sexo oral con alguien que tenga el virus.

✱ Síntomas

Usualmente no causa dolor, algunas veces aparecen verrugas que dan comezón en alguna zona genital externa o interna.

Tienen una apariencia diferente dependiendo de si son más duras, blancas o cafés en los genitales externos, más suaves y rosadas en la parte interior del canal vaginal o en el cérvix. Pueden aparecer individualmente o en grupo.

✱ Prevención

Algunos métodos como los condones y los diafragmas ayudan a reducir el riesgo. Se puede transmitir de piel a piel aun con protección. Muchas personas tienen verrugas y no lo saben, otros tienen el virus y lo ignoran.

✱ Tratamiento

Una vez que el médico diagnostica, las verrugas pueden congelarse, quemarse, tratarse con láser o cortarse. El sistema inmunológico del cuerpo parece que limpia el virus del cuerpo permanentemente o por un largo tiempo. Existen medicamentos para eliminarlo.

✳ Implicaciones a largo plazo

Algunas verrugas que no se han tratado pueden seguir creciendo, romperse y sangrar si son irritadas. Algunos efectos del virus que causan las verrugas se relacionan con el cáncer cervical y con condiciones precancerosas del cérvix, aunque el porcentaje de estos casos es bajo. El papanicolau es una forma confiable para detectar el cáncer cervical, que es fácil de tratar y curar en fases iniciales. Cada mujer necesita practicárselo una vez al año. Aquellas que han sido diagnosticadas con el VPH (virus del papiloma humano) deberán hacérselo cada seis meses.

NOTA:

Ya existe una vacuna preventiva que puede ayudar a que no te contagies de VPH.

Consulta con un médico.

Clamidia

✳ ¿Qué es?

Una infección bacterial en los genitales.

✳ ¿Cómo te da?

Se adquiere a través del contacto con la piel, el contacto vaginal o anal y el sexo oral.

✳ Síntomas

Sensación de quemazón al orinar y en los genitales. Cambio de olor y textura en el flujo. Posibles cólicos.

✳ Prevención

Asegúrate de que tú y tu novio no estén contaminados. Usen condones (para hombre o mujer) con espermicida al tener sexo oral, vaginal o anal.

✳ Tratamiento

Con antibióticos si es diagnosticada en las fases iniciales.

✳ Implicaciones a largo plazo

Sin diagnosticar y sin tratar puede causar daños en vías urinarias y órganos reproductores, enfermedades de inflamaciones pélvicas (EIP) en la mujer y esterilidad.

Hepatitis B

✳ ¿Qué es?

Un virus que daña al hígado.

✳ ¿Cómo te da?

Se transmite por medio de los fluidos corporales incluyendo la saliva. La puedes contraer al besar a una persona infectada, o al tener contacto sexual oral, anal o vaginal. También al compartir agujas usadas, navajas, cepillos de dientes, tijeras para uñas, o al utilizar instrumentos no esterilizados para hacer piercings o tatuajes.

✳ Síntomas

Sarpullido, fatiga, nauseas, vómito, dolor corporal, dolor abdominal, pérdida de apetito, tono amarillento en la piel. También hay quienes no presentan síntomas.

✳ Prevención

Existe una vacuna que se suministra en tres inyecciones. La hepatitis B es altamente contagiosa, así que debes evitar el contacto íntimo con quienes la padezcan. Los condones femenino y masculino, utilizados con espermicidas, reducen el riesgo de contagio durante el sexo, pero seguirás expuesta aun si se besan.

❋ tratamiento

La vacuna es efectiva aun después de la exposición. También las inyecciones de inmunoglobina ayudan a fortalecer el sistema inmunológico para combatir el virus.

❋ Implicaciones a largo plazo

Si te cuidas bien, con descanso, una buena dieta, nada de alcohol y el tratamiento médico adecuado, esta enfermedad puede controlarse. Sin embargo, es crónica. Sin tratamiento y sin control puede dañar el hígado y causar la muerte.

Sífilis

❋ ¿Qué es?

Es una bacteria de transmisión sexual que entra en la corriente sanguínea y provoca úlceras, llagas y sarpullido.

❋ ¿Cómo te da?

Por sexo oral, anal o vaginal. Algunas veces por besos ya que las llagas pueden aparecer en el interior de la boca.

❋ Síntomas

Se manifiesta en diferentes etapas: primero aparece una llaga donde se dio el contacto, la llaga comienza a supurar y, posteriormente, se seca (la etapa de supuración es la más contagiosa).

Sin tratar, la bacteria avanza hasta provocar sarpullido, fiebre y dolores de cabeza. La llaga seca no implica curación: la enfermedad es latente y quien la padece se convierte en portador.

✳ Prevención

Los métodos como el condón masculino y femenino, utilizados con espermicida, reducen el riesgo. Claro, debes pensarlo muy bien antes de tener relaciones sexuales con alguien que la padece.

✳ Tratamiento

Antibióticos.

✳ Implicaciones a largo plazo

La sífilis sin tratar puede deteriorar órganos vitales, provocar daño cerebral y hasta la muerte.

Vaginosis bacteriana

✳ ¿Qué es?

La vaginosis bacteriana es el tipo más común de infección vaginal.

✳ ¿Cómo te da?

La causa de la vaginosis bacteriana (VB) no se conoce del todo. Tiene que ver con un desequilibrio en la cantidad de bacterias que por lo general están en la vagina. Normalmente, la mayoría de las bacterias en la vagina son "buenas", pero también hay unas cuantas bacterias que son "dañinas". La VB se presenta cuando hay un aumento del número de bacterias dañinas.

Algunas de las situaciones que pueden aumentar el riesgo de contraer la VB son:

✳ Tener una nueva pareja o múltiples parejas sexuales.
✳ Hacer lavados vaginales.

La relación de la actividad sexual en la aparición de la VB no es clara. Las mujeres no contraen la vaginosis bacteriana por el contacto con los baños, las pijamas, las albercas o por tocar los objetos que las rodean. Sin embargo, las mujeres que nunca han tenido relaciones sexuales también pueden padecer esta infección.

❋ Síntomas

Las mujeres con VB pueden tener un flujo vaginal anormal con un olor desagradable, u olor a pescado, sobre todo después de haber tenido relaciones sexuales. Cuando tienes VB, el flujo vaginal es generalmente de color blanco o gris y puede ser un poco espeso. También se puede sentir ardor al orinar o comezón en la parte externa de la vagina o de plano los dos síntomas. Debes tener cuidado, pues muchas mujeres sienten que estos síntomas son normales y no saben que tienen VB.

❋ Prevención

Dentro de los puntos que pueden ayudar a prevenirla, están el tener una buena higiene diaria, en especial cuando tienes tu menstruación; tener una sola pareja sexual, no darse lavados vaginales, ni ponerse desodorantes en aerosol que tapen tu olor vaginal.

❋ Tratamiento

Antibiótico, crema o gelatina que se inserta en la vagina con un aplicador. Es muy importante que si estás tomando algún otro medicamento, lo comentes con tu doctor.

❋ Implicaciones a largo plazo

En la mayoría de los casos, la vaginosis bacteriana no produce complicaciones; pero cuando la tienes puede aumentar la posibilidad de que te contagies de otra ITS.

A mí sólo me daban catarritos

Sida (síndrome de inmunodeficiencia adquirida)

Es casi imposible que haya alguien que desconozca la existencia del sida, pero ¿qué es exactamente? Es una enfermedad que se transmite por un virus en la sangre, en los flujos vaginales o en el semen, llamado VIH, que ataca el sistema inmunológico; así, la persona es más vulnerable a enfermarse porque queda sin defensas ni protección.

Hasta ahora no se ha descubierto una cura contra el virus, aunque existen tratamientos súper caros que lo pueden más o menos controlar.

El virus hace un trabajo silencioso, va destruyendo células (linfocitos CD4) por lo que una persona puede tardarse años en descubrir que está enferma (a esto se le llama ser portador). Tener el virus no es lo mismo que tener sida, aunque un portador puede desarrollar la enfermedad con el tiempo.

Se puede transmitir al tener relaciones sexuales con una persona infectada, a través de la penetración oral, anal o vaginal. También al utilizar objetos como jeringas usadas, agujas de tatuaje, instrumental quirúrgico no esterilizado, navajas de rasurar, o de madre a hijo durante el embarazo o la lactancia.

Los síntomas

En las fases iniciales son imperceptibles. Después, se inflaman los ganglios linfáticos, hay una pérdida gruesísima de peso, sudoración por las noches, fiebre intermitente, diarrea, dolor de cabeza, infecciones frecuentes y cansancio.

Se puede prevenir usando el condón masculino o femenino, acompañado de espermicida (que mata a los espermatozoides) al tener relaciones sexuales.

Aguas con el sida, porque sí... da

Sobra decir que el sida es un asunto de vida o muerte. No le dedicamos tanto espacio por mera casualidad; mucha, pero mucha gente se está muriendo por esta enfermedad.

Cuando eres joven crees que tus decisiones no serán trascendentales: todo lo contrario, ¡son muy importantes! Como a esa edad se vive "la vida loca", puedes tener mucho más riesgo.

Como ya dijimos, la ciencia no ha encontrado la cura para el sida, así que no importa cuánto tomaste, cuánto te gusta el chavo o si es tu única oportunidad para estar con él: si no tienes condón, no te la juegues. Ni el momento más increíble del universo es suficiente para arriesgar tu vida.

NOTA:

Si algún día sospechas que te contagiaste de sida, espera a que pasen tres meses de la relación, hazte un análisis de sangre y acude al médico con los resultados. No hagas caso de remedios caseros, de curanderos o de brujos. Lo más importante entonces, es que dejes de tener relaciones sexuales para evitar que la enfermedad se propague.

CENTROS DE APOYO:

Telsida
01 (55) 52-07-40-77
01-800-712-08-89
Diversitel
01 (55) 52-72-25-22

Cómo evitar el contagio de ITS y de ETS

Actividades sin riesgo

- Abstinencia.
- Masajes.
- Abrazos.
- Frotación corporal.
- Beso seco.
- Masturbación.

Actividades de muy bajo riesgo

- Besos húmedos.
  - De qué te puedes contagiar: catarro, gripe, hepatitis B.
  - Cómo lo puedes evitar: aplicando la vacuna para hepatitis B y no besar a alguien que está enfermo.

Actividades de bajo riesgo

- Masturbación mutua.
  - De qué te puedes contagiar: de nada si es que no hay cortadas en las manos o lesiones en los genitales. Si las tienes y estableces contacto íntimo con alguien que tenga sida, puedes contagiarte porque el esperma infectado entra al flujo sanguíneo.
  - Cómo lo puedes evitar: usando guantes de látex, condón masculino o femenino y espermicida.

Actividades riesgosas

- Sexo oral al hombre.
  - De qué te puedes contagiar: herpes, sida, hepatitis B, gonorrea, sífilis y condilomas.
  - Cómo lo puedes evitar: usando condón.

- ▶ Penetración vaginal.
- ▶ Sexo anal.
- ▶ De qué te puedes contagiar: herpes, sida, hepatitis B, gonorrea, sífilis, clamidia, y condilomas.
- ▶ Cómo lo puedes evitar: usando condón masculino o femenino y espermicida.

Sexo oral

Es la unión de la boca con los genitales. Es importante tener cuidado porque muchas enfermedades como el herpes y el sida se pueden transmitir de esta manera. Como los virus no son visibles y nunca sabes si tu pareja está contagiada, lo mejor es protegerte. Si decides practicarlo, recuerda que el uso del condón aminora el riesgo, pero aguas porque no es 100 por ciento seguro.

Sexo anal

Es la penetración del pene o los dedos en el ano. Ahí se encuentran muchas terminaciones nerviosas por lo que para muchos es una zona placentera. Sin embargo, el acto sexual puede ser doloroso y con riesgos pues es posible que las paredes del recto se desgarren y sangren, lo que lo convierte en lugar ideal para transmitir o adquirir una enfermedad sexual.

Esta situación empeora cuando el pene, posteriormente, se introduce en la vagina: si estuvo en contacto con el ano, se encuentra muy contaminado por materia fecal. ¡Evítalo!

Protección sexual

Wooowww
Ya le viste su
"ESE"

Métodos anticonceptivos

Sí tú y tu galán van a compartir y a conocerse sus cositas, es fundamental que te informes sobre el tema.

Si eres sexualmente activa, no importa qué pastilla o qué método uses, siempre existe la posibilidad de que te embaraces o contraigas una ITS.

Una vez más, ¡sólo la abstinencia es 100 por ciento segura!

Puedes aumentar la protección al utilizar dos métodos anticonceptivos a la vez (como pastilla y condón), ¡siempre y cuando las pastillas no sean de menta!

Checa estos datos:

- Según un artículo publicado en el diario Reforma, en México, de acuerdo con la Universidad Nacional Autónoma de México, nacen anualmente más de 500 mil bebés de mamás menores de 20 años. Es decir, 1369 partos diarios. ¡Qué tal!

- De acuerdo con el Instituto Nacional de Estadística, Geografía e Informática (INEGI), sólo 45 por ciento de mujeres entre 15 y 19 años utilizan métodos anticonceptivos, cuando 96 por ciento de los jóvenes las conocen; o sea, que al otro 55 por ciento ¿que onda?

Cualquier método es mejor que ninguno. Hay diferentes y cada uno tiene sus ventajas y desventajas.

TABLA

DE MÉTODOS ANTICONCEPTIVOS Y PROTECCIÓN

Tipo de anticonceptivo	Efectividad contra las ITS	Efectividad contra embarazos
Condón.	Alta. A excepción de la abstinencia, el condón es el mejor método para no contraerlas.	88% (condón masculino) la efectividad aumenta si además se usa algún espermicida.
Diafragma con espermicida.	Baja. El espermicida te puede proteger contra el virus del papiloma humano y la gonorrea.	82%
Método natural, ritmo.	Ninguna.	Muy baja.
Óvulos, espuma o jaleas.	Baja. Puede proteger contra clamidia y gonorrea.	79%
Píldora anticonceptiva.	Ninguna.	99%
Coitus interruptus.	Ninguna.	38%
Preservativo femenino.	Buena. Cubre una superficie vaginal considerable.	90%
DIU: Dispositivo intrauterino.	Ninguna.	Entre 98 y 99%
Ligamiento de trompas.	Ninguna.	99%
Esponja.	Ningujna.	Entre 64 y 94%
Píldora anticonceptiva de emergencia.	Ninguna.	Entre 80 y 95% depende del tiempo en que se tomó después del coito.
Implante anticonceptivo	Ninguna.	99%
Anillo intravaginal	Ninguna.	99%

Lo que NO funciona como método anticonceptivo

Existen mitos acerca de métodos anticonceptivos que no tienen nada que ver, o sea, no tienen fundamento:

+ Tomar mucho limón. Sólo sirve para cuando tienes gripe.
✖ Hacerse lavados vaginales con vinagre.
+ Tomar una pastilla anticonceptiva sólo el día que se tienen relaciones sexuales o llevar dietas especiales: estas creencias son como de película futurista.
✖ Brincar después de tener relaciones sexuales para que se salga el semen: no sirve de nada.
✖ Retirar el pene antes de la eyaculación.

Métodos anticonceptivos más comunes

La pastilla

Es recomendable que la recete un médico pues hay de diferentes tipos. Es una pequeña pastilla que contiene dosis mínimas de hormonas que impiden la ovulación. Existen diferentes marcas y las concentraciones hormonales varían de una a otra. Algunas deben tomarse el día que te baja; otras, a los siete días de haber terminado la menstruación; unas más, a partir del quinto día del inicio de la menstruación. El ginecólogo sabrá cuál es la mejor para ti. Se pueden comprar en cualquier farmacia. Como méto-do anticonceptivo es bastante seguro; además, los ciclos menstruales se hacen más regulares y el dolor disminuye. Puede tener efectos secundarios, especialmente durante los tres primeros meses de uso:

- Aumento de peso.
- Aumento de vello.
- Dolor en los pechos.
- Dolor de cabeza.
- Depresión.
- Náuseas.

Por último, está contraindicada a las fumadoras y cuando tienes algún problema en las bubis.

A pesar de todo, muchas mujeres la prefieren y es uno de los métodos anticonceptivos más utilizados.

Hay que recordar tomarla diario a la misma hora porque si no lo haces pierde su efectividad.

El dispositivo intrauterino

Es un aparato de plástico o cobre en forma de "T". El médico lo inserta en el útero y lo revisa cada seis meses para comprobar que esté bien colocado. Actúa como anticonceptivo al hacer que el útero sea inhabitable para un óvulo fecundado. Tiene una efectividad de 98 por ciento y puede durar de tres a cinco años sin necesidad de cambiarlo. Debido al dispositivo puedes tener más cólicos menstruales al comenzar a usarlo y notar un aumento de sangrado.

Manuel

el diafragma

Es como una copita de goma que se coloca en el cuello uterino. Mide entre cinco y diez centímetros de diámetro y es "quita-pon". Su función consiste en que el semen no pase por el cuello uterino. Dura dos años y tiene una efectividad de 90 por ciento. El doctor te dice cuál es el tamaño que necesitas. La mujer lo inserta en la vagina antes de la relación sexual y lo cubre con jalea espermicida dejándoselo puesto siete horas después de la relación para que el espermicida haga su trabajo. Antes de ponerlo hay que revisarlo para comprobar que no tenga algún agujerito. Se puede insertar en la vagina hasta cuatro horas antes de tener relaciones. Si está bien colocado no molesta. Al quitarlo debe lavarse bien y guardarse en su estuche.

Eran millones y no deje pasar ni a uno solito

Woooow, lo mismo me pasó la otra vez

el condón

Tus papás lo conocían como preservativo; es una funda de látex con la que se cubre el pene cuando está erecto para que, al eyacular, el semen quede atrapado en él y no pase al cuello uterino.

Hay diferentes tipos: lubricados, no lubricados, con figuritas, colores, sabores y hasta musicales.

Obviamente se pueden comprar sin receta médica y, como ya leíste, te protege de enfermedades de transmisión sexual incluyendo el sida. Tiene una efectividad de 88 por ciento. El porcentaje de protección aumenta si lo usas con anticonceptivos vaginales como óvulos o espuma.

- La sensación de usarlo no cambia mucho; el hombre siente 95 por ciento igual que si no lo usara, así que no dejes que tu galán se mal viaje.
- Se debe usar un preservativo nuevo en cada relación y no nos referimos a cada novio ieh!, sino a cada vez que hagan el amor.
- Te repetimos que los condones musicales, de figuritas chistosas y todos esos rollos cómicos no sirven, sólo se usan para jugar, nada más no se los prestes a tu hermanito menor.
- Se tiene que interrumpir "el romance" para que se lo ponga el galán, pero vale la pena. Nunca abran el paquetito de los condones con los dientes porque pueden perforar el condón y luego ni te das cuenta (si te sucede, no te preocupes: nueve meses después te enteras porque te enteras).
- Algunos hombres son alérgicos al látex y al espermicida.

Cómo se usan

- Se coloca en el pene erecto antes del coito. La punta del condón debe apretarse con los dedos mientras lo desenrollas para evitar que se quede aire adentro y se rompa. Debe evitarse que el pene toque la vagina antes de tener el condón puesto ya que los fluidos masculinos contienen espermatozoides.

- La punta del condón debe separarse un centímetro del pene para que allí se concentre el semen. Después de que el hombre eyacule y antes de que la erección desaparezca se debe apretar la base del condón contra el pene, al mismo tiempo que se retira de la vagina, se quita, se anuda y se tira a la basura. Es importante saber que si una pareja, después del orgasmo se quedan abrazados sin retirar el condón de la vagina, el pene pierde rigidez por lo que es posible que se salga del condón, con lo que el riesgo de embarazo sigue latente, ya que el condón se convierte en una bolsita llena de espermatozoides deseosos de salir: ¡Ten mucho cuidado!
- Evita usar un condón con vaselina porque provoca reacción en el látex del condón y lo hace frágil; tampoco se recomienda colocar dos condones pues se rozan entre ellos y se rompen. Ten cuidado con las uñas, no lo vayas a romper.

Óvulos, espermicidas y jaleas

Son sustancias químicas conocidas cómo espermicidas que se insertan hasta el fondo de la vagina antes de la relación sexual, que matan o inmovilizan a los espermatozoides sin dañar los órganos sexuales. La mayoría se introduce con los dedos o con un aplicador quince minutos antes del coito. Siempre encontrarás las instrucciones en el empaque. Después de una hora de su introducción pierden efectividad. Si se usan solos su protección es de 79 por ciento, pero aumenta si se acompaña de otros métodos como el condón o el diafragma.

Coitus interruptus

Significa que en el momento de la eyaculación el hombre retira el pene de la vagina para que el semen no quede dentro. Su efectividad es muy muy baja ya que durante el coito hay pre eyaculaciones que contienen esperma. Además, no evita el contagio de enfermedades de transmisión sexual. ¡Aguas!

El preservativo femenino

Es una membrana de látex con forma de tubo con un anillo en cada extremo que se introduce en la vagina (viene lubricado para facilitar su colocación). Sirve para evitar que el semen pase al cuello uterino y cubrir las paredes para evitar el contacto directo. Tú te lo pones y su efectividad se calcula en 90 por ciento. Quienes lo han usado dicen que se siente un poco raro pero es muy efectivo para evitar enfermedades porque cubre más superficie vaginal.

NOTA:

no es recomendable que la mujer lo utilice mientras el hombre usa también condón porque se pegan uno con otro.

implante anticonceptivo (implanon)

Algunas personas lo conocen como chip anticonceptivo. Es un implante con la forma de una varilla del tamaño de un cerillo, se pone debajo de la piel en la parte superior interna del brazo. No se puede ver pero sí se puede sentir.

Es altamente confiable para prevenir el embarazo y dura de 3 a 5 años aproximadamente. Después de la inserción —un procedimiento sencillo que obviamente debe hacer un doctor— la varilla libera lentamente una hormona sintética llamada la hormona progestogénica etonogestrel, que es uno de los componentes de la mayoría de las pastillas anticonceptivas más modernas.

El implante es fácil, rápido de poner y de quitar. Se puede dejar de utilizar en cualquier momento y una vez que te lo quitan, la ovulación regresa en aproximadamente 5 días. Ojo: el uso del implante debe ser consultado con un médico profesional.

Anillo intravaginal (Nuvaring)

Es un anillo de plástico blando como del tamaño del aro de un condón, que te da protección por un mes. Es fácil introducirlo en tu vagina por ti misma, y una vez adentro puede mantenerse puesto en su lugar durante 3 semanas. Durante este tiempo libera ciertos componentes cada 24 horas, para inhibir la ovulación. Estas hormonas entran en el organismo a través de la pared vaginal.

Despues de tres semanas puedes quitarte el anillo fácilmente. Durante la semana siguiente, ya sin el anillo, muchas mujeres tienen un sangrado. Una semana después (exactamente) se debe poner un anillo nuevo. Tiene un nivel de efectividad del 99%. Debes de consultar su uso con un médico profesional.

El método natural

Se trata de tener relaciones sólo durante los días infértiles (cuando la mujer no ovula). Para conocer tus días fértiles puedes hacer lo siguiente:

- Tomarte la temperatura. Hazlo antes de levantarte de la cama. Lo normal es que no supere los 37°C, pero justo después de la ovulación puede aumentar alrededor de 0.5°C. Así que tu periodo de fertilidad es tres días antes y después de la ovulación.
- Observa el flujo vaginal. En los días fértiles, el flujo cambia, se hace transparente y gelatinoso como clara de huevo.
- Ritmo. Esto significa no tener relaciones en los días fértiles: en un ciclo de 28 días, el día 13 y 14 serían los de más alto riesgo. Pero los días fértiles son del 10 al 17. Para que sea efectivo hay que llevar un control muy estricto. Su efectividad es muy baja. Además tienes que ser súper regular para que funcione.

Anticonceptivos de emergencia

ROMPER EN CASO DE SER SÚPER NECESARIO

Si a pesar de que te cuidaste tienes una situación inesperada, como el hecho de que el preservativo esté roto o que él no haya sacado el pene a tiempo, tu doctor te puede recetar la "píldora de emergencia". Esta pastilla contiene cierta cantidad de hormonas que alteran el endometrio (las paredes del útero) para que el óvulo no se instale; así, el embarazo no se produce y baja la menstruación.

Para que la píldora funcione, es muy importante tomarla dentro de las 72 horas siguientes al coito. Es un recurso extremo que sólo tu ginecólogo puede recomendar.

CENTROS DE APOYO

Centros de apoyo
ACERCATEL
01-800-110-10-10

Grupo Educativo interdisciplinario
en sexualidad Humana y Atención a
la Discapacidad (GEISHAD)
01 (55) 57-60-21-24 y 11-14-05-40
sexosinlata@geishad.org.mx,
www.geishad.org.mx

PLANIFICATEL
01-800-624-64-64

De joven a joven
01 (55) 56-58-11-11

Como pudiste ver, el universo de la sexualidad tiene de todo. Está en tus manos, y sólo en tus manos, hacer que sea maravilloso o que se convierta en una pesadilla. Como siempre: ¡tú decides!

Capítulo 5

Quiúbole con... mi MENTE

COMER O NO COMER

LAS EMOCIONES

LAS DROGAS

LA DEPRESIÓN

EL SUICIDIO

EL CHUPE

Si crees que los cambios en tu cuerpo son muchos, no creerás en los cambios que puedes tener en la mente. Seguro eres consciente de algunos: los de humor o los del estado de ánimo, los de la sensación de "pérdida de ti misma", que surge cuando no sabes quién eres, quién eras, a dónde vas y, mucho menos, de dónde vienes. En fin, un rollo donde las inseguridades, las dudas y las confusiones te llevan a descubrir que tienes muchos "yo" que desconocías (lo que NO significa que tus "yo" diferentes puedan tener varios novios o frees distintos).

Problemas emocionales

Las dudas existenciales se las han planteado los seres humanos desde la era de los cavernícolas, es decir SIEMPRE. Así que no te claves ni te sientas mal; de hecho, la mayoría de los adultos todavía no logran encontrar las respuestas. ¿Te pasa a veces que, cuando estás sola eres de una manera, y al estar en un grupo o con alguien más eres de otra forma? Digamos que, más que doble cara, de plano ¡te sientes triple cara! ¿Te pasa que un día eres tímida, otros te vale, eres cariñosa o de plano indiferente? ¿Una semana te vistes de una manera y a la siguiente te pones lo que antes te chocaba? ¿Ya sabes? Relájate, ¡todo eso es ser tú misma! Es de lo más normal. Tómalo con calma, piensa que pronto pasará y aplica con esta bronca lo mismo que con la gripe: déjala fluir.

El sube y baja de las emociones

Hay muchas emociones padres, divertidas y disfrutables como las que surjen del amor, la satisfacción, la alegría y muchas más; pero hay otras que duelen y son más difíciles de manejar. Cada quien las vive y las maneja a su manera.

Las emociones son sentimientos, no acciones. Es cierto: muchas veces no puedes controlar lo que sientes (si te cuesta trabajo controlar a tus tortuguitas japonesas, imagínate esto). Lo que sí puedes controlar es lo que haces al respecto. Si llegas a sentir que es imposible manejar alguna emoción negativa y que te encuentras haciendo cosas que son destructivas para ti o los demás, pide ayuda.

me siento como dedo

Emociones que no nos gustan

Me siento sola

¿Te ha pasado que aunque estés con mucha gente te sientes como dedo? De hecho, puedes estar en tu mismísima fiesta de cumpleaños y sentir que no te mueve la cola ni el perro. No te preocupes, si has tenido este sentimiento de soledad, has llorado horas en tu cama o simplemente sientes que nadie te quiere, es importante que sepas que puede ser normal. Todos lo hemos sentido alguna vez.

Siento ansiedad y angustia

¿Has sentido un hoyo en el estómago que no es por hambre ni por un piercing en el ombligo? La ansiedad y la angustia son un estado como de inquietud y miedo a situaciones por venir donde no sabes qué va a pasar. Puede ser temor a algo específico o a algo que desconoces.

Si sientes angustia y ansiedad puedes tratar de distraerte con tus amigas, tomar clases de algo (nada más no se te ocurra tomar el curso: depresión 1 y depresión 2), hacer deporte o besuquearte con tu novio; de hecho, éste es uno de los pasatiempos más divertidos.

Por otro lado, si la angustia y la ansiedad afectan lo que haces todos los días lo mejor es que busques ayuda con un psicólogo o psiquiatra, cosa que no te debe asustar porque a mucha gente le pasa, es algo frecuente y con una pequeña terapia o medicamento es muy posible que pronto superes el problema.

Tengo depresión

Estar deprimida es nefasto, sin embargo a mucha gente le sucede. Puedes sentirte así porque tronaste con tu novio, por broncas en tu casa, por exceso de buenas calificaciones, porque tronaste con tu novio (no, no nos equivocamos, lo que pasa es que es la quinta vez que truenan y regresan) o por algo que no logras ubicar, pero te pasa.

La mejor manera de aliviarte es enfrentar la depresión y ubicar qué es lo que te tiene en el hoyo. Hay veces que con sólo abrirte de verdad y platicar lo que sientes con alguien querido, te puedes animar y salir adelante. Sin embargo, hay otras en las que de plano no puedes sola y necesitas la ayuda de un experto.

PRECAUCIÓN
LA VIDA EN EL HOYO

SI LA DEPRESIÓN DURA MÁS DE DOS SEMANAS Y…

- ▶ lloras casi todos los días,
- ▶ te sientes cansada, culpable o desesperanzada,
- ▶ te alejas de los demás,
- ▶ deja de emocionarte lo que antes te gustaba,
- ▶ estás más irritable y molesta (y no es sólo porque tengas el síndrome "ch"),
- ▶ adoptas conductas autodestructivas,
- ▶ hasta has pensado en el suicidio…

…es probable que tengas una depresión seria y lo mejor que puedes hacer es buscar terapia con un psicólogo o un psiquiatra. A veces, la terapia es suficiente; si no, la combinan con medicina. Existen casos especiales para los que hay tratamientos específicos.

Conductas autodestructivas

Una conducta autodestructiva es cuando te pones física o psicológicamente en peligro; es como querer lanzarte del bungee, pero sin cuerda. Esto puede pasar por diferentes factores, como una situación dolorosa en tu vida, para huir de un dolor o un riesgo futuro que te da miedo enfrentar o que no sabes cómo resolver.

Una conducta autodestructiva puede expresarse de un buen de maneras, desde dejar de esforzarte en conseguir algo, hasta lastimarte a propósito (esto sí es bajonearte en serio). Algunas conductas autodestructivas son peores que otras. Las más comunes son los desórdenes alimenticios.

Desórdenes alimenticios

Estos problemas casi siempre se relacionan con una enfermedad de las emociones. En la mayoría de los casos la persona tiene broncas que no sabe cómo identificar, manejar o resolver. Como esto les pega gruesísimo, poco a poco dejan de comer o comen en exceso y vomitan o se dan atracones para sentir algún tipo de control.

Todas tus amigas están flacas

Paso frente al espejo y me doy cuenta de que estoy hecha una gorda. Miro a mis amigas y todas son flacas. No me gusto. Ahora sí, hoy empiezo mi dieta. Mi mamá insiste en que adelgace ¡y la alucino! Un comentario del novio de mi amiga refiriéndose a mí me llegó como puñalada: "A ella no le interesa tener novio, por eso está gorda". Pienso que si adelgazo seré atractiva y popular. Empiezo a hacer dietas y tomo laxantes porque me enteré de que sirven para enflacar.

Me gusta adelgazar. Si por la mañana la báscula marca 100 gramos menos me siento feliz.

No sé cómo empiezo a tener broncas con mi forma de comer. La comida me da asco y para mí es como veneno. Mi cabeza se está volviendo loca, capto lo bueno como malo y lo malo como bueno: si como es malo, si no como es bueno. Si no me laxo muy malo, si consigo anfetaminas es muy chido porque me quitan el hambre y me dan fuerza. Ése es mi gran secreto.

Mi obsesión es bajar de peso y ser perfecta en todo lo que hago. Por dentro escucho una voz que me dice: "Cumple, da más, párate derecha, sé mejor". Me siento culpable por no lograrlo. Siento que no merezco que nadie me quiera.

En mi casa formo parte de la "familia ideal". Por supuesto que hay broncas, pero no se las cuento a nadie. Estoy cansada. Me pierdo en todo esto. Escucho a mi papá decir cosas como: "Así de flaca ya no te quiero." Su amor condicionado me duele en el alma. Si me dice: "Sube de peso", yo lo interpreto como un "ya no te quiero". Ay, papá, necesito que me digas que me amas con palabras que entienda. Necesito que me abraces y me aceptes como soy y como estoy. Me siento rechazada, por eso insisto en bajar de peso.

Estoy débil. A escondidas aumento la dosis de las anfetaminas que me dan vida. Me lastimo el paladar para no comer. Me purgo con 30 pastillas laxantes cada día. Sé que me hacen daño y no me importa. Peso 32 kilos. Toco fondo. Vivo en el cumplimiento. Cumplo y digo mentiras. Por dentro tengo un gran dolor, un enorme vacío lleno de culpa y miedo.

Lo reconozco: soy anoréxica. Pido ayuda

Escuchamos a nuestra querida amiga Ana y pensamos en los dos millones de personas, la mayoría jóvenes y niñas de secundaria, preparatoria y universidad, que sufren trastornos alimenticios en nuestro país.

Rollos que pueden acercarte a los desórdenes alimenticios

- No aceptarte como eres.
- Miedo a no ser aceptada por los demás.
- Baja autoestima.
- Ser perfeccionista.
- Exigirte demasiado.
- Preocuparte por lo que los demás piensan de ti.
- Sentir que no tienes control sobre la vida.
- Tener algún familiar obeso al que no te quieres parecer.
- Tener un familiar obsesionado con el peso o la imagen personal, que todo el día hable sobre tu peso.
- Sentirte poco hábil para socializar.

- Tener una mamá sobreprotectora.
- Que la familia tenga demasiadas expectativas en ti.
- Haber sufrido malos tratos o abuso sexual de pequeña.
- Tener depresión y ansiedad.
- Haber vivido fracasos, conflictos, tener una pésima idea de ti misma, truenes gruesos con tu novio, cambios corporales o problemas escolares.

Anorexia

Tristemente, esta enfermedad está cada vez más densa. Algunos estudios demuestran que este padecimiento afecta a dos de cada 10 adolescentes. ¡Imagínate! Además, las estadísticas van en aumento.

Lo peor es que creemos que la conocemos; pensamos que con subir un poco de peso, la persona va a ser lo que era antes. Para nada. Esta frase es gruesísima pero real: "Una persona no tiene anorexia: la anorexia la tiene a ella." Las mujeres padecen más y se sienten indefensas ante ella; aprenden demasiado tarde que las ganas no son suficientes para librarse de la enfermedad.

¿Qué es exactamente la anorexia?

Es una enfermedad súper peligrosa que cada vez afecta a más personas; se caracteriza por el terror a subir de peso o engordar. Las personas con anorexia tienen una idea súper distorsionada de su peso, tamaño y la forma de su cuerpo. Esto las hace restringir sus comidas al punto de que casi no pueden moverse por falta de fuerza. Puede presentarse a partir de los nueve o 10 años.

¿no la ves un poquito flaca?

Las personas anoréxicas llegan a estar hasta 20 por ciento debajo de su peso normal y verse y sentirse como vacas, qué grueso, ¿no? Las anoréxicas sufren mucho y por lo general oscilan entre la hiperactividad y la depresión; buscan la perfección, se fijan metas súper altas y sienten que tienen que demostrar su nivel de competencia. Ellas piensan que si no pueden controlar lo que pasa a su alrededor, por lo menos su peso sí.

Mucho tiene que ver la imagen de la modelo súper delgada y perfecta que sale en revistas y demás medios de comunicación, así como la presión social que tontamente empuja a las chavas a imitarlas. Se ha propuesto una ley en diferentes paises sobre prohibir la talla cero, para eliminar esas influencias, lo cual nos parece muy acertado, porque la curvas de una mujer son de lo más femenino y atractivo de su físico. La realidad es que todavía en ningún lugar la han aprobado y, aunque algunos desfiles de moda y marcas ya lo sugieren, la mayoría de los diseñadores se niegan y siguen usándola.

¿Cómo identificarla?

Al principio es difícil descubrir la enfermedad ya que empieza con una dieta inocente. Conforme pasa el tiempo es difícil que alguien la detecte porque la persona anoréxica usa ropa súper holgada, tipo sudaderas y blusotas. Aun las anoréxicas en extremo delgadas siguen sintiéndose gordas y feas, y por eso buscan esconder su cuerpo. Siempre están a dieta.

Una persona anoréxica trata de evitar situaciones que incluyan comida. Si puede, por lo general juega con la comida y se hace tonta en lugar de comerla o de plano la tira a la basura o al escusado.

Comer o no comer de manera obsesiva no tiene nada que ver con sentir hambre. Puede ser una manera de sentirse en control, de llamar la atención o de castigar a los papás. También, la persona puede creer equivocadamente que su peso ayuda o afecta su popularidad. Cualquiera que sea la razón, los desórdenes alimenticios como anorexia, bulimia o comer compulsivamente son conductas súper peligrosas que al final sólo provocan mucho dolor y muchísimas veces, más de las que te imaginas, pueden causar la muerte.

¿Cómo se comporta la gente que tiene anorexia?

(Puede ser uno, varios o todos los puntos.)

- Obsesión con la comida y con el cuerpo.
- Necesidad de perfección y de control.
- Cambios brusquísimos de estado de ánimo.
- Ansiedad.
- Tendencias suicidas.
- Somnolencia.
- Insomnio.
- Depresión.
- Juzga lo que comen los demás porque comen mucho.
- Uso diario de laxantes o diuréticos para bajar de peso.
- Horario estricto para hacer ejercicio obsesivo, aunque lo padezca.
- Hábitos súper clavados para comer a una hora exacta, masticar "x" número de veces cada bocado, rechazo absoluto de azúcar y carbohidratos.
- Procura comer a solas.
- Dice mentiras, manipula y engaña.

¿Qué le pasa a tu cuerpo cuando tienes anorexia?

me estoy muriendo de fríooooo

(Puede ser uno, varios o todos los puntos)

- Se cae el cabello.
- Crece vello delgado y suave en la cara, espalda, brazos (el cuerpo necesita esta capa de vello para calentarse).
- Te sientes constipada.
- Dolor en las coyunturas.
- Poca resistencia al frío.
- Se suspende la menstruación o hay períodos irregulares. Sin comida, los niveles hormonales disminuyen para avisarle al cuerpo que no es capaz de resguardar un bebé.
- Los reflejos son lentos por el bajo ritmo cardiaco y la función tiroidea.
- Taquicardia.
- Pérdida prematura de la densidad de los huesos.
- Calambres.
- Piel y uñas resecas, piel grisácea o amarillenta.
- Somnolencia permanente.
- Problemas hepáticos y cardiacos.
- Entre el 10 y 20 por ciento de los casos de anorexia o bulimia causan la muerte de quien la padece.

Tratamientos

Muchas de las anoréxicas son personas que, por lo general, se clavan mucho, niegan su enfermedad y se resisten a que las ayuden. Un buen comienzo es comprenderlas, darles mucho amor, informarse sobre la enfermedad, pedir ayuda profesional, tener terapia individual, de familia o de grupo; y si el problema continúa, es conveniente internar al paciente en una clínica especializada.

Los primeros seis meses son los más difíciles para todos; para el paciente, los familiares, terapeutas y médicos. Hay que ubicar que su comportamiento, autodestrucción o agresividad hacia los que más quiere está fuera de su control, es involuntario.

Entre más rápido se actúe, mejor. Es común que los doctores incluyan en el tratamiento algún antidepresivo para sacar a la persona adelante. Es súper importante que toda la familia participe en la terapia de recuperación, que es lenta y en la que suele haber recaídas.

Quien padece este tipo de enfermedades requiere comprensión y paciencia, cero críticas, mucho cariño, nada de regaños o vigilancia y un buen apoyo. Hay que ser conscientes de que todo esto, tan necesario, no suele pedirlo quien padece esta enfermedad; así que ojo con las muy flacas.

Bulimia

¿Qué es exactamente la bulimia?

Es un trastorno alimenticio que consiste en comer como loca, por lo general sola, para después vomitar, usar laxantes, tomar diuréticos o hacer dietas súper drásticas. Un atracón de comida tiene un significa distintos para cada persona; por ejemplo, para una chava, un atracón puede ser comer entre 1000 y 1500 calorías y para otra, comer una galleta. Estos episodios de atascarte de comida para luego vomitar, se hacen generalmente en secreto. Las personas bulímicas rara vez están pasadas de peso, aunque se sienten gordas.

Quien padece esta enfermedad es inseguro, no se valora a sí mismo y hace las cosas para complacer a los demás. Piensa que la comida es un placer que se merece y come de más. Esto provoca un buen de sentimientos: angustia, asco, culpa, vergüenza y falta de control personal. Por eso, purgarse o vomitar los alivia un poco, los hace sentir en control y da la sensación de compensar, como ellos piensan, su "asquerosa" conducta.

¿Cómo identificarla?

Como los bulímicos se atascan y después se purgan o vomitan en secreto, mantienen su peso normal o arriba de lo normal y es más fácil esconder su bronca por mucho tiempo. Los bulímicos van mucho al baño después de comer para vomitar, además, pueden tomar muchos laxantes y diuréticos en exceso; y generalmente tienen la cara hinchada, los ojos rojos y mal aliento.

Mientras comen, los bulímicos se sienten fuera de control y pueden tener cambios de humor pues sienten culpa o depresión después de sus atascones y purgas. Algunos pueden aliviar estos sentimientos robando, mediante la promiscuidad, con el abuso de alcohol, drogas o en algunos casos metiéndole durísimo a las tarjetas de crédito.

¿Cómo se comporta la gente que tiene bulimia?

(Puede ser uno, varios o todos los puntos)

- Episodios de atracón y purga.
- Uso diario de laxantes y diuréticos para controlar el peso.
- Obsesión con el cuerpo y la comida.
- Tendencia a la perfección.
- Cambios de humor radicales.
- Ansiedad.

- Letargo (como dormida).
- Depresión.
- Insomnio.
- Horarios rígidos y obsesivos de ejercicio.
- Esconde la comida a su alrededor.
- Come rápido y bocados grandes.
- Suele tener otro tipo de obsesiones como drogas, alcohol, velocidad o compras.

¿Qué le pasa a tu cuerpo cuando tienes bulimia?

(Puede ser uno, varios o todos los puntos)

- Cambios de peso súper notorios en poco tiempo.
- Suspensión de la menstruación por más de tres meses.
- Estreñimiento.
- Acidez y/o inflamación.
- Daño y decoloración de los dientes; los ácidos del estómago acaban con el esmalte dental.
- Daño e irritación en los pulmones por las partículas de comida que, al vomitar, se van por las vías respiratorias.
- Debilidad.
- Irregularidad en el ritmo cardiaco.
- Daños en el riñón por la pérdida crónica de líquidos.
- Crecimiento de las glándulas salivales, como si tuvieran paperas.
- Ojos y cara hinchados.
- Ojos rojos y llorosos por vomitar.
- Llagas o callos en la parte de atrás de la mano, donde los dientes raspan al provocarse el vómito.
- Deshidratación y pérdida de minerales.
- Desequilibrio hormonal.
- Dolor de garganta crónico.
- Mal aliento.
- Al igual que la anorexia, la bulimia puede matar.

Voy al salón a cortarme el pelo. Al ver el resultado, no lo puedo creer: ¡está horrible! Me deprimo. Cuando mi mamá pasa por mí le digo: "¡Vamos a emborracharnos con churros y chocolate!" Ella se ríe mucho porque no se imagina que lo digo en serio.

Siempre que tengo un problema busco qué comer. Cuando me siento estresada, sola, dolida, triste, enojada o hasta feliz, voy a la despensa o al refrigerador para ver qué encuentro. Puedo empezar con un chocolate y no paro hasta terminarme la caja. Poco a poco los atracones se vuelven cosa de todos los días. A escondidas me puedo acabar una bolsa de papas, de pan o lo que sea, aunque no me guste. ¡Pero claro!, borro todas las huellas que me puedan delatar. Como hasta en el baño, lo que me hace sentir muy culpable.

Poco a poco empiezo a engordar. De 58 kilos subo a 85. Mis hermanos son muy delgados. "No entiendo cómo no puedes dejar de comer," dicen a cada rato. Me siento fea, me enojo por todo y estoy muy deprimida.

Hago dietas, he tomado todo tipo de tés, chochos homeopáticos, he ido con la nutrióloga, pero trago como loca y nada sirve.

Mi autoestima está por el suelo. Además, todas las niñas de mi grupito tienen cuerpazos y me siento una cerda. Cuando me visto para salir veo que todas se ven divinas, y yo, digamos que no me visto, más bien busco tapar mis lonjas. Siento vergüenza de mi cuerpo.

"¿Por qué estás tan gorda? ¿Por qué tienes esa panzota?", me dicen mis sobrinos. Me quiero morir. Siento que me arrastro por la vida.

El día que se murió mi abuelita no lloré, sólo pasé al súper y me comí 18 alfajores. Me doy cuenta de que no sé cómo conectarme con la vida, con las emociones ni con el dolor. He pensado hasta en suicidarme. ¡Carajo! ¡Para qué estoy viviendo si me la paso sentada frente a la tele! Estoy muerta en vida. Toco fondo y así seguiría, pero una amiga me invita a un grupo de autoayuda y encuentro mi salvación.

Verónica

A muchos nos pasa

Todos hemos experimentado alguna vez ese sentimiento de llenar un hueco afectivo, emocional o espiritual con lo que se te ocurra, llámese alcohol, cigarro, chocolates o comida. ¿Quién puede decir que tiene una voluntad que nunca le falla? ¿Quién no se ha pasado una o varias veces en el consumo de algo? ¿Quién no se ha dado permiso de vez en cuando, aun sabiendo que le hace daño? Sin embargo, para quienes comen compulsivamente, como Verónica, comer es una especie de adicción con la que, de manera inconsciente, se bloquean las emociones y los sentimientos en forma permanente y exagerada.

Atragantarte puede ser una forma de distraerte, de calmar la ansiedad, de evitar hacer algo en lo que piensas que vas a fracasar o una manera de sustituir alguna o muchas cosas que sientes que te faltan.

Aunque los que comen compulsivamente por lo general padecen sobrepeso, no todas las personas gordas tienen esta bronca.

¿Cómo identificar si comes compulsivamente?

Si crees que puedes tener este problema, pregúntate lo siguiente:

EL CUESTIONARIO

INDICACIONES:

Responde sí o no dentro del cuadrito correspondiente.

(POR FAVOR HAZLO SIN SALIRTE DEL CUADRITO CON PLUMÓN MORADO)

1.- ¿Comes todo el día y te estresa pensar en situaciones en las que no puedas comer?

Sí ☐ NO ☐

2.- ¿Te da calor sin importar el clima?

Sí ☐ NO ☐

3.- Después de que te das un atracón, ¿sientes remordimiento?

Sí ☐ NO ☐

4.- ¿Planeas con anticipación y gusto una comida que harás sola?

Sí ☐ NO ☐

5.- ¿Comes para escapar de tus broncas y problemas?

Sí ☐ NO ☐

6.- ¿Te da por comer demasiado sin razón?

Sí ☐ NO ☐

7.- ¿Haces mucho ejercicio sólo para quemar las calorías que después te vas comer?

Sí ☐ NO ☐

8.- ¿Te pesas en la báscula más de una vez por semana?

Sí ☐ NO ☐

Si contestaste "sí" a por lo menos cuatro preguntas, es posible que tengas esta enfermedad. Piensa que cuando tienes esta bronca en realidad no comes alimentos, te comes los problemas.

(Puede ser uno, algunos o todos los puntos)

- Tiene letargo (es como estar somnolienta, torpe, como dormida).
- Siente que no vale nada.
- Muestra falta de orgullo por sí misma.
- Tiene una actitud negativa.
- Le echa la culpa a los demás.
- Tiene sentimientos de culpa, enojo o depresión después de comer.
- Siempre pospone las cosas por hacer.
- Sabe que su forma de comer es exagerada.

Tu enfermedad tiene cura

Aunque en este problema hay niveles, la sociedad no le ha dado la importancia que merece. Como comedora compulsiva muchas veces te puedes sentir súper agobiada por médicos y familiares que te recomiendan hacer mil dietas, pero es necesario saber que sin apoyo psicológico que te ayude, el tratamiento no funciona ni de broma. Seguro no lo logras y esto te puede frustrar y provocar sentimientos de culpa. Lamentablemente los intentos fallidos sólo logran que te hundas más en el mismo rollo.

Rara vez es necesario internar a una persona con este desorden. Por lo general, eliminan los azúcares y carbohidratos de su dieta; y es súper importante que vayan a un grupo de apoyo o terapia individual para empezar a resolver el problema. Algunas veces los doctores recetan medicamentos que generan un balance químico de serotonina en el cerebro que ayuda a controlar los impulsos que te llevan a comer en exceso. Si es tu caso, no necesitas enfrentarlo sola. Pide ayuda.

CENTROS DE APOYO

Centros de salud del Distrito Federal
01 (55) 57-04-09-31

Instituto Nacional de Ciencias médicas y Nutrición "Salvador Zubirán"
Vasco de Quiroga 15, Col. Sección XVI,
14000, México D.F.
01 (55) 54-87-09-00
innsz@quetzal.innsz.mx

Instituto Nacional de Psiquiatría "Ramón de la Fuente"
Calzada México-Xochimilco 101, Col. San Lorenzo Huipulco, 14370, México D.F.
01 (55) 56-55-28-11 y 56553080
www.inprf.org.mx

Avalón, Centro de tratamiento para la mujer
informacion@avalon.com.mx
www.avalon.com.mx

Eating Disorders México
clinica@eatingdisorders.com.mx
www.eatingdisorders.com.mx

Comedores Compulsivos Anónimos
Eje Satélite Tlanepantla 102, int. 1
Col. Viveros de la loma Tlanepantla de Baz
Estado de México C.P. 54080
tel/fax: 55.65.06.38

Fundación Comenzar de Nuevo, A.C.
01(81)81-04-17-77, 81-04-17-17,
81-29-46-83, 81-29-46-84
comenzardenuevo@axtel.net

**Intergrupal México
de Comedores Compulsivos**
01 (55) 52-73-24-97
comedorescompulsivos@prodigy.net.mx

**Centro de Atención y Prevención
de Transtornos Alimentarios**
01 (55) 56-63-50-57

**Centro Especializado para el Tratamiento
de los Transtornos por Ansiedad**
01 (55) 52-54-58-45, 52-54-74-10

Casa mar
01 (6669) 81-20-20
casa_mar@hotmail.com

Suicidio

Aunque es difícil descubrirlo, existe un importante número de jóvenes que piensan en él y lamentablemente algunos lo realizan.

El suicidio es una de las cosas más difíciles que existen en este mundo. Cuando alguien se suicida no sólo se lastima a sí mismo, sino que provoca sufrimiento en toda la gente a su alrededor, dejándole sentimientos de culpabilidad, rabia, tristeza, impotencia y depresión.

Muchas veces puedes creer que sería imposible que tu vida esté peor, que tus problemas no tienen solución y que no vale la pena continuar. No es cierto, todos, absolutamente todos (aunque de momento pienses que en tu caso no es así), pueden resolver sus broncas o mejorar, desde:

- Jamás haber tenido novio, y que no le intereses a nadie.
- Tener un accidente y no moverte por el resto de tu vida.
- La muerte de alguien muy querido, inclusive de toda tu familia.
- Un divorcio.
- Tener una dependencia total a las drogas.
- Tronar con el único hombre que has amado y sentir un dolor imposible de explicar.
- Tener problemas serios con tus papás, al grado de no querer que esos padres sean tuyos.
- Tener una deuda impagable y recibir amenazas.
- Sentirte la persona menos importante de este planeta y con serias broncas de autoestima.
- Hasta el gran gran gran problema que estés viviendo en este momento y sientes que te rebasa.

Recuerda sólo una cosa: TODO PASA. Después del agobio y los momentos difíciles, las cosas SIEMPRE cambian y los sentimientos pasan. Aun los más negativos e intensos.

Aunque efectivamente algunos problemas son irreme-diables, lo mejor es aceptarlos y ver qué puedes aprender de la situación. Descubrir que creces mentalmente cuando los enfrentas, que maduras, y que a pesar del dolor y las terribles experiencias puedes volver a disfrutar tu vida.

Lo fuerte no es lo complicado del problema, sino que la persona se niegue a salir de él, y definitivamente un paso tan duro como buscar la muerte, no es la solución.

Si alguna vez pensaste en el suicidio como solución a tus problemas, es importantísimo que se lo cuentes a una amiga o adulto en quien confíes, a un médico, psicólogo o maestro que te caiga bien; también puedes llamar a una línea de ayuda telefónica.

Si has escuchado a una amiga o amigo hablar de suicidio, tómalo en serio, habla neto con él o ella y de inmediato bus-quen ayuda. Si de plano se rehúsa a ser ayudado, coméntalo urgentemente con algún adulto y llama tú misma a una línea de apoyo para saber qué puedes hacer en esta situación.

Mitos acerca del suicidio

m = mito
R = Realidad

Ocho de cada 10 personas que se suicidan, antes de ha-cerse daño, se lo comunican a alguien. Si te lo dicen a ti, no dejes de ayudarlo.

m. El índice de suicidios entre jóvenes ha disminuido.
R. En México, en los últimos años, ha aumentado del 15 al 21 por ciento. De hecho, es la segunda causa de muerte en los adolescentes, así que, ¡cuidado!

m. Sólo ciertas personas se suicidan.
R. Cualquier persona, sin distinción, hombres o mujeres; ricos y pobres; jóvenes y adultos; gente del campo, de la ciudad y de cualquier religión, se puede suicidar.

m. Cuando una persona hable sobre suicidio, cambia el tema y trata de quitárselo de la mente.

R. Al contrario, tómalo en serio. Escucha lo que dice. Dale la oportunidad de decir qué siente y hazle saber que te preocupa. Pide ayuda de volada.

m. La mayoría de las personas que se quieren suicidar, en verdad se quieren morir.

R. La mayoría de los que se quieren quitar la vida están confundidos. No saben si quieren morir o no. Casi siempre, el suicidio es un grito de alguien que pide ayuda.

LOS FOCOS ROJOS QUE INDICAN QUE ALGUIEN PUEDE LLEGAR A SUICIDARSE

- Habla constantemene sobre la muerte.
- Se olvida de sus cosas de valor o las regala.
- Tiene un plan para quitarse la vida.
- Guarda pastillas, una pistola u otra arma.
- Se ha lastimado.
- Sin explicación, ves a la persona súper tranquila después de haber pasado una depresión muy gruesa.
- Deja de ver a sus amigos, de estudiar y pierde interés en arreglarse.
- Se aisla de todo el mundo, o permanece con un grupo de amigos súper cerrado que siempre parecen misteriosos y nadie sabe nada de ellos.

CENTRO DE APOYO

SAPTEL

01 (55) 52-59-81-21
01-800-472-78-35

Las drogas

¿Qué son las drogas?

Churro, tacha, cristal, toque, LSD, piedra, ácido, coca o base; como quieras llamarlas, el rollo es el mismo.

Las drogas son sustancias naturales o sintéticas que causan efectos en tu cuerpo y mente. Dichos efectos pueden ser permanentes y provocar cambios en tu comportamiento y sentimientos.

¿Por qué la gente se mete drogas la primera vez?

Por curiosidad, "sólo por probar"; esto le pasa a muchos por la cabeza y lamentablemente también por la nariz, la boca y hasta las venas. La idea de "sólo por probar" es más peligrosa de lo que te imaginas, es muy fácil caer en la adicción. ¿Sabías que siete de cada 10 personas que prueban cualquier tipo de droga después la siguen consumiendo? Este dato es súper cañón. Lo que empieza como curiosidad puede terminar en un problema nefasto para tu vida.

A veces alguna de nuestras emociones está enferma y no lo sabemos porque se ubica en el inconsciente y sólo espera un pretexto para salir.

Por ejemplo, crees sentirte bien y no te das cuenta de que realmente estás triste porque tus papás se separaron o se divorciaron; que van varios novios con los que truenas rápido y no sabes por qué o en el fondo te sientes menos que otras personas. Este tipo de momentos se vuelven el escenario ideal para que las drogas entren en acción. Por eso, por más que estés prendida, divertida o quedando bien con un galán, si llegas al punto en que debes decidir entre probar o no probar, de verdad no pienses: "No pasa nada", ¡porque sí pasa!

LAS NIÑAS CONSUMEN DROGAS...

- ...por experimentar, para saber qué se siente.
- ...por presión, para que sus amigos no la saquen del grupo y por miedo a sus burlas.
- ...por presión del galán que "supuestamente" las ama.
- ...por imitar a alguien y sentirse aceptada.
- ...para alejarse de su realidad y escapar de los problemas.
- ...y piensan que no pasa nada. "Tengo un grupo de amigas que llevan dos años metiéndose coca y están de pelos, no les pasa nada." Aunque cada organismo es distinto, las drogas conducen, tarde o temprano, al mismo punto. Algunas personas que se meten drogas en meses enfrentan problemas muy cañones, y otras se tardan más.

Si tuvieras rayos X en los ojos comprobarías cómo esas amigas o amigos cada día tienen más daños en el organismo y que su adicción crece diariamente. Muchas personas que "se ponen" con drogas hacen toda una carrera (por llamarlo de algún modo) de cinco a 10 años, o hasta menos, y finalmente, terminan en una clínica, reclusorio o muriéndose.

¿Las drogas te alivianan los problemas?

Cuando te ofrecen drogas generalmente se dicen cosas como:

Güey, te vas a pasar la mejor fiesta de tu vida.

no te la vas a acabar.

Deja de preocuparte, métete esto y bye a todas tus broncas.

nunca sentirás tan rico al hacer el amor, ¡pruébalo!

¿Es cierto? En la mayoría de los casos... SÍ.

- Puedes pasarte la mejor fiesta de tu vida, olvidarte de tus problemas y relajarte como nunca... el problema es: ¿por cuánto tiempo?
- Son el gancho perfecto. Cuando crees que no pasa nada sucede todo. Al principio (en la mayoría de los casos) funciona como te dijeron, pero en menos de lo que te imaginas los problemas que te quitaste regresan 100 veces más densos.
- La tranquilidad se transforma en ansiedad, angustia, miedo y soledad (además de que en tu primera vez te puede agarrar un mal viaje en el que te quieres morir).
- Dependiendo del tipo de droga, al principio con poca te alivianas; conforme la adicción crece necesitas dosis más altas. Te puedes meter droga todo el día y sentir tranquilidad sólo cinco minutos de cada hora; los otros 55 minutos vives un infierno. Así que ahora tienes dos problemas, el que tenías antes y la ansiedad, la angustia

y la soledad que te dan las drogas (bueno en realidad son muchos más, pues ahora por consumir tienes problemas extras con tus papás, tu novio, los amigos, la escuela, etcétera, y hasta broncas de lana para pagarlas).

- Así es el truco de la droga, es como un anzuelo para pescar. Primero se ve la carnada, que para el pez, obvio, es rica, pero en el momento en que la muerdes te enganchas, y lo peor de todo es que cuando quieres salir, el anzuelo tiene también un gancho por atrás que te atrapa y no te deja salir.

- Recuerda qué es la tolerancia: tu cuerpo se acostumbra a "x" sustancia y cada vez exige más para obtener el mismo efecto. Cuando menos te das cuenta ya estás consumiendo muchísimo y por si fuera poco, algunas personas hasta lo presumen, pues creen que "aguantan un buen"; lo que no tienen ni idea, es que su cuerpo adquiere una adicción que es para toda la vida.

- En pocas palabras buscas salir de tus problemas y lo único que logras es hundirte más profundo. Por eso, cuando la gente está ya muy dañada, dice: "No sabía en lo que me estaba metiendo."

- Al principio tus amigos te dicen: "Métete algo, no te la vas a acabar," y efectivamente, si le entras a las drogas, ¡no te la vas a acabar!

Una noticia buena y una mala

La mala es que mucha gente tiene problemas de adicción; la buena es que existen tratamientos para enfrentar las adicciones.

Ser adicto es estar enfermo. Así como algunas personas viven con "x" enfermedad, por alguna razón otras tienen la de la adicción.

¿Es fácil? No, no lo es. ¿Tiene solución? Claro que la tiene. Se necesita mucho esfuerzo, valor y constancia para salir; la bronca no es tener la adicción sino negarte a enfrentarla.

El primer paso es aceptar que tienes el problema. Si es así, ni modo, acéptalo y empieza a trabajar de volada. No dejes que pase ni un segundo más. Aplícate y recuerda que en las drogas, entre más lejos vas, más difícil es el regreso.

Si de plano no puedes dejarlo entonces necesitas asistir a un grupo de ayuda o clínica especializada. Pero recuerda: recuperarte de un rollo de drogas es un proceso largo y difícil, pero siempre es posible.

Drogas legales

LA NICOTINA

Qué atractivo es lo prohibido, ¿no? Como encerrarte con una amiga en el baño a los 12 años a fumar y averiguar qué onda con el cigarro; al principio no sabes ni cómo se agarra, casi casi lo prendes del lado equivocado. Y esto de fumar lo haces porque quieres saber a qué sabe, qué sensación produce. Es algo que la mayoría hicimos. Aunque hoy, ya en pocos lugares públicos se permite, quizá quieres fumar con tus amigas para sentirte interesante, aceptada y sexy, para mostrarte más segura frente a los hombres, como signo de independencia y rebeldía o simplemente por llamar la atención. Para algunos adultos, echarse un cigarrito es muy rico mientras que otros lo detestan.

¿Qué tiene de malo fumar?

A lo mejor, como ves que nadie se petatéa por fumarse unos cigarritos, te preguntas qué tiene de malo, ¿no? El cigarro es peor de lo que te imaginas. Si no lo has probado, ¡perfecto!, mejor evítalo, ya vas de gane. Si fumas, mejor sigue leyendo para que descubras por qué vale la pena dejarlo. Sólo déjanos contarte algunas cosas sobre el cigarro para que, informada, decidas qué vas a contestar cuando te pregunten: "¿Fumas?"

CIGARRO

Se elabora con la planta del tabaco, originaria de América, y antiguamente se usaba con fines curativos y ceremoniales. Contiene nicotina y alquitrán.

NICOTINA

Es una droga adictiva de las más rápidas que se conocen; además, es un estimulante que da sabor al cigarro. Lo denso es que para llegar al cerebro tarda sólo siete segundos.

ALQUITRÁN

Deteriora poco a poco los alveolos que usa el pulmón para extraer el oxígeno del aire, y está compuesto por más de tres mil químicos, de los cuales doscientos son venenos conocidos y sesenta cancerígenos.

EFECTOS

La nicotina estimula el corazón y la circulación; puede generar la sensación de alivianarte la ansiedad y el estrés.

RiESGOS

Fumar es una de las principales causas de muerte en todo el mundo. Puede causar enfermedades del corazón, enfisema pulmonar, cáncer de garganta, boca, esófago, páncreas, cervical y, por supuesto, pulmonar. También disminuye el sentido del gusto y el olfato y te pinta los dientes de amarillo. En promedio, la gente que fuma muere de cinco a ocho años antes de los que no lo hacen.

> > > CUIDADO < < <
¡EN LAS MUJERES EL EFECTO ES PEOR!

> La intoxicación de la sangre por el humo del tabaco favorece la celulitis.
> Complica la libre circulación de la sangre y ayuda a que salgan las várices.
> Empeora las molestias premenstruales.
> Los óvulos pierden calidad; es como si los fumigaras con veneno. Por eso las mujeres que fuman pueden tener más bronca para embarazarse.
> Aumenta la posibilidad de un embarazo extrauterino y triplica el número de abortos espontáneos.
> Puede causar daños súper serios y permanentes a un feto. Si crees que estás embarazada, ¡no fumes!
> ¿Sabías que tres de cada cuatro fumadores intentan dejar el cigarro alguna vez en su vida, y sólo 15 por ciento lo logra antes de los 60 años?
> El cigarro es malísimo, no importa cómo lo fumes, a menos que de plano sea de chocolate.

EN RESUMEN

Lo que el cigarro hace es envenenarte poco a poco. Te engancha sin que te des cuenta y la adicción es tan fuerte como la que genera la heroína, la cocaína, la marihuana o el alcohol.

Fumadores
pasivos

En un estudio realizado en 1997 por la Agencia de Protección del Medio Ambiente de California, se llegó a la conclusión de que los fumadores pasivos (los que no fuman pero están cerca de alguien que sí lo hace) están expuestos a la mayoría de los riesgos de los fumadores. Esta información, con los riesgos directos de fumar, ha hecho que más de 50 paises en el mundo tengan leyes anti tabaco, que se eliminen los anuncios de cigarros en los medios masivos (televisión, radio, etcétera), y que todas las cajetillas deban traer una leyenda del fabricante donde se afirme que "fumar es nocivo para la salud y puede producir cancer".

En México, la ley anti tabaco que consiste en la prohibición de fumar en espacios cerrados de acceso público, entró en vigor el 3 de abril de 2008 únicamente para el Distrito Federal, sin embargo son muchos los estados de la República Mexicana que buscan lo mismo para su territorio. Bueno, la información ya la tienes, la decisión es tuya.

CENTRO DE APOYO
Instituto Nacional de
Enfermedades Respiratorias
Calzada de Tlalpan 4052, Col. Sección XVI,
14080 México D.F.
01 (55) 55-54-87-17-00

LA CAFEÍNA

También recuerda que el café, aunque parezca inofensivo, puede ser peligroso si se consume en grandes cantidades. Si una persona se avienta entre 15 y 20 tazas diarias, tendrá un daño comparable al que provocan estimulantes como la cocaína. Está grueso, ¿no? Según varios estudios, tomar entre dos y siete tazas diarias de café puede provocar ansiedad, mareo, náusea, dolor de cabeza, tensión muscular, trastornos del sueño y arritmia cardiaca. Tomar más de siete tazas diarias puede causar además una reacción parecida a un ataque de pánico (incluyendo síntomas como delirio), así como sueño, zumbido en los oídos, diarrea, vómito, dificultad al respirar y, en caso de sobredosis, convulsiones.

Provoca tolerancia si se consumen cuatro tazas diarias durante cuatro días consecutivos. Ten mucho cuidado con la cantidad de café que tomas porque las broncas de salud que puede ocasionar son serias. ¡No te confíes! Aunque parezca frase de abuelita, más vale ser moderada o mejor tomar los descafeinados.

EL ALCOHOL

Cuando estás en la adolescencia tienes curiosidad por saber qué se siente ponerte happy con unos chupes. Quizá has bebido algunos drinks a escondidas; o tus papás te dan permiso de tomar en ocasiones importantes, o tal vez has ido más allá y el alcohol es tu gasolina para estar en el reventón.

El asunto es que tomar es un arma de doble filo; si lo haces con responsabilidad puedes disfrutarlo y no tener ningún problema; sin embargo, si lo haces a lo loco puedes buscarte muchas broncas y hasta convertirte en adicta más rápido de lo que te imaginas.

Por eso, mejor échale un ojo a este capítulo antes de que te lleves mejor con las micheladas que con tus amigas.

Las niñas y el alcohol

"No manches, ¡qué peda me puse anoche! Ja, ja, ja. ¿Viste a fulanita vomitando en el baño? Estaba jarrísima. ¡Pásame una chela que estoy súper cruda! Todavía sigo mareada."

Al tomar el sol en una playa de la Riviera Maya, mientras trato de concentrarme en el libro que leo, no puedo dejar de escuchar las frases anteriores que vienen de un grupito como de cinco niñas con bikinis muy modernos que, poniéndose bronceador, se instalan junto a nosotros. Volteo a verlas y no pasan de 15 o 16 años. Se ven bonitas y con clase, como si fueran educadas en un buen colegio; de no verlas, dudaría que los comentarios los hicieron ellas.

Antes, tomar unos drinks al grado de ponerse jarrísima era algo que por lo general veías entre los hombres. Ahora, cada día es más común que las niñas beban igual o más que los niños. Por eso decidimos incluir este capítulo, pues si estás informada tomarás una decisión responsable. **GABY**

Nuevas sensaciones

Parte del rollo de crecer es enfrentarnos a la inevitable presencia del cigarro, el alcohol, las drogas y otras sustancias que alteran nuestra mente y nuestro estado de ánimo (las fiestas y los antros más bien parecen buffets de todo esto; los chefs serían los cantineros de la barra o los dealers).

Cuando eres adolescente experimentas un poco de libertad fuera de la casa y si estás lejos del cuidado de tus
papás, quieres probar y probarte. La mayoría tomamos
cerveza, le damos el golpe a un cigarro, ignoramos una orden o descubrimos el faje, un beso o el sexo. Experimentar
nuevas y maravillosas sensaciones nos llama la atención.
A muchos, que hoy somos adultos, también nos pasó y lo
comprendemos. ¡Es lo más natural!

Algunos efectos del chupe

¡GRACIAS MÉXICO!

- A muchos, tomar un chupe los hace sentir a gusto, los
  estimula y les da confianza en sí mismos. (¿Quién no ha
  visto al típico borracho que se siente el artista famoso y
  baila hasta los pasos del cantante que le gusta?)
- En cinco o 10 minutos el alcohol pasa de tu intestino al
  torrente sanguíneo. Su efecto puede durar varias horas
  dependiendo de la cantidad, de lo rápido que lo ingie-
  res y de tu tamaño corporal. Con frecuencia, sientes que
  te mareas y tus reacciones se entorpecen mientras el
  alcohol sale de tu cuerpo.
- Al día siguiente te levantas con dolor de cabeza, resaca,
  cruda o como le quieras decir; el asunto es que no te la
  acabas. De hecho, si no supieras que se trata de la cruda, le pedirías a tus papás que te llevaran ¡al hospital!

COSAS QUE TE HACEN QUE TE PONGAS MÁS JARRA

- Estómago vacío.
- Estar en tus días.
- Estar muy estresada o cansada.
- Tomar muy rápido (con popote es pésimo).
- Estar muy contenta o muy triste.
- Y por supuesto, que tu deporte favorito sea jugar a los "hidalgos".

¿CUÁNTO ALCOHOL TIENE LO QUE ME ESTOY TOMANDO?

Una cerveza	5%
Vino de mesa	12%
Tequila, whisky, vodka, ron y ginebra	40%
frutsis, chaparritas, pau pau y boing	0%

RIESGOS

- Cuando tomas alcohol hasta perderte, además de que todo mundo te va a traer de bajada (incluyendo a los mismos que te pusieron jarra) y que puedes terminar cantando "Oaxaca" en el baño, puedes ponerte en peligro. Esto sucede cuando consumes un buen y muy rápido.
- Si alguna vez te toca ver que un amigo o amiga está inconsciente por haberse intoxicado con alcohol y no lo pueden despertar o tiene dificultad para respirar, pide ayuda de inmediato y acuéstalo de lado. Una persona inconsciente puede ahogarse con su propio vómito.

- Tomar en exceso traiciona la memoria (aguas, no le vayas a decir a tu novio el nombre de tu ex), la atención, la capacidad de solucionar problemas, la concentración, la coordinación y el equilibrio. Así que ni de broma se te ocurra manejar. Si eres de las que les da miedo el alcoholímetro que en algunas ciudades opera, espérate a que te digamos algo que te va a dar mucho más miedo: en México, la causa número uno de muerte en adolescentes, es por manejar en estado de ebriedad. ¡Imagínate lo cañon del asunto!, para que te des una idea, de cuatro a seis chupes en una adolescente promedio, aumenta 50 veces el riesgo de un accidente en el coche. Así que háblale a tus papás, pide un taxi, que te lleve un amigo conocido, o quédate a dormir en casa de una amiga, pero ni de broma manejes ebria.
- También tomar en exceso puede causar falta de apetito (a menos que sean los jochos a la salida del antro), falta de vitaminas, problemas estomacales y de la piel, impotencia sexual, daño al hígado, al páncreas, al corazón y al sistema nervioso central.
- Además, piensa: ¿quién va a querer algo en serio con una niña borracha?

EN LA MUJER

- El alcohol se le sube más rápido a las mujeres que a los hombres; después de tomar la misma cantidad (por más que bailes más que ellos, ése no es pretexto), tu nivel de alcohol puede ser de 25 a 30 por ciento más alto, así que ni intentes competir o seguirles el paso a esas bestias. Esto sucede, en parte, porque las mujeres son más pequeñas y producen menos enzimas de las que metabolizan el alcohol.
- Las mujeres son más vulnerables a los efectos negativos del alcohol en el corto y largo plazo. Después de tomar la misma cantidad de alcohol que un hombre, la habilidad de ella para determinar el riesgo de una situación como

"¿Puedo manejar?", "¿Me debo acostar con él?", "¿Debe usar condón?", también baja, y un buen.

- Piensa que entre más alcohol consume una mujer, lamentablemente aumentan más las posibilidades de que sea violentada sexualmente.

- ¿Sabías que tomar puede causar daños serios y permanentes en un bebé que aún no nace? Si sospechas que estás embarazada, ¡no tomes ni de broma!

EN LA ADOLESCENCIA

- Como tu cerebro no acaba de desarrollarse sino hasta los 20 años, ¡aguas!, éste puede ser más vulnerable a los daños del alcohol que un cerebro bien formado.

RIESGOS GENÉTICOS

- Si tienes un papá o una mamá alcohólica, el riesgo de caer en el alcoholismo es mayor que el de alguien que no tiene ese problema en su familia. Si tienes un pariente cercano alcohólico es muy importante que tomes decisiones inteligentes respecto al alcohol, por más que hagas como que no lo conoces.

- Aunque no lo creas, en el fondo todos respetan a una persona que se atreve a ser ella misma y no sigue como borrego lo que los demás hacen.

- Toma buenas decisiones, no dejes que tus amigas o amigos te presionen para que tomes. Cuando tomas no pareces más grande, más sexy ni más madura: al contrario; dejar de tomar cuando tú crees adecuado, demuestra que eres una mujer inteligente. Y de eso nunca te arrepentirás.

- Si tienes broncas más serias con el alcohol o conoces a alguien con este problema y quieres ayudarlo, consulta las secciones "Una noticia buena y una mala" y "Mi amigo es adicto, ¿qué hago?"

Drogas ilegales

"Necesito 20 tachas de las más fuertes que tengas, porfis, porque me voy a Vallarta con mis amigos," le digo al dealer cuando voy a verlo a su casa.

Son las 10 de la noche y estamos cinco amigos y yo, cada uno con su tacha en la mano, listos para meternoslas y echarnos a la alberca. Me meto la tacha a la boca y la trago con un vodka. Pasa media hora y no me hace efecto. Después supe que era por el alcohol. Yo fui quien las compró así que tengo el control y, sin que los demás se den cuenta, me tomo otra a ver si así ya me hace algo porque ellos están "puestos" y yo no; la neta, me da coraje.

¡Uf! Ahora sí ya me está pegando, veo como si estuvieran cayendo estrellas del cielo, mis ojos se mueven a mil por hora, las luces se ven súper brillantes y chiquitas. De pronto, me invade una sensación de completo bienestar.

Todo es tan lento y armónico. Qué a gusto me siento, ¡no lo puedo creer! Amo el universo, se esfumaron las broncas, las preocupaciones y las deudas. No quiero que esto termine nunca.

Necesito otra, ya pasó hora y media y el efecto también; ahora me voy a tomar dos para lograr un efecto doble. Sólo pienso en eso, en el efecto, no me importa lo que me pueda pasar; dicen que las tachas fríen el cerebro pero estoy de vacaciones con mis amigos, ¿qué puede suceder? Nada, a mí nunca me pasa nada.

Las cuatro de la mañana, llevo seis tachas y dos churros, me duele horrible la cabeza y tengo miedo de salirme de la alberca, estoy angustiada, paranoica, veo sombras que caminan, mis amigos ya se quieren ir a dormir y yo sólo pienso en tomarme otras dos o tres tachas para ver si así se me quita el miedo; sin embargo, sé que el miedo será mayor. De todas maneras me las tomo.

La cruda es de terror, tiemblo, me da una depresión horrible, ataques de pánico, convulsiones, paranoia y hasta pienso en el suicidio.

LAURA

Laura está ahora en rehabilitación y tiene 27 años. Desde los 16 años se hizo adicta a todo tipo de drogas. Con una honestidad que agradecemos, ofrece su testimonio para prevenir a otros jóvenes de caer en esa promesa de paraíso transformada en una gran pesadilla, y que puede desembocar en la muerte.

LAS TACHAS

¿QUÉ SON?

También conocidas como éxtasis; son pastillas de una sustancia llamada metilenedioximetanfetamina, pero como no es trabalenguas, mejor MDMA. Pueden encontrarse en forma de cápsula o polvo. Se distribuyen en las fiestas, raves, antros, o donde sea que vaya un dealer a buscar clientes. Pueden tener nombres de marcas, películas, automóviles, etcétera. Los dealers suelen adulterarlas o mezclarlas con otras sustancias, haciéndolas más peligrosas.

EFECTOS

Puede pasar entre 30 minutos y dos horas antes de que empiece el efecto. El "viaje" dura entre dos y seis horas; te quita la pena y todo lo ves como que no hay bronca. Como provocan la apertura de los sentidos, aumentan la capacidad de recepción de manifestaciones artísticas como la música (o sea que vas a oir cada sonidito de una rola como si fueran campanadas de la catedral). A veces produce temblores, movimientos involuntarios de los ojos (así como si uno de ellos se fuera de vacaciones), pérdida de apetito, náusea y vómito.

RIESGOS

A la experiencia del "viaje" sigue el "bajón", una caída súper fuerte del estado de ánimo. Como el regreso a la realidad puede parecer muy duro, los consumidores quieren repetir el "viaje" lo antes posible. Los síntomas del "bajón" pueden durar días y hasta semanas. Meterle mucho o constantemente a las tachas ocasiona ataques de ansiedad y vértigo.

EXTRAS

Muchas veces, los dealers te regalan la primera tacha para que te enganches. Ni siquiera ellos saben lo que contienen; en algunas se ha encontrado hasta raticida. Si después de leer todo esto usas tachas, ahora sí que "tache".

LA MARIHUANA

¿QUÉ ES?

Es una planta conocida también como Cannabis (índica o sativa). Sus flores pueden fumarse o comerse (¡hay hasta pasteles y brownies de marihuana!). Su primo hermano es el hachís, que también se fuma.

EFECTOS

Quienes la consumen se sienten relajados, olvidan sus problemas y sufren cambios en la percepción. Parece que el tiempo pasa más rápido o más lento según su estado de ánimo. En dosis altas puede alterar el sentido de la vista y producir alucinaciones.

RIESGOS

Baja la capacidad de concentración y memorización. Puede detonar enfermedades cardiacas y mentales en personas propensas. Ten mucho cuidado porque su consumo durante el embarazo aumenta el riesgo de dar a luz bebés de bajo peso.

EXTRAS

Hay quienes defienden a la marihuana más que a su mamá: "Es menos dañina que el alcohol", "Está comprobado que no es tan adictiva", "Es verde y el verde es vida". En fin, quien la consume va a decir cualquier cosa con tal de seguir haciéndolo. Pero aguas: un estudio sobre farmacodependencia realizado en México reveló que 36.4 por ciento de las personas que consumen drogas empezó con marihuana (y casi 100 por ciento con el alcohol).

LA COCAÍNA

¿QUÉ ES?

Es un polvo blanco extraído de la planta de coca. Habitualmente se inhala, aunque se puede inyectar o fumar. En este último caso se utiliza un derivado de la coca llamado crack o pasta base.

EFECTOS

El "viaje" es muy breve: dura entre 20 y 40 minutos, y si se fuma, alrededor de 15 minutos. Por eso, muchos consumidores quieren de volada otro "pericazo". Las sensaciones que produce son bienestar, falta de apetito, excitación sexual y euforia.

RIESGOS

Uno de los principales es que es súper adictiva. Los que usan cocaína tienen muchos problemas para abandonarla. La que se vende en la calle suele ser impura y más peligrosa: si se inyecta puede causar la muerte. Su inhalación ocasiona padecimientos nasales, mientras que fumar crack origina problemas de respiración. Puede provocar aceleración del ritmo cardiaco, ansiedad, mareo, paranoia y náuseas, así como conductas violentas (o sea que te pones medio loco) y hasta males psiquiátricos irreversibles.

EXTRAS

Los estudios revelan que inhalar cocaína durante el embarazo aumenta el riesgo de aborto y de nacimiento prematuro. También que sus efectos pueden transmitirse al bebé durante la lactancia, lo que le provoca irritabilidad y falta de apetito.

LAS ANFETAMINAS

¿QUÉ SON?

Son estimulantes físicos y mentales que se utilizan en tratamientos médicos pero pueden conseguirse de manera ilegal. Suelen encontrarse en forma de tabletas y cápsulas, aunque líquidas pueden inyectarse (si ves a alguien tratando de inyectarse una tableta, ¡es porque trae muy mal viaje!).

A las anfetaminas, metanfetaminas y otros estimulantes de estructura química parecida se les conoce también como speed.

EFECTOS

Las anfetaminas son de las drogas más peligrosas. Te sientes bien por momentos, se te quita el hambre y el sueño, sientes reseca la garganta, se te dilatan las pupilas y pierdes coordinación. Otras reacciones negativas son: paranoia, dolor de cabeza, taquicardia, diarrea, vértigo, mareos, temblores, impotencia sexual. En dosis altas pueden provocar convulsiones.

RIESGOS

Su consumo frecuente puede provocar malnutrición severa y daños cerebrales irreparables que afectan la capacidad de hablar y pensar. Quienes la consumen necesitan poco a poco dosis más altas para obtener los efectos deseados.

EXTRAS

Es posible que los hijos de mamás que consumen anfetaminas nazcan con defectos cardiacos, paladar hendido y otros problemas. La sobredosis puede provocar estado de coma o muerte.

LAS METANFETAMINAS

¿QUÉ SON?

Son estimulantes sintéticos también conocidos como speed, cristal, etcétera. Al igual que las anfetaminas, se recetan para uso médico pero se consumen ilegalmente. Se encuentran en forma de polvo blanco de sabor amargo, en pastillas, cápsulas o "cristales". Habitualmente se inhalan, aunque a veces se comen, fuman o inyectan.

EFECTOS

El "viaje" de metanfetaminas es del tipo de las anfetaminas. Generan un estado de alerta y euforia, y a veces tienen efecto relajante. Incrementan la presión sanguínea y la temperatura de tu cuerpo, además provocan taquicardia.

RIESGOS

El consumo frecuente puede producir lo que se le conoce como "psicosis anfetamínica", o sea que puedes sufrir paranoia, alucinaciones visuales y auditivas, irritabilidad, falta de sueño y comportamiento errático y agresivo. Las metanfetaminas causan habituación psicológica y tolerancia; son súper peligrosas, ya que sus consumidores pueden tener ataques de ansiedad por falta de la droga y, al mismo tiempo, necesitar dosis más altas.

EXTRAS

Pueden afectar gruesísimo a personas con problemas cardiacos como hipertensión. Si se consumen durante el embarazo, el bebé puede nacer con problemas del corazón.

OTRAS DROGAS

Otras sustancias con las que debes tener cuidado son los opiáceos, derivados de la amapola. A diferencia de las anteriores, éstas son analgésicos y depresores del sistema nervioso. Entre ellas están la heroína y la morfina.

Nunca va a faltar gente que te ofrezca drogas ni oportunidades para tomarlas. La mejor forma de cuidarte es ponerte súper buza: el mejor escudo contra las drogas eres tú.

Mi amigo es adicto, ¿qué hago?

Hacer que un amigo/a acepte su adicción es uno de los pasos más importantes y difíciles (sobre todo si es mega necio). Muchas veces no están preparados para aceptarlo. Tristemente, deben tocar fondo y darse cuenta por sí mismos.

En este caso, lo mejor es que le hagas saber que estás súper consciente de su adicción. Lo más probable es que no quiera saber de ti, al grado de que hasta quiera borrarte de su celular; no te preocupes, es normal.

Algo que parece horrible pero tienes que hacer, es comentarle a su familia sobre su adicción. La familia tendrá que trabajar el problema y buscar ayuda.

Ayúdalo al no ayudarlo

En caso de que tu amiga o amigo no reconozca su adicción, la mejor ayuda que pueden darle tú y su familia es dejarlo vivir las consecuencias de sus actos sin intentar salvarlo con acciones que lo perjudican, como prestarle dinero, sacarlo de problemas legales, encubrirlo, permitir que duerma en tu casa cuando se encuentra mal o tiene problemas familiares y cosas por el estilo. Aunque esto no significa que te valga lo que hace.

Una vez que toque fondo y reconozca su enfermedad, probablemente aceptará su adicción. Éste será el momento perfecto para buscar apoyo en una clínica, grupo de ayuda mutua u organización especializada.

Muchas veces los familiares o amigos son coodependientes del adicto, o sea "adictos al adicto", lo que significa que por lástima o amor, inconscientemente, lo ayudan a que no enfrente sus problemas y siga en drogas. En este caso es importante que la familia asista a un grupo de ayuda para resolver este problema.

Por otro lado, muchas personas no enfrentan la enfermedad de sus amigos, por miedo a perderlos. Al contrario, tienes una oportunidad de oro, porque cuando tu amiga o amigo se recupere, va a saber que de todos los que consideraba sus amigos, tú eras la única verdadera, la que realmente lo ayudó y eso los unirá para siempre.

Recuerda que sacarle la vuelta a una bronca como ésta es lo más sencillo; aplicarse y ayudar a alguien que tenga este problema sólo lo hace una verdadera amiga.

CENTROS DE APOYO

MONTE FÉNIX
01(55)56-81-30-11

CLÍNICAS CLAIDER
01(55)56-82-45-00

LA QUINTA SANTA MARÍA
01(779) 79-60-506

CENTRO DE INTEGRACIÓN JUVENIL
01(55)52-12-12-12
cij@cij.gob.mx
www.cij.gob.mx

CONSEJO NACIONAL CONTRA LAS ADICCIONES (CONADIC)
01-800-911-20-00

HACIENDA DEL LAGO
01-800-713-7144

CLÍNICA LA ESPERANZA
01(477)77-26-100-02

CENTRO DE ATENCIÓN ESPECIALIZADO EN DROGODEPENDENCIA
01(55)56-74-91-12

FUNDACIÓN SAN JUAN
01(55)55-30-46-15
oficinacentral@drogadictosanonimos.org
secretarianacional@drogadictosanonimos.org

PÓCIMA PARA EL AMOR
DEL BUENO

UNGÜENTO PARA LA
BUBI ESPECTACULAR

BREBAJE PARA EL
10 CERRADO

¿Quiúbole con los
embrujos para
conseguir
lo más deseado

Esta es una selección
de nuestros mejores
hechizos, pero seguro
tus embrujos son mejores
así es que no dudes
en compartirlos.

ENCANTOS PARA
EL DE OJO CLARO

"QUITA CRUDA"

Pócima
"Quiéreme suegrita"
No funciona

~~Hola foto de suegra~~
~~foto reciente de 2015~~

Pomadita para el
corazón partido

Conjuro de la
amiga inseparable

Menjurje para la
eliminación de la lonjita

AROMA
"Enamórate de mí"

Hechizo astral del
la buena ondita

ORACIONES para la conquista del amor platónico

Brebaje
"Olvídate de mí"

EL SALÓN DE LA FAMA
DEL BEISBOL
EL LUGAR DONDE SE RECONCEN
A LAS GRANDES BATEADORAS

HOME RUN DEL AÑO

EL MÁS BATEADO

· EL BATAZO INESPERADO ·

· UN BATAZO INOLVIDABLE ·

EN CADA ETIQUETA DE LOS BATS ESCRIBE
EL NOMBRE DE LOS BATEADOS
QUE SE ESPECIFICAN, Y EN LAS PLAQUITAS
LIBRES ESCRIBE TUS CATEGORÍAS

NO DEBÍ BATEARLO

●●. TUS PLAYLIST FAVORITOS

LLENA CADA UNO DE LOS
PLAYLISTS Y CREA NUEVAS
LIBRERÍAS PARA TU
REPRODUCTOR DE MP3

PLAYLIST
MIS
CANCIONES
FAVORITAS
LIBRERÍA
No.1

●●● PEDAZOS DE CORAZÓN

CANCIÓN	ARTISTA

●●● LAS DEL REVENTÓN

CANCIÓN	ARTISTA

DE SÚPER RELAX

CANCIÓN	ARTISTA

VIEJAS PERO BUENAS

CANCIÓN	ARTISTA

HOY YA NO TE QUIERO

CANCIÓN	ARTISTA

DE VACACIONES

CANCIÓN	ARTISTA

CANCIÓN	ARTISTA

CANCIÓN	ARTISTA

CANCIÓN	ARTISTA

CANCIÓN	ARTISTA

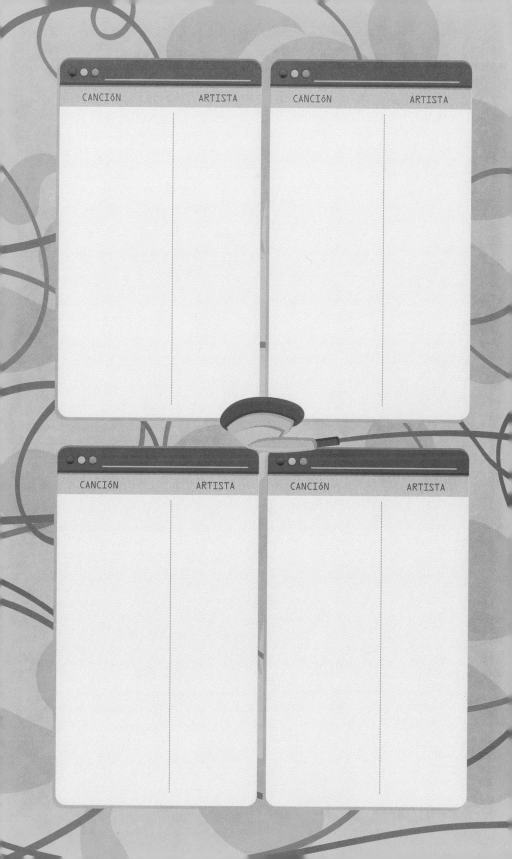

CANCIÓN	ARTISTA	CANCIÓN	ARTISTA

CANCIÓN	ARTISTA	CANCIÓN	ARTISTA

DONDE LOS MONSTRUOS
MÁS HORRIBLES
DESCANSAN EN PAZ

Escribe los nombres de tus ex
con la fecha cuando comenzaron
y terminaron de andar

SI QUIERES PONLES UN BREVE EPITAFIO

R.I.P.

Sapos besados

MIS LINKS FAVORITOS

LINK	¿QUÉ HAY AQUÍ

LOS MEJORES SITIOS DE LA WEB

LINK	¿QUÉ HAY AQUÍ

CONCLUSIONES

Después de tantos *Quiúbole con...* tanto a ti como a nosotros nos queda súper claro que ser joven es muy divertido, pero no es tan fácil como mucha gente cree; son miles de cosas las que debes saber, decidir y enfrentar.

Esperamos que a lo largo de estas páginas te hayas reído, ligado a un galán (o mejor a varios), sentido más segura de ti misma, tronado al niño que no te late y que el descubrimiento de tu sexualidad haya sido una feliz y divertida experiencia.

Nuestro propósito es que *Quiúbole con...* sea un libro útil que te invite a analizar y discutir tus cambios físicos y emocionales. Sobre todo, debe ser tu cómplice, tu gran amigo que puedes consultar cuando lo desees.

Posiblemente no querías saber todo lo que leíste. Sin embargo, recuerda que un amigo que te quiere siempre te dice la verdad.

Lo que más deseamos es que con esta información disfrutes increíblemente esta etapa, que pasa más rápido de lo que crees y no se repetirá jamás en tu vida. Nadie más que tú puede decidir cómo será...

Así que, ¡goza, cuídate y disfruta al mil por ciento la vida!

Gaby y
Yordi

DEDICATORIA
GABY

Para Diego, Pablo, Toño,
Emilio, Nicolás, Pablito,
Valentina y Mateo:
gracias por enseñarme
a vivir y a disfrutar
el instante...

Gaby

DEDICATORIA
YORDI

Quiero dedicarte este libro a ti, Rebeca, mi esposa, mi mejor amiga y mi cómplice en cada momento. Eres mi motivación. Te amo todo.

A ti, Reginita, que eres mi vida. Deseo con todo mi corazón que este libro te ayude a resolver algunos de tus problemas; y si las respuestas no están aquí, no te preocupes, me tendrás siempre a tu lado.

A ti, papá, por confiar siempre en mí y enseñarme tantas cosas.

A ti, hermana Heidi, por cuidarme siempre y darme tanto amor.

A ti, mami, porque tu forma de enfrentar la vida se convirtió en mi más grande ejemplo, y porque a pesar de que ahora ya no estamos juntos nunca me has soltado la mano... ¡Arriba y adelante!

Y, por supuesto, a Dios que me dio la gran oportunidad de vivir.

Yordi

GRACIAS
GRACIAS
GRACIAS A
NUESTROS EDITORES, Y DISEÑADOR:

Fernando Esteves
Patricia Mazón
César Ramos
Diana Barreiro
Juan Carlos Valdivia
Adriana Beltrán
Orfa Alarcón
Dení Rico
Christian Michel
Infección Visual

No tenemos palabras para agradecerles todo su empeño, pasión y trabajo. Un millón de gracias por convertir lo que ya era GRANDE en algo GIGANTE.

A los expertos, por compartir sus conocimientos con nosotros:

Dr. Francisco R. de la Peña Olvera
Dr. Ramón Castro
Dr. Alfonso Castro
Dra. Julia Borbolla
Dr. Martín Tellich Vidal
Dra. María Esther Martínez Eroza
Dr. Luis Alfonso Reyes
Psic. Pilar del Olmo
Dr. Miguel Ortíz Monasterio
Dr. Gustavo Reyes Terán
Lic. Federico Cabrera
Dra. Adriana López García
Dr. Marco Antonio Pérez Cisneros
Dr. Manuel Sánchez Carmona
Dra. Kayros Vega
Dra. Connie Moreno
Dra. Laura Elliot R.
Dra. Guillermina Mejía
Francisco Ramos
Sra. Irma Miriam Jelinek de Anhalt
Luis Perelman
Lic. Alice Sutton
Psic. Pedro Sánchez
Luis Manuel Arellano
Gabriela Cámara
Patricia Moctezuma
Dra. Natalia Aguilar
Dr. Ramón Castro Vilchis
Dra. María Enriqueta Gómez
Dra. Atala Medina
Lic. Carlos M. Ochoa Sánchez
Dra. Marcela Ruelas
Dra. Perla Tavachnick
Lic. Irene Torices
Dr. Jorge Villavicencio
Andrea Vargas
Monte Fénix
FISAC
Eating Disorders México
Avalón

A nuestros amigos y colaboradores por sus ideas, críticas y aportaciones:

Armando Álvarez	Astrid Pieza
Cristian Álvarez	Belén Puente
César Arístides	Vicky Ramírez
Rocio Arocha	Adal Ramones
Josué Barredo	Cynthia Ramos
Adriana Beltrán	Alejandro Reséndiz
José Luís Caballero	Martha Reta
Tania Castillo	Roberto Ricalde
Armando Collazos	Jorge Rivas
Zara Campeán	Montserrat Rivera
Laura Carrisales	Rebeca Rodríguez
Rodrigo De Icaza	Heidi Rosado
Miriam Dueñas	Rebeca Rosado
Isabel Elorza	Elizabeth Rosales
Leonardo Ferrera	Jesús Sánchez
Manolo Fernández	Pedro Sánchez Paz
Jessica Galicia	Tatiana Schoeder
Laura García	Erika Schoeder
Guadalupe Gavaldón	Karina Simpson
Iliana Gómez	Raque Smeke
Mac-Kinney	Juan Soler
Raúl González	Eduardo Suárez
Pablo González Carbonell	Melva Solís Moreno Valle
Gabriela Gutiérrez	Raúl Solís Moreno Valle
Maggie Hegyi	Rocio Soubran
Vicente Herrasti	Ana Laura Suárez
Regina Kuri	Eduardo Suárez
Arnoldo Langner	Enrique Tadeo
Dolores Locken	Elena Trawitz
Maribel Martínez	Andrea Vargas
Denise Mendoza	Diego Vargas
Maki Moguilevsky	Ernesto Vargas
María Elena Páez de Almada	Jerónimo Vargas
María Padilla	Joaquín Vargas
Patricia Partida	Rodrigo Vargas
Eduardo Peniche	Florencia Zeivy
Verónica Perdomo	

Gracias también a todas las chavas que nos ayudaron a escribir este libro; es por eso que las consideramos "las otras autoras":

Layla Aguilar Delgado
Lourdes Aguilar Delgado
Linda Aguilar Delgado
Perla Alexander Enriquez
Mara Almada Páez
Mariel Almada Páez
Lucia Aznar
Andrea Berrondo
Pamela Berrondo
Regina Berrondo
Regina Blandón
Alejandra Bracho
Karla Breceda Elenes
Ana Julia Carbajal
Natalia Certucha
Catalina Coppel
Daniela Cordes
Sofía Díaz
Renata Flores Parra
Paola Gallo
Silvana Girón
Alejandra Gómez
Tete Gómez
Claudia Hidalgo Morando
Sandra Hijuelos Ortíz de la Peña
Becky Hinojosa
Katy Huttanus
Carmen Huttanus
Paulina Jackson
Jessica Jiméz Rico
Renata Juárez

Regina Karam
Regina Kuri
Valeria León Cavagna
Mariana López Ávila
Luz María Mier y Terán
Carlota Morales
Carolina Mosqueda Tapia
Fernanda Narro Canovas
Regina Salazar
Erika Said
Saraí Ojeda Sánchez
Verónica Pereyra
Marene Puente
Mónica Quiroz
Aline Ramírez
Melva Rangel Solís
Rebeca Rodríguez
Diana Rodríguez Martínez
Sandra Roldán
Alejandra Ruíz De Velazco
Erika Sada Beltrán
Itzel Santoyo Hernández
Frida Sayag
Rachel Sayag
Berenice Segovia García
Magüis Sosa
Michelle Torres Zetina
Angélica Valencia Rocha
Adriana Villaseñor
América Zepeda

OTROS LIBROS

SI TE ENCANTÓ ESTE LIBRO,
ESTOS TAMBIÉN TE VAN A GUSTAR

Este ejemplar se terminó de imprimir en Agosto de 2013,
En Impresiones en Offset Max S.A. de C.V.
Catarroja 443 Int. 9 Col. Ma. Esther Zuno de Echeverría
Iztapalapa, C.P. 09860, México, D.F.

STICKER ZONE

Recorta el sticker que más te lata, selecciona uno de los dos lados y pégalo con pegamento donde quieras.

LE GUSTAS A MI AMIGA

ME ENCANTARIA AGARRARTE A BESOS

TRABAJA MUY, MUY, MUY BIEN

HIZO SU TAREA

ES MUY LIMPIA

ES SÚPER PUNTUAL

MI AMIGA QUIERE CONTIGO

NO LE GUSTAS A MI AMIGA

STICKER ZONE

NO TRABAJA TAN BIEN

NO ME GUSTARÍA DARTE UN BESO

NO ES TAN LIMPIA

NO HIZO SU TAREA

MI AMIGA NO QUIERE CONTIGO

SIEMPRE LLEGA TARDE

TIENES
BONITA
LETRA

PREGUNTA
LO QUE
QUIERAS

SACO
LAS
MEJORES
CALIS

TIENE UNA
VOZ
ANGELICAL

TE
ADORO

SOY
LO
MÁXIMO

ASI
COMO
ME VES

BAJADITA
DEL
CIELO

NO
ESTUDIÉ
NADA

QUÉ
HORRIBLES
GARABATOS

COPIO
EN CLASE

SI NO TE
LA SABES
MEJOR NO
CANTES

NO ME
CAES
TAN BIEN

SOY
2 - 3
BUENA
ONDA

AUNQUE
NO LO
CREAS

SUBIDITA
DEL
INFIERNO